石油工程建设企业
班组长培训教材

中国石油天然气集团有限公司人事部　编

石油工业出版社

内 容 提 要

本书共6章,主要包括班组与班组长职责、企业高效班组建设、班组现场施工管理、海外工程项目班组管理、班组思想政治工作与文化建设、相关法律法规案例解析等内容。本书内容紧密联系实际,案例丰富,具有很强的实用性和可操作性。

本书可作为石油工程建设企业和相关培训机构的班组长培训用书,对班组管理有兴趣的其他员工也可参考使用。

图书在版编目（CIP）数据

石油工程建设企业班组长培训教材 / 中国石油天然气集团有限公司人事部编. —北京:石油工业出版社,2018. 11

ISBN 978-7-5183-3030-0

Ⅰ. ①石… Ⅱ. ①中… Ⅲ. ①石油企业 – 班组管理 – 技术培训 – 教材 Ⅳ. ① F407.226.6

中国版本图书馆 CIP 数据核字（2018）第 260280 号

出版发行:石油工业出版社
　　　　　（北京安定门外安华里2区1号楼　　100011）
　　　　　网　　址:www.petropub.com
　　　　　编辑部:（010）64269289
　　　　　图书营销中心:（010）64523633
经　　销:全国新华书店
印　　刷:北京中石油彩色印刷有限责任公司

2018 年 11 月第 1 版　2018 年 11 月第 1 次印刷
710×1000 毫米　开本:1/16　印张:20
字数:385 千字

定价:50.00 元

《石油工程建设企业班组长培训教材》
编 委 会

主　　任：刘志华

副 主 任：黄　革　李崇杰

委　　员：(按姓氏笔画排列)

王子云　吕凤军　刘　强　李孟洲　吴　琼

何　波　张工文　张　超　赵　亮　胥　勇

秦　英　崔利民

编审人员名单

主　　编：赵　亮

副 主 编：董洪亮　李厚明　李晓民

编写人员：（按姓氏笔画排列）

丁汉平	牛彤彤	王宏运	田娟娟	朱林英
刘立国	刘伟娜	刘　俊	那　娜	李建伟
杨树霞	张爱臣	林士军	侯翠杰	秦兰双
袁利国	莫绍启	徐捍卫	殷生斗	郭葆军
彭龙颜	程明红	蔡耀雄	薛　红	

审定人员：

于　鋆	于忠莲	王　京	王　瑜	王宏珺
吉西峰	许献伟	孙平安	李亚鹏	李浩矶
何国国	张　建	单忠斌	赵玖纯	胡国江
袁　静	徐　浩	黄万欣	蒋国栋	曾　源

前言
FOREWORD

　　班组是企业生产经营活动的基本单位,企业班组管理工作关系着企业经营战略的顺利实施,班组管理水平的高低将直接影响企业整体状况。班组长既是企业最基层的管理者,又是企业完成生产目标的具体执行人。因此,编写一部适合现代石油工程建设企业班组长的培训教材,构建适合石油一线技能人才队伍自身发展需要的培训大纲和内容体系,使班组建设和班组管理与企业长远战略发展目标同步,打造和培养一支懂得管理、技术精良、作风过硬、勇于创新的高素质班组长队伍,就显得尤为重要。正是基于这种考虑,中国石油天然气集团有限公司人事部决定组织石油工程建设企业中长期从事班组管理和班组长培训的骨干力量,编写一本体现石油行业特点、符合石油工程建设企业班组管理实际的班组长培训教材。

　　石油工程建设企业的自身行业特点,决定了对班组长培训有其行业要求。培训教材既要注重理论联系实际,又要在理论创新的同时兼具实践指导性。为此,本着统筹规划、协同开发、资源共享的原则,中国石油天然气集团有限公司人事部先后多次组织召开大纲审定会、审稿会,邀请行业的专家建言献策,并专门成立了以中国石油天然气管道局为主编单位、其他石油工程建设企业共同参与的编写组,为本书的顺利开发奠定了坚实的基础。

　　本书共六章,主要介绍了班组长的能力与素质要求、企业班组建设、现场施工管理、海外工程项目管理、班组思想政治工作与文化建设、石油工程建设相关法律法规等内容。本书的内容和语言风格紧密贴合石油工程建设企业一线班组实际读者对象,引用了大量来自生产实际的案例,具有很强的实用性和可操作性。另外,配套出版了班组长微课《班组管理那些事儿》,包括网络版和U盘版,共 34 门课程,可供班组长利用碎片时间学习,并可满足企业多样化的培训需求。

本书编写分工如下:第一章由中国石油天然气管道局编写;第二章由中国石油天然气管道局和辽河油田分公司合编;第三章由中国石油天然气第一建设有限公司和工程设计公司合编;第四章由大庆工程建设公司和东北炼化合编;第五章由寰球工程公司和大庆油田合编;第六章由中国石油天然气管道局编写。

特别感谢中国石油天然气管道局对本书编审工作做出的突出贡献。中油工程有限公司对本书的编审工作也给予了大力支持,在此一并表示感谢。

由于编者水平有限,书中难免有不足之处,敬请读者批评指正。

编 者

2018 年 4 月

目 录
CONTENTS

第一章 班组与班组长职责

　　班组是企业内部最基层的劳动和管理组织。班组长是企业生产管理的直接指挥和组织者。本章主要介绍了石油工程建设企业班组和班组长的相关知识,通过本章学习,学员可以了解到班组的地位和职责,班组长的职责及应具备的能力。

第一节　班组的地位和职责

一、班组的地位

　　班组是企业中最基本的劳动集体,是员工从事工作的直接场所,是企业一切人际关系的最基本单元,处在企业生产经营与管理的第一线。石油工程建设企业基层班组肩负着石油天然气工程建设、勘察、设计、施工、科研及生产制造等工作的具体实施任务,加强企业班组管理是实现企业战略目标的重要环节。

二、班组的职责

(一)提高产品质量

　　班组的工作质量是产品质量的基础,影响班组产品质量的主要因素是人、机器设备、工艺流程、原辅材料、生产环境,切实有效地把这五个因素控制起来,及时消除异常变动,生产优质产品,是班组管理的重要职责。

(二)提高生产效率

　　提高生产效率是指在同样的条件下,通过不断地创新并挖掘生产潜力、改进操作和管理,生产出更多更好的高质量产品。只有基层班组的生产效率提高了,企业才能真正具有竞争实力。

(三)降低生产成本

班组是企业生产经营组织的最基层单位,是物料的直接消耗者。降低生产施工成本包括节省原材料、节约能源、降低人工成本等,是班组最重要的职能之一,也是企业生产经营活动的重要组成部分。

(四)杜绝安全事故

有了安全不一定有了一切,但是没有安全就失去一切。班组要坚持安全生产是第一要务,不断改进机械设备的安全性能,监督职工严格执行操作规程,防止工伤和重大事故的发生。

(五)提高管理水平

班组管理水平反映了整个企业的经营管理水平,直接影响企业的经济效益。班组管理最主要的内容是组织生产,完成上级下达的生产任务及指标,提高产品质量、降低成本,创造出更好的经济效益,同时营造健康良好的班组氛围,激发员工爱岗敬业的奉献精神,提高工作效率。

第二节 班组长的职责及能力要求

一、班组长

班组长是企业最基层的负责人,是生产管理的直接指挥和组织者,负责对现场作业人员、材料、设备、作业方法、生产环境等的直接指挥和监督。班组长既是承上启下的桥梁,又是员工联系领导的纽带,影响着企业决策的实施。

二、班组长的职责

要成为一名优秀的班组长,必须熟悉班组长的职责:
(1)负责公司的各项规章制度和会议精神在本班组的贯彻执行。
(2)负责具体任务的分解、实施,确保生产计划顺利完成。
(3)监督班组员工按照操作规程操作,保证安全文明生产,防止工伤和重大事故发生。

（4）负责本岗位生产过程的质量控制。

（5）通过激励创新，提高员工积极性、主动性，提高员工技能，优化作业方法，提高生产效率，降低生产成本。

（6）负责监督班组员工对设备的正常使用、清理、检查和保养工作，提前发现异常及时解决问题，保证生产顺利进行。

（7）召集班组员工做好班前、班中、班后的各项工作。

（8）接受公司组织的各项培训，负责本班组不断学习巩固各项安全知识和岗位操作规程。

（9）加强与员工沟通，关心员工，了解和解决班组员工工作和生活中所遇到的困难。

（10）复核班组各项记录是否及时填写，内容是否正确。

三、班组长的能力要求

班组长不但要管理自己的"一亩三分地"，还有许多繁杂、琐碎的工作，既要管技术也要管安全，既要管事也要管人。因此，想要调动每个员工的工作积极性，使班组充满活力，这就对班组长提出了相应的素质和能力要求。

（一）专业技术能力

要想让员工信服班组长，对班组长有着发自内心的敬意，班组长就要熟悉专业知识，发挥业务技能带头作用，把握技术发展方向，对组员进行必要的指导、管理、督促，带领班组高效完成工程任务。

【案例 1-1】

小发明大作用

陈师傅在管工岗位埋头苦干十几年，因为工作表现良好，被提升为焊接班组长。组员们把陈班长当成了"活字典"，只要有问题咨询，陈班长都能想出对策来。平时在工作中陈班长就爱动脑，这项任务如何能够节省时间，那项工作如何能够节约成本……这不，对于已经使用了多年的手动对口器他看了好几天了。双层夹固板固然好，但是对于小管径的焊接来说就有些浪费材料了，能不能只用一层夹固板？经过和班组内管工、焊工及几名技术骨干商讨后，大家都觉得可以试一试。经过试验这项小发明成功了，既节省了材料，还让管工在对口的工序中轻便了不少。

评析:陈班长拥有多年的工作经验,积累了大量专业知识,他不甘于墨守成规地完成工作,愿意动心思下力气琢磨出更好的办法提高效率降低成本。正是他好钻研的劲头也带动着班组其他成员通力合作,在解决问题的过程中进行发明创造,不仅为企业节省了成本,而且体现了个人价值,并挖掘了每一个班组成员的聪明才智。

(二)组织执行能力

班组长应根据每个班组成员的特点进行任务分配,形成便于执行的具体措施和方法,充分发挥全体组员的能力,通力合作达成 1+1 大于 2 的效果,保质保量完成各项工作。企业安全管理的成果最终在班组中实现,要将企业安全生产的每一项措施、每一项要求及每一项任务百分百贯彻落实好,班组长就必须严格按照标准化进行作业。在安全工作中常常反思现场施工还有哪些隐患,存在哪些薄弱环节,哪些地方需要不断改进,安全措施是否真正落实到位,加强监督,严格按照工作规程、制度办事,在保证安全的前提下,保证机器设备运转良好,原辅材料符合质量标准,从而提高施工质量。同时,积极开展岗位练兵,不断提高员工技术水平和实操本领,以提高劳动效率,保质保量地完成工作任务。

【案例 1-2】

班组长没有特权

刘某在焊工岗位上工作多年,因为技术好,得到大家的认可被提拔为焊接三班班组长。没想到刚刚升了官的刘某仗着自己是班组长,每天就穿着夹克衫亮皮鞋出现在工地上,而且来工地只是草草看上一眼就马上回营地了,大家都对刘某十分不满意。反正现场也没人组织管理,大家都松懈下来了,一个十几个人的班组每天只能焊接 610 毫米的管子 10 道口。项目经理在了解了详细情况后,勃然大怒,刘某很快又被降了职。

评析:原本应该全天都在现场组织生产的刘班长,因为当了班长却成了甩手掌柜,既不组织生产、敦促施工进度,又没有起到模范带头作用,反而产生了恶劣的影响。

(三)学习创新能力

班组长要摈弃墨守成规的传统意识,积极主动地学习和运用新知识、新方法,不断提升自身综合素质,更要善于营造团队学习氛围。俗话说:进步不进步,群众看干部。榜样的力量是无穷的,班组长在自我学习创新的同时也要带动班组成员不断成长进步,在工作中激发创新的火花。一方面能够积极探索适应班组管理新要求的方法手段;另一方面通过创新知识竞赛、新技术比武、评选创新小明星等多种形式,鼓励全体班组成员参与到创新活动中来,在班组中营造科技挖潜、创新增效的浓厚气氛,激发班组成员的创新热情。

【案例 1-3】

管理创新见成效

小李是某防腐班的新晋班组长,上任伊始,小李干劲十足,事事冲锋在前。小李从严格管理入手,却没想到小李班长的铁腕政策引起了组员的极大不满,组员开始暗地里与小李较劲,小李开展工作也总是受阻,压力非常大。小李体会到强制性管理措施必然引起组员的对抗,结合本班组实际情况,逐渐探索出案例管理法并运用到班组管理中。一遇到问题,就做案例,然后组织全体组员讨论协商解决办法,在经过一段时间的深入讨论和分析后,给出自己的解决方案,对于组员提出的解决方案,小李给予激励和嘉奖。通过管理创新,采用全员自主管理模式,小李所在的班组连续三次蝉联"红旗班组"称号,成为各班组的学习标杆。

评析:小李班长通过对班组管理模式的创新,摸索出一条班组管理的新路子。案例管理法的运用,不仅充分地调动了全体组员的聪明才智,而且将被动管理转变为了主动管理,组员参与管理的热情大大提升。而且,由于管理措施、制度是大家共同商讨制定的,因此在执行的过程中也不存在博弈现象。小李班组的很多问题都迎刃而解,工作绩效得以大大提高。

(四)表达总结能力

班组长要在活动、任务告一段落之后,回顾执行阶段,肯定成绩、寻找不足、总结经验教训,形成文字记载并传达到每位成员,以便今后在工作中能更深层次地总结归纳和运用提高。

【案例 1-4】

开会是个技术活

大吴技校毕业后就干起了焊接工种,十多年的工作经历让他积累了很多经验,最近被任命为班组长。大吴很想当好班长,但他发现开班会是他最头疼的事,别的班组长开班会三言两语就把工作布置好了,而自己因为性格内向又不善言辞,一开会就"这个、那个"地说个半天也布置不完工作,有时候说了半天车轱辘话,底下组员们都快打哈欠了,对自己焊接技术很有自信的大吴现在竟对自己的表达总结能力产生了怀疑。和处长沟通后,处长给他支了招:可以先归纳已经完成的工作,总结优点和不足,最后安排下一步的工作。按照这个思路来实际操练,大吴每天自己对着镜子锻炼讲话,开会前他还会把想要说的事写成要点,打个草稿,而且注意逻辑顺序,这样开会的时候再也不会东一榔头西一棒槌地安排工作了。过了一段时间,一个崭新的大吴出现在大家面前,自信而且有条理,大家都对大吴心服口服。

评析:表达总结能力需要多写、多练、多积累、多借鉴,吸取别人表达时的经验技巧,对于想要说明的现象和问题,要善于归纳出重点,再通过实例进行例证,另外"总—分—总"式的表达总结模式易于抓住听者注意力,这些都要经过反复的练习。

(五)解决问题能力

第一,在施工过程中出现突发情况时,班组长能冷静判断问题发生的原因,利用专业知识给出解决方案,结合班组内外的资源尽力解决问题;第二,当工作中出现失误时,班组长要主动查明失误原因,对自己的错误敢于担当,同时作为班组的"大家长"也要勇于为员工工作中的错误承担责任,积极进行反思总结;第三,当班组成员出现矛盾时,作为当事双方的调停人,班组长必须处事公正,必须了解事情全面的信息,以规章制度为依据,不以个人好恶行事和感情用事,做到公平公正,及时解决纠纷,化解矛盾。

【案例1-5】

多面手郑班长

第二穿越班组在巴西执行管线的定向钻穿越河流任务,最近郑班长发现钻进时钻矩很大,但是由于工期实在太紧张了,就想着若钻矩再增大就进行一次洗孔,然后根据实际情况决定下一步如何施工。这时司钻突然告诉他钻头转不动了。多年的经验告诉他卡钻了,郑班长马上冲进控制室,在确认确实卡钻后,及时进行了如下安排:马上使用套洗器对钻杆进行解卡,同时联系附近的钻机,如果套洗没有效果就要使用其他钻机在对面同时套洗并帮助回拽扩孔器。在另外一台钻机的协助下,顺利解卡。在总结分析会上,司钻小王和泥浆工程师大李争吵了起来,司钻小王说:"我早告诉你泥浆黏度不够,要不是你这次也不会卡钻。"大李反驳道:"我告诉你钻矩过大,让你稍微停一下,你就是不听。"这时郑班长站了出来:"此次卡钻最大的责任人是我,我在已经发现钻矩过大的情况下并没有及时制止施工,而是抱着再试一试的态度,急于求成。根据咱们的规定,我被罚款800元,司钻和泥浆工程师口头批评。此次卡钻并不是泥浆黏度有问题,而是应该及时停止钻进,洗孔后根据情况再进行下一步施工,你们也不要再吵了,工作中大家就是该互相提醒。"听到班长这么说,小王和大李也无话可说,班内的其他员工都佩服郑班长能勇于承担责任,而且处事公正。

评析:面对突发问题,班组长要有解决问题的能力,同时要敢于承认错误、承担责任、身先士卒,带领全组克服困难。

(六)沟通协调能力

1. 服从上级
班组长要定期向上级汇报工作,及时将现场情况予以反馈,真实反映工作中的问题,不能为了本班组的利益向上级隐瞒工作问题。在坚持原则的情况下,服从上级安排,与上级领导意见不一致时,要采取适当的方法与主管沟通。

2. 爱护组员
班组长要真心诚意地关心员工,倾听员工心声,让员工对班组长产生信赖感和信任感,从思想上激发员工的工作热情和主动性、积极性,使员工愿意主动克服困难,努力工作。即使有些问题不在班组长解决的能力范围内,但班组长可以耐心倾听,认真帮员工分析问题,给予组员合理妥善的建议,使员工得到支持,从而建立起班组长与员工间真诚交流的桥梁。

3. 尊重平级
班组长面对其他部门的基层管理者时,要站在合作的立场、企业的高度,做好协助协同工作,经常进行换位思考。尤其是相同的班组之间存在竞争,班组长不能以狭隘的方式将本班组与其他相关班组隔离,更不能与其他班组长唱对台戏,否则会影响班组之间的密切合作,还会给企业的生产经营带来一定的危害。有了好的工作经验和方法,要大家共同分享,共同提高,使企业获得更大的效益。

【案例1-6】

言传身教"带新兵"

某作业队一班正在进行定向钻作业,新入厂工人小王担任钻杆工,因为新上岗,操作不够熟练,不能与吊车操作手紧密配合,失误连连。这时有些人不高兴了,"不会干下去,别在这瞎耽误工夫!""可不是吗,你这么干下去,生产任务都完不成了!"班长李某听了大家的话后走到小王跟前说:"别紧张,上岗前你们都经过培训,只是不够熟练,多练练就好了!"说完又转身对大家说:"咱们可不能这么对新上岗的弟兄,咱们应该给他们更多的宽容和帮助。"说完,班长站到钻杆工岗位,一边操作,一边耐心为小王讲解操作中的细节和注意事项。经过几天的指导,小王逐渐掌握了动作要领,并能熟练地完成本职工作了。

评析:完成工作任务固然重要,但一个好的工作环境才是班组工作的基础,班组长要起到带头作用,对新员工要积极帮助,对有问题的老员工要帮其改正,要让整个班组都一条心。这样才能形成一个和谐积极的工作氛围,不仅能改善员工之间的关系,而且还能减少工作中因不满情绪带来的安全隐患。

(七)凝聚团队能力

班组长应具有增强团队凝聚力的能力,有激励团队走向成功的智慧,用自己的实际行动践行团队精神,时刻不忘团队建设,维护班组权益。班组长要善于发现员工的优点并有效激励,让员工感受到工作的乐趣,感受到自身的价值被尊重。

在激励组员时,班组长要根据谈话对象的文化素养、性格特点、习惯爱好等,使用不同的语言,做到情理交融。对性格内向的,使用的语言要柔和一些,使话语像春风细雨那样句句入心;对直爽开朗的,要一针见血地指出问题;对不同文化层次的员工,语言表达应尽量贴近他们的实际。对工龄长、资历深的职工,谈话时可以深刻一点,以理论事;对年轻识浅、思想单纯的职工,可以多用朴实、通俗的语言,深入浅出、以事明理。在潜移默化中影响组员的行动、意识,激发员工潜能,提升工作质量。

【案例 1-7】

独善其身的班长

青年工人刘力在公司电工比武中总是名列前茅,他为人忠厚老实,工作上刻苦钻研电工技术,担任电工班班长后他任劳任怨,不管是电气设备检修还是运行线路维护,每天都从早忙到晚。刘力不善言谈,班前会简短几句布置一下任务,私下和班组成员几乎没有什么往来。班组成员身体不适,家中有事,情绪有波动,他都不太在意,他认为班长最重要的是以身作则带头完成任务,每天把精力放在人际关系上没有必要。

评析：班组长作为生产最前线的指挥员，有危险有困难时确实需要冲在最前面，可作为一名基层管理者，班组长绝对不能忘记自己需要一个团结有力的团队，应该组织调动班组成员共同完成工作，而不是只局限于自己埋头苦干。

【案例 1-8】

关键时刻掉链子

有一件事让张班长很头疼。

昨天班里接了一批精加工的急活，车间主任反复交代任务的重要性：这次任务完成的好坏，直接影响到我厂以后的机加工业务范围和业务量。

由于时间紧、任务重，张班长对班内工作进行了临时调整：由技术精湛的老李和小陈承担关键环节的加工任务，老刘和小赵先放下手中的生产任务，配合老李、小陈工作。任务安排完，老刘和小赵面面相觑，老李和小陈也面露难色，因为根据班级考核制度，干不同的活拿不同的钱，如果这样安排，老刘和小赵这个月的奖金就要减少了。老刘首先提出自己最近身体不太好，估计难当重任，小赵也推说自己技术不精，怕配合不力，希望班长安排他人。

评析：关键时刻可以考验一个队伍的整体战斗力，出现这种情况，暴露了机加工班缺乏团队精神的现实，平时相安无事，一旦个人利益与班组利益相矛盾时，立刻事不关己高高挂起。只有一个团结协作的班组才是一个高效的战斗集体，一个能经受住考验的团队，而一个班组是否有凝聚力关键在于班组长。班组长在日常工作中一定要关注团队建设，带头将班组利益摆在第一位，潜移默化地影响组内成员。

第二章　企业高效班组建设

本章主要介绍了高效班组的内涵及建设方法、班组绩效管理、班组激励措施、班组沟通技巧以及提升班组执行力的方法。通过本章学习,使学员了解如何建设高效班组;掌握班组绩效管理的内涵、班组激励措施以及班组沟通的技巧;掌握提升班组执行力的方法。

第一节　班组团队建设

一、班组团队建设的意义

班组是一个有明确目标、明确分工、团队成员之间相互协作的有机整体。班组团队建设是企业在经营管理过程中,有计划、有目的、有步骤地对班组成员进行培养、训练的过程,从而提高班组成员的协作精神、增强合作意识,使班组所有成员齐心协力共同完成班组绩效目标。

二、高效班组团队的特点

(1)目标清晰。班组团队目标清晰、分工明确。班组每位成员理解班组共同的目标愿景,明确如何共同工作才能实现目标。

(2)综合能力高。高效班组团队具备清晰解决问题的能力,卓越的创新能力,高效的决策能力,有效的执行能力。

(3)班组长优秀。俗话说,火车跑得快,全靠车头带。一个高效班组团队同样需要一个优秀的班组长。一个有竞争力、战斗力的班组,离不开班组长自身卓越的影响力。

（4）优势互补。高效班组团队的成员具备实现目标所必需的专业技术能力，并且在一定程度上成员的能力可以优势互补，让每个成员在团队中体现自身的价值。

（5）成员互信。班组团队成员之间相互信任，坦诚相处，沟通顺畅，友好合作。

（6）激励机制完善。建立完善的激励机制，能够激发员工的积极性。

【案例 2-1】

<h3 style="text-align:center">谁不说我们班组好</h3>

焊接二班一直以来有玩麻将、打扑克牌的风气。班长老尹也参与其中，施工时，焊接二班的焊接速度又是最慢的，公司决定彻底整治这些不正之风，调换了新班长李某。李班长到任后首先颁布了新规定，如有施工任务，晚上 10 点必须熄灯，违反规定的第一次罚款 500 元，第二次罚款 1000 元，第三次开除出班组并在公司内部进行通报。在随后的工作中，每天李班长都起得比大家早，活干得比大家多。处理问题时，能够按照规定制度执行，不偏私。刚开始因为不能打牌、玩麻将，大家很有意见。李班长为了丰富下班后班组的文化生活，每晚都组织大家在宿舍看一些热映电影，碰到班组成员过生日，晚上大家还要出些小节目热闹一下，班组成员的"夜生活"不再那么枯燥乏味。员工们慢慢理解了李班长的良苦用心，看到李班长这样的表现都对他很服气，班组的风气慢慢地转变了过来。

评析：优秀的组织文化能起到激励作用、导向作用、规范作用、凝聚作用和稳定作用。

第二节　班组绩效管理

一、班组绩效管理的目的

绩效管理是指各级管理者为了达到组织目标对各级部门和员工进行绩效目标制定、绩效辅导实施、绩效考核评价、绩效反馈面谈、绩效目标提升的持续循环过程，绩效管理的目的是持续提升组织和个人的绩效。

班组绩效管理是企业班组管理工作中行之有效的管理方法之一，充分发挥好班组绩效管理的作用，可以提升班组内涵，增强班组凝聚力。建立一套科学合理的班组绩效管理体系，能够帮助员工提升自身能力，提高工作效率，激励班组员工多劳、干好,获得精神和物质上的回报,提高班组员工的积极性,实现企业与员工的共同发展。

二、班组绩效管理的原则

班组绩效管理应遵循以下原则:

(1)公平公开:班组绩效考核应实行日考核日公开制度,严格依据班组绩效管理方案进行考核。

(2)客观公正:班组绩效考核本着"对事不对人"的公正原则进行考核。

(3)科学合理:班组绩效方案制定应充分考虑岗位实际情况及考核指标的可量化、可操作性。

三、班组绩效管理的内容

(一)制定绩效目标

制定绩效目标是班组绩效管理的开始。在这个阶段,班组长与班组各成员通过沟通主要完成以下任务:

(1)班组各成员的主要工作任务是什么。

(2)如何衡量各成员的工作(标准)。

(3)每项工作的时间期限。

(4)班组各成员的权限。

(5)班组成员需要的支持帮助。

(6)班组长如何帮助各班组成员实现目标。

(7)其他相关的问题:技能、知识、培训、职业发展等。

以上是制定班组绩效管理目标的过程,最终结果是班组长和各组员共同签字的文字记录。

【案例2-2】

完成不了的任务

某项目工期接近尾声,在防腐班组每天能够完成70道焊口防腐任务的情况下,项目经理要求防腐班长老刘进行赶工,要求在合同工期内保质保量地完成施工生产任务,每天防腐100道焊口,如果能够超过100道焊口,按照超额完成的数量在季度绩效考核过程中按百分比进行奖励。班长老刘为了超额完成任务,拿到最大奖励额,将每天防腐100道焊口提升到150道焊口,班组成员苦不堪言。小李一边烤热收缩套一边跟小王愤愤地说:"真是开玩笑,每天防腐150道焊口的目标怎么可能完成?"小王无奈地说:"为了多挣点钱,差不多就得了,要不根本干不完。"结果在剥离试验时,拉力检查不合格,所有不合格焊口的防腐工作全部需要返工。

评析: 绩效考核目标值的设定要在员工的能力范围之内,员工跳一跳可以够得着,如果员工一直跳却永远也够不着,那么员工的信心就丧失了,绩效目标也就失去了本来的意义,甚至员工为了完成目标而不择手段,造成不良后果。合理确定员工经过努力可以达到的目标值,帮助员工制定达成目标的行动计划,并指导员工去实现绩效目标,是班组长的职责所在。

(二)持续不断沟通

持续不断的沟通在班组绩效管理中有着的关键性作用。沟通分为班组长与组员的沟通及班组长与主管之间的沟通。

班组长与组员的沟通内容包括:

(1)工作进展如何。

(2)组员和班组是否可以完成绩效目标。

(3)哪些工作进展顺利,哪些工作遇到困难。

(4)当前的绩效目标是否需要调整。

(5)如果偏离了达成绩效目标的轨道,应该采取什么措施进行纠偏。

班组长与主管的沟通内容包括:

(1)在绩效目标设定阶段,班组长将班组内讨论达成一致意见的绩效目标申报主管进行确认。

(2)在绩效目标施行阶段,一方面班组长向主管汇报工作进展或工作中遇到问题,寻求解决办法;另一方面主管对班组长的工作与绩效目标之间出现的偏差进行及时的纠正。

(3)在绩效改进提高阶段,主管通过沟通查看改进措施的落实情况并给予相应支持。

(三)资料收集存档

班组的绩效目标最终要通过班组绩效评估进行衡量,因此与班组成员绩效相关的信息资料的收集使评估的结果有据可查,更加公平、公正。班组长既要注意观察班组各成员的行为表现,并做记录,同时要注意保留与班组各成员沟通的结果记录,必要的时候,请班组成员签字认可,避免在年终考评的时候出现意见分歧。

【案例 2-3】

无据可查阻绩效,记录翔实促绩效

老王和老李同是容器制作车间的班长。老王性子豪爽,做事有些粗枝大叶,认为自己技术精湛,熟知容器制作的所有边边角角,所以安排工作时靠经验在现场临时发挥。老李比较沉默,平常总爱拿个小本子写写画画,但安排工作井井有条、一丝不苟。两个班同在一间厂房里作业,老李班总能够较好地完成领导交办的生产任务,老王班就总是要差一些。而且一到月底发奖金的时候,老王班里就会比较热闹,吵吵嚷嚷闹上一两天,这个说我钱少了,那个说我这个月加了几次班,怎么发奖金没考虑。老王凭借自己的经验和对一个月施工安排的印象,逐一解释、安抚,度过头疼的两天。老李的班里静悄悄的,感觉就像没发奖金这回事似的。老王纳闷,一次发完奖金后跑到老李班门口去看,只见老李拿出随身带的小本子,挨个说:小赵这个月因为家里有事请了 2 天假,奖金减少了 ×× 元;小王这个月在自动焊岗位连着加了 4 天班,焊接合格率也保持得很好,奖金加了 ×× 元;老吴在装那个让人头疼的内部件时,自己出点子做了个工装,让我们的效率提高了很多,比老王班快了 3 天装完,奖励 ×× 元……

老王听着听着,渐渐明白了为什么老李班里这么安静,若有所思地回去了。

评析:案例中的老王对班组成员的分工不明、员工绩效记录模糊,奖金分配靠经验和印象,没有明确的过程记录,必然造成意见分歧,进而影响工作积极性和效率。相反,老李分工明确,记录和考核细致,奖惩分明,能够有效地激发班组成员积极性,提升了班组的绩效。

(四)年终绩效评估

企业绩效评估一般在年底举行。员工绩效目标完成得怎么样,企业绩效管理的效果如何,通过绩效评估可以一目了然。

企业绩效评估既是总结提高的过程,也是建立在基层班组各阶段性绩效的基础之上所得出的结论,总结过去的结果,分析问题的原因,制定相应的对策,便于企业绩效管理的提高和发展,也有益于各基层班组绩效考核的改善。

(五)管理持续改进

没有完美的绩效管理体系,任何绩效管理都需要不断改进和提高。班组绩效也是如此。因此,在班组绩效评估结束后,要对基层绩效管理的方法、手段及其他的细节进行全面诊断,持续改进基层班组的绩效管理水平。

【案例 2-4】

靠"拉关系"的班长不好当

老赵辛苦工作了几年,终于当上了班长,心想得先笼络住班员,坐稳班长位置。于是他开始积极主动地与几个班组骨干、老师傅拉关系,处人情。可慢慢老赵发现了问题,与自己关系好的骨干、老师傅经常请假、迟到、早退,工作也没那么卖力了,都想着指挥别人干。开始时老赵为了拉拢关系,不太好直说批评,领导检查也尽量帮着遮掩,奖金也都照常按骨干标准发放。可这种现象越来越严重,其他班员也开始受影响了,有的班员在受到老赵批评时还说:"我跟你关系一般也用不着针对我吧。"弄得老赵也没办法管理了,班组越来越涣散,干活没有积极性,连续几周都被领导批评,老赵感觉当班长太难了。

评析:案例中老赵认为与主要人员搞好关系才能稳固班长位置,却忽略了带出高绩效的班组才是证明自己合格、稳固班长地位的最佳途径。

第三节　班组激励措施

一、激励的特点及作用

(一)激励的特点

激励是对员工潜能的开发,它完全不同于自然资源和资本资源的开发,无法用精确的计算来进行预测、计划和控制。因此,激励有以下几个特点:

(1)激励的结果不能事先感知。

激励是以人的心理作为激励的出发点,激励的过程是人的心理活动的过程,而人的心理活动不可能凭直观感知,只能通过其导致的行为表现来感知。

(2)激励产生的行为是动态的。

从认识的角度来看,激励产生的动机行为不是固定不变的,受多种主客观因素的制约,不同的条件下,其表现不同。因此,必须以动态的观点认识这一问题。

(3)激励的手段因人而异。

从激励的对象来看,由于激励的对象是有差异的,需要也千差万别,从而决定了不同的人对激励的满足程度和心理承受能力也各不相同。要求对不同的人采取不同的激励手段。

(4)激励的作用是有限度的。

从激励的程度上看,激励不能超过人的生理和能力的限度,应该讲究适度的原则。激励的目的是使人的潜力得到最大限度的发挥。但是,人的潜力不是无限的,受到生理因素和自身条件的限制,所以,激励对不同的人发挥的作用是不同的。

(二)激励的作用

激励与激怒仅是一线之隔,若班组长对员工的激励措施实施不好,激励就会变成激怒,而科学的激励工作则能够对员工产生积极的作用。

(1)有利于形成员工的凝聚力。

班组的成长与发展,依赖于班组成员的凝聚力。激励则是形成凝聚力的一种基本方式。通过激励,可以使人们认同和追求班组目标,使之成为班组成员的信念,进而转化为个人动机,并推动班组成员为实现目标而努力。

(2)有利于提高员工的自觉性和主动性。

通过激励,可以使员工认识到在实现组织最大效益的同时,也可以为自己带来利益,从而可以将员工的个人目标与组织目标统一起来。二者统一的程度越大,员工的工作自觉性就越高,其工作的主动性和创造性也越能得到发挥。

(3)有利于员工开发潜力和保持积极状态。

在客观条件基本相同的前提下,员工的工作绩效与员工的能力和激励水平有关。通过激励,可以使员工充分挖掘潜力,利用各种机会提高自己的工作能力,这是提高和保持高水平绩效的重要条件。另外,通过激励,还可以激发员工持之以恒的工作热情。

二、激励的原则

(一)适应性原则

班组长在制定和实施激励措施时,要调查清楚每个员工的真正需求,不断了解员工需求变化趋势,将这些需求合理地整理归纳,有针对性地制定相应的激励措施,做到因人而异,这样才能收到实效。

（二）时效性原则

激励越及时,越有利于将人们的激情推向高潮,使其创造力连续有效地发挥出来。"雪中送炭"和"锦上添花"的效果是不一样的,班组长在激励员工的时候,如果错过了时机,即使花同样的代价也达不到同样的效果。班组长在分配任务之前,需要先激励员工,把员工的斗志激发出来,执行任务的过程中效果就会非常好;在员工遇到困难的时候,班组长要及时给予帮助和关怀。

（三）公平性原则

班组长要做到奖罚分明、公正严明。待遇不公,极易引起员工的不满,造成员工对班组长的不信任,并且这种情绪很容易在班组中扩散,造成整体工作积极性的低落及工作效率的低下。因此,需要班组长在工作中做到办事公道、奖惩分明,分配利益时也要做到公平,才能够服众。

【案例 2-5】

到底公平不公平

某定向钻班组唐班长在一次交接班中发现老张出现了早退现象,跟其他员工进行摸底了解后,发现老张不止一次出现过这类违纪现象,于是在未直接告知本人的情况下对他进行了通报批评和一定的经济处罚。老张却认为惩罚过重,并且事先唐班长没有对他的行为进行告诫,认为自己受到不公平对待。他说:"凭什么只处罚我一个人,我觉得有这类现象的人不止我一个,没有提前告诉我就直接罚钱,我不会接受的。"

评析:班组制定行为规范必须公之于众,让大家知晓。违规惩罚前也应对当事人进行告诫。该班长没有考虑周全,未采取告诫的方式而直接采取处罚措施,使员工产生了抵触情绪。因此,班组长需要事先让员工知道自己应遵循的行为规范,告诫要讲究实效性、一致性,必须对事不对人。在告诫时,班组长要清楚地讲明在什么时间、什么地点、什么人、实施了什么行为、违反了什么样的规则,要以平静、客观、严肃的方式对待员工,以保证权威性。如果班组长掌握的事实与员工讲述的事实差距很大,还应当重新进行调查。

（四）奖惩适度原则

奖励对激励效果会产生重大影响。如果奖励过重,会使员工飘飘然起来,失去了进一步提高自己的动力。反之,奖励过轻起不到激励的作用,甚至还不如不奖励。

惩罚过重,员工就会失去对班组长管理的认同;但是如果惩罚过轻,员工又会轻视班组规章制度,轻视班组长管理的威严性,导致重复犯同样的错误,起不到惩戒的作用。

（五）物质激励与精神激励相结合原则

物质激励是指运用物质手段使受激励者得到物质上的满足,从而进一步调动其积极性、主动性和创造性。精神激励指精神方面的无形激励,它是管理者用思想教育的手段调动员工积极性、主动性和创造性的有效方式。单纯的物质激励会使员工在没有物质激励的情况下失去工作的动力,会带来一定的副作用,而单纯的精神激励只能在短期内调动员工的积极性和创造性,具有一定的局限性。因此,二者是相辅相成、互相促进的,物质激励是基础,精神激励是根本,在两者结合的基础上,逐步过渡到以精神激励为主。

【案例 2-6】

谁说严冬不好过

某单位近两年效益不好,员工辛苦工作一年却拿不到多少奖金,许多人工作积极性明显下降,甚至有的班组长都不愿意接受施工任务,认为班组员工都不愿意干,自己接了活也不好安排,还不如不接。老肖的班却是个例外,虽说一定程度上也受到了效益差的影响,但生产任务一项没落下。单位领导想了解一下老肖是怎么管的,就来到了他们班门口。老肖正在班里开班会,只听他说道:小李和小王这段时间技术有长进,同是刚工作一年,比单位其他几个进步快多了,明年独立顶岗没问题了;老赵师傅这段时间辛苦,孩子快高考了,分的活干完了可以稍微早点回家,好好给孩子做顿饭……今年单位效益不好,是大形势的影响,咱们得坚持住,过了这个坎绝对会变样。"

评析:认可、表扬、理解都是激励,老肖就是在物质激励无法实现的情况下,采用了其他激励方式,收到了好的效果。

（六）外激励与内激励相结合原则

外激励是通过提高工资、增加奖金、提升职务等方式产生的激励;内激励是在工作进行过程中所获得的满足感,它与工作任务是同步的,即"乐在其中"。外激励任何时候都是必不可少的,但是在管理只有内外激励相结合,才能从根本上调动员工的积极性,而单靠外激励是不全面的。

（七）正激励与负激励相结合原则

所谓正激励主要表现为对员工的奖励和表扬等,负激励则是惩罚或批评。这两种方式的激励效果不仅会直接作用于个人,而且会间接地影响周围的个体与群体,通过树立正面的榜样和反面的典型,扶正祛邪,形成一种良好的风范,就会产生无形的正面行为规范,能够使整个群体的行为导向更积极,更富有生气,最终使班组管理尽善尽美。

三、激励的措施

（一）金钱激励

班组长可通过班组奖金二次分配对班组成员的工作表现进行奖励,要想金钱激励达到效果,需要做到:保证公平性,倡导适度竞争,避免平均分配,以员工业绩为标准发放奖金。

（二）信任激励

班组长可根据每个班组成员的个性、能力、特长、人际关系等具体情况,分别交办不同的任务,授予他相应的权力,并为他提供必要的帮助。但信任并不等同于放任,授权不能弃权,必要的监督措施是维护信任激励有效实施的保障。放手让一个人做事,在做事的过程中及时给予提醒和指点,让员工感觉到有坚强的后盾和保护措施,就会使员工做得更好。

【案例 2-7】

要想初生牛犊不怕虎,班组长要做"牛犊"主心骨

挖掘机手小曹参加工作半年了,每天只是做一些挖掘机滤器清理工作,偶尔换换机油,剩余的时间就是在旁边跟师傅老张学习操作挖掘机,时间一长小曹已经没有了刚参加工作时的工作热情。王班长想要让小曹也上手试试操作挖掘机,师傅老张说:"我们年轻时候看师傅干活一两年都摸不上机器,他这才工作半年,我不放心啊。"王班长说:"现在的年轻人跟以前也不一样了,接受新事物快,让他操作看看,您在旁边给他指导指导,要是有问题及时停下来就可以了。"在王班长的争取下,小曹每天都能上挖掘机操作一会儿。在操作的过程中小曹发现了很多问题,并及时向师傅请教,技术提升得很快。后来在员工技术竞赛中小曹名列前茅,他开心地跟王班长说:"要不是班长您对我信任,总给我打气,我一定不会有这么快的进步。"

评析:班长的信任是小曹快速成长的基础,小曹每天在短暂的操作中努力学习,查找自己的不足,最终快速地提升了自己的技术水平。

(三)培训激励

对一线员工而言,时间有限导致培训也成了有限资源。班组长可以将培训这一有限资源合理分配给班组成员,作为激励的手段刺激员工奋发向上。一方面可使积极工作的员工得到更多提高自身能力水平的培训机会,增强班组实力;另一方面将培训机会给予后进员工,使其感受到班组长的信任,在业务技术上脚踏实地打好基础,不断精进。

(四)情感激励

坚持以人为本,时时处处尊重人、关心人、理解人,细微之处见真情。当班组员工在学习和工作上,哪怕有点滴的进步和起色,班组长都应及时给予肯定和鼓励,使他们能从微小进步中体验到成功的喜悦。不能忽略细节,舍小求大,要随时注意捕捉员工身上的闪光点。

(五)"后院"激励

由于石油工程建设施工的特殊性,作为一名石油人就意味着风餐露宿,意味着跟家人的长期分离,势必对一线员工心理产生巨大冲击,从而为施工埋下各类隐患。因此,对员工家庭的跟踪帮扶极为重要。为消除一线施工人员的后顾之忧,班组长应充分利用工会组织的力量,对员工的父母、婚姻、子女教育等详细状况进行摸底,当员工的家庭成员有各种生活问题或困难时,便于与帮扶组织联系。

(六)目标激励

一方面明确班组的目标,相当于在员工心目中树立了一个灯塔,变成了全体班组员工心目中的阶段性目的地。可把目标设置得稍微高一些,稍微超出员工的能力所达到的高度,激发全体员工的斗志,为达成目标付出努力。另一方面,可针对员工个体设计个人奋斗目标,鼓励员工为自己的目标而战,挑战自我,形成一种有效的激励氛围。

(七)荣誉激励

荣誉激励就是把工作成绩与选模范、评先进联系起来,主要的方法是表扬、奖励、经验介绍等。对于工作表现突出、具有代表性的先进员工,给予必要的荣誉奖励是极好的精神激励方法,能够增强员工的自信心,使其体会到个人价值,调动其积极性。

（八）行为激励

班组长要想管好下属就必须以身作则,率先垂范。在生活上,班组长要能与员工有乐同享、有苦同当、有难当先;在工作上,班组长要能身先士卒,而非仅仅在危难之时才挺身而出;在小事上,班组长也要严于律己,起到表率作用。

【案例 2-8】

两面派

机组小王今年19岁,是一名电焊工,刚参加工作。小王家里生活困难,父母身体不好,仅靠干杂活为生。小王在工作中肯干、听指挥,哪怕是班长让他用铁锹挖土方他也毫不犹豫地答应并照做。工作中出了错,面对斥责小王能够摆出好的态度,不与别人争辩。但是班长没注意到的方面他便敷衍了事,例如在焊接工作完成后用钢丝刷清理焊道两侧飞溅物的工作他都是随便蹭蹭了事。工作之余他更是想着今天去哪里玩儿,而不想想今天的工作是否有瑕疵,明天的工作是否需要提前准备好材料。这样两面派的小王让班长犯了难,到底该怎么激励这样的员工呢?

评析:像小王这样的年轻员工由于年纪小,对自己的职业没有长远的规划,对待工作的眼界非常窄,在班组长监督下他工作卖力,但是却没有努力的方向,工作最大的目标就是挣钱。可在不同时机对小王采取多种激励措施,小王既然渴望金钱给父母及自己带来生活上的改变,那么通过日常对他的督促,记录下小王工作态度积极的情况,在班会上进行表扬,发放月奖金时予以嘉奖;同时从感情入手,嘘寒问暖,给予小王班组内的温暖,帮助他规划适合他的职业发展路线,有合适的培训机会就推荐他多多学习,充实自己,提高专业技能,让小王从简单的"班长让我干啥我就干啥"的初级认识,慢慢领悟到年轻时多学习多充电,让自己成为技术能手,甚至是一专多能的业务骨干,带给自己的不光是金钱上短暂的满足,而更多是精神上的满足。

四、激励措施的应用

针对不同员工的特点,采用不同的激励方法,更多时候需要综合使用上述几类激励措施。

（一）高热情、高能力员工的激励

这类人往往是班组的杰出人才，对这些杰出人才的激励方式应当是充分发挥这些人的积极性和主动性，充分给他们授权，赋予他们更多的责任，以利于他们自我价值的实现和对班组甚至企业做出更大的贡献。对待此类员工可采用情感激励、荣誉激励、信任激励等方法。

【案例 2-9】

完美的小李

机组小李今年 24 岁，是一名技术员，家境优越的他刚大学毕业参加工作，工作积极上进，在工作中不怕苦、不怕累。由于是管线作业，每天都需要徒步走 5 千米以上，但他没有任何怨言。他每天进行管线测量及技术分析，记管号、写管号、配合检测单位施工，时而还要面对当地百姓的阻工协调工作，施工结束后还要看检测记录，有时还要指导土方队伍的挖管沟工作。在每个月发放奖金的时候，他从没有过任何要求，也从不跟同事攀比。

评析：刚刚大学毕业的小李想在工作中体现自我价值，他最渴望的是领导对他的认可，因此情感激励、荣誉激励和信任激励对他这类人比较有效。小李刚踏进社会，渴望事业上有导师能够给他指导，因此班组长在日常工作中应对小李多些语言鼓舞及适当的工作指导，增进情感沟通，进行情感激励；在有荣誉的时候，根据他当前的情况考虑给予，会有非常好的效果；如果班组长能体现出对他的信任，委任小李一些工作，那么小李绝对是无须扬鞭自奋蹄。

（二）低热情、高能力员工的激励

这类员工一般是班组里的老资格员工，多是业务骨干，生活相对比较舒适，需求往往是工作上的安全性、成就感和受尊重感。针对此类班组成员，可采用金钱激励、情感激励、信任激励等方法。可分配挑战性的工作，或让其指导水平低的员工，一方面肯定其能力并给予信任，另一方面给予具体目标和要求。必要时在报酬上适当刺激，使他们把低热情转变成中热情，直到转变成高热情。

【案例 2-10】

节省的老张

机组老张今年 50 岁，是一名管工，参加工作多年，经验丰富，但是工作中只做自己分内的工作。每天他只是把自己的管口工作做好,管口组对完成以后就去阴凉处休息。至于施工工作如何开展他不管,遇到施工难点的时候也不给出可行性建议,他有一肚子的好主意但是并不告诉大家。目前老张的儿子大学毕业,要找工作、娶媳妇、买房。为了省下钱,老张平时省吃俭用,袜子经常是穿破了洞还要继续穿,后脚跟都露出来了也不舍得换双新袜子,甚至连烟都戒了。

评析:对这一类人金钱激励及目标激励比较有效。例如,完成现有的施工任务后,适当安排老张参与其他工作并给予物质激励,那么老张在工作中的带头作用就会显现出来。

(三)高热情、低能力员工的激励

年轻人和新进员工有很高的工作热情,但是工作能力一般。对于这类人,班组长要充分利用,发挥这些员工的热情。对此类员工可采用培训激励、信任激励等方法,及时对他们进行系统有效的培训,制定提高他们工作能力的具体办法。通过教育培训,使其能力提高,然后再把他们安排到适合的岗位上去,这样就形成了一种不断培训、不断提高、不断为班组做贡献的良性循环。

【案例 2-11】

帮倒忙的小顾

班上新分来的大学生小顾为人热情,乐于助人,经常听到他喊"张哥,我来帮你,李哥,我帮你弄"。可由于他不理解工作内容及要点,所以经常帮倒忙。一开始大家能够忍住不说,后来大家都委婉地说:"我这能行,你看看别人要不要帮忙,别给我添乱了。"小顾很迷惑,班长老王看在眼里,抽空就找小顾聊天,小顾沮丧地说:"我真是太笨了,干点活也干不好。"老王笑着说:"多年媳妇熬成婆,你这才刚当小媳妇就着急要当婆婆了啊?别着急,多听多看多学,你这么有上进心,很快就能上手的!"王班长找了一些与工作相关的书籍让小顾学习,而且只要有机会就让他参加公司的技能培训。慢慢地小顾知道了各个工序的工作内容,再帮助大家的时候,也知道如何去做了。大家也都很乐意找小顾帮忙,小顾在帮忙的过程中完成了由理论向实践的转变,快速成长了起来。

评析:班组长可以通过现场指导、班会经验分享、短期培训等各种形式引导年轻员工,尽快适应岗位,掌握岗位技能,既能提高员工自信心,同时更能维持住年轻员工对工作的热情,开发出更多潜能。

(四)低热情、低能力员工的激励

这一类人是对班组发挥作用最小的一类人。对待这类人首先不要对他们失去信心,激发其工作热情,改变其工作态度,再安排到合适岗位。其次,推荐其参加一些培训。若长时间无法转变这类员工低热情、低能力的现状,则在不缺人才和条件允许的情况下,把这类人合理劝退。针对此类员工可采用情感激励、培训激励等方法。

第四节　班组沟通管理

一、班组沟通

沟通是人与人之间、人与群体之间思想与感情传递和反馈的过程,是为了一个设定的目标,在个体或群体间传递信息、思想和情感,并最终达成共同协议。

沟通的具体过程如下:发送者获得某些信息,并有传出去的意向;发送者对信息用语言或非语言来进行编码,力求信息准确有效;信息通过各种通道进行传递,在传递的过程中会有一些噪声或障碍,阻碍了接收者接收信息;接收者通过各种通道接收到相关信息;接收者将获得的信息进行解码,并进行主观理解;接收者对理解的信息进行判断,并将结果反馈给信息发送者,至此,完成了整个沟通的全过程。

班组沟通是将组织信息传达给班组成员,并从员工得到正面的反馈。即班组沟通一方面是将组织的信息传递给班组成员,另一方面也是了解班组成员的工作情况以及想法。班组沟通包括班组长与班组成员之间的沟通、班组成员之间的沟通、班组与班组之间的沟通三个层面。班组沟通的主要目的就是要建立班组长和员工之间开放、自由、充分的沟通机制,建立班组与班组、领导与员工、员工与员工之间的沟通渠道,打破交流障碍,营造良好的沟通氛围。

在实际工作中,班组长处于上级与下属之间,扮演上传下达的角色,将上级的指示转化为自己的工作态度和方法,并且要换位思考,以班组成员的角度传达,易于员工理解、执行,使班组成员产生认同感,保证班组的各项工作顺利开展。在工作的过程中,班组长要加强与班组成员的沟通,做好协调工作,以确保工作的质量。班组成员之间要打破岗位之间的壁垒,围绕每项工作任务,加强信息沟通、彼此交换意见,达成共识。班组决策前的调研、计划制定、人事管理、部门间协调、与组织外部的交流,都离不开沟通。

【案例 2-12】

改变的一班,不一般的改变

　　某施工中队安装一班,多年来无论是在施工竞赛还是在班组的各项考核中,都是排名落后。整个公司重组改革时,为安装一班调配了一名年轻的新班长。新班长一上任,首先从班组沟通着手,作为开展各项工作的前提。他及时了解每名职工的特点、特长、工作情况、家庭情况等方方面面的内容。通过"面谈""班组长谈心""班组辩论会""文件解读会"等各种形式,做好班长与班组成员之间的沟通工作,让大家从心理上认知班长,接纳班长,进而认识整个班组,融入整个班组。同时,通过班组 QQ 群、微信群、班组信息公告栏、班组长信箱、班组生日会等方式,让大家畅所欲言,为班组的发展献计献策。该班组上上下下宛如一家人,从而在工作面前抢着干,困难面前争着冲,荣誉面前拼着夺,技术面前抢着学。在不到半年的时间里,该班组在公司各项考核中脱颖而出,所有领导和同事都赞赏说:"改变的一班,真是不一般的改变啊!"

　　评析:由此可见,班组沟通是班组管理的重要内容,它能打通人们的才智和心灵之门,使人际关系和谐,干群关系融洽,能够更好地激励人、挖掘人的潜能,形成谋事、干事、成事的氛围,顺利完成各项工作任务。

二、班组沟通的障碍

　　所谓沟通障碍,是指信息在传递和交换过程中,由于信息意图受到干扰或误解,而导致沟通失真的现象。在人们沟通信息的过程中,常常会受到各种因素的影响和干扰,使沟通受到阻碍。

(一)班组个人沟通障碍

　　在人际沟通过程中,信息发送者把自己要传递的意思进行编码,通过一定的渠道传递给信息接收者,接收者对接收到的符号信息进行解码,但在这个过程中,信息接收者对信息发送者的信息不理解或是不完全理解甚至是误解的情况时有发生,主要原因就是在这个过程中存在沟通的障碍。

　　1. 人格因素

　　所谓人格,是指人经常地、稳定地表现出来的心理特点,包括气质和性格。

　　1)气质不同产生的障碍

　　气质是指人的生理、心理等素质,是相当稳定的个性特点,主要表现为心理活动的强度、速度、灵活性与指向性等方面的一种稳定的心理特征。气质一般可分为四种不同类型：多血质、黏液质、胆汁质、抑郁质，每种气质类型都有利有弊，因此，只有了解沟通对象的气质，才能防止冲突的产生。

2）性格不同产生的障碍

性格是指一个人在后天社会实践活动中形成的对人、对事、对己的态度及与之相应的行为方式。性格可分为外向型和内向型两种。不同性格的人，在与人沟通和交流的过程当中呈现的方式和方法都是不同的。

【案例 2-13 】

年轻的焊接专家

小李大学焊接专业毕业后，被分配到某油建公司焊接班组从事石油管道焊接工作。小李平时本来就内向，不爱与人当面沟通。有一次，在项目部组织的焊接劳动竞赛中，小李由于紧张和自身的压力太大，出现了几道返修口，造成该班组焊接合格率偏低，失去了劳动竞赛的名次，班组的其他几名焊工在现场当着很多人的面埋怨小李："你看你还是科班出身，结果关键时刻老掉链子，给我们班丢人！"这短短一句话，更是像针一样刺痛了小李的心，他变得更加沉默，更不愿与人沟通，而且对班组安排的工作也产生了抵触情绪，能推则推，能躲则躲，不求上进。事后，刘班长得知了情况，便想办法与小李沟通。刘班长考虑到小李不愿与人当面沟通，便试图通过微信与小李进行交谈。平时，刘班长也经常把在施工现场焊接时遇到的一些问题与小李探讨，并就如何提高焊接合格率、防止焊接变形等焊接问题向小李请教，也经常设立一些 QC 项目与小李进行钻研和攻关。刘班长也会经常把小李解决的难题作为焊接经验在全班组进行交流和分享。经过如此的沟通，小李觉得焊接经验和技术如此丰富的班长，还经常向自己请教，与自己一起交流，真是没有把自己当作外人，还是很看重自己，自己也应该学得更好才是。于是，小李便下定决心，努力学好焊接技术，为班组、为公司争光。最后，小李成了油建公司最年轻的焊接专家。

评析：该案例说明，沟通方式，要因人而异，就像沟通"钻石法则"说的那样，要用适合别人的性格和需要的方式对待别人，这样才能起到事半功倍的效果，才能在班组这个大家庭里营造沟通的良好氛围，才能打造一个优秀的团队。

2. 社会因素

1）地位差异造成的障碍

地位差异造成的沟通障碍是由于沟通双方处于不同的级别或职位而产生的。

一般来讲可分为上下沟通、下上沟通和平级沟通三个方向。根据心理学上的研究，由上往下沟通比较快也比较容易，由下往上沟通比较慢也比较困难，而平级之间由于没有权力强制性这一因素的制约也难以顺畅沟通。

2）年龄差异造成的障碍

年龄是人的阅历的体现和反映，不同年龄段的人所处的时代不同、环境不同、经历不同，其思想观点、行为习惯都有一定的差别，年龄差距过大容易产生"代沟"，因此，年龄差异也是人际沟通的主要障碍。

3）性别差异造成的障碍

由于性别的差异，男性和女性有不同的语言表达方式和习惯。有研究表明，男性通过交谈来强调自己的身份，而女性通过交谈来改善人际关系。因此，在沟通过程中，由于性别差异，也会存在一定程度的障碍，进而影响沟通效果。

3. 情绪因素

情绪和情感是个体对客观事物是否满足自己的需要所产生的态度。情绪和情感可分为两种，一种是积极的情绪和情感，比如满意、喜爱、快乐、自豪等；另一种是消极的情绪和情感，比如愤怒、恐惧、厌恶、嫉妒、自卑等。一旦个体产生了某种情绪，就会对行为产生影响，进而影响沟通的效果。

1）愤怒造成的沟通障碍

人在愤怒的时候，人体会调动所有的能量储备，这时，会避免不了出现一些过激的语言或是侵犯性的语言，在工作中会破坏融洽的工作氛围。因此，在冲动的情绪状态下，人的行为很难得到控制，常做出不明智的举动，成为沟通中的障碍。

2）嫉妒造成的沟通障碍

嫉妒是指在意识到自己对某人、某事、某物品的占有受到威胁时产生的情感。对于嫉妒，有的人能克制自己而不采取攻击性的言行，积极地转化为行动力，提升自我，使它逐渐淡化。而有的人则不能把握这种情绪，一味地消极处理，最终产生痛苦、忧伤，进而采取攻击性的言论和行为，伤害了别人也伤害了自己，导致人际冲突。

3）自卑造成的沟通障碍

自卑是指在与人交往中缺乏自信，行动退缩不前，难以主动与人交往和沟通。自卑的人觉得别人看不起自己，有时自己也在否定自己。其实自卑者并不一定就是能力低下，只是有时对自己期望过高，在与人交往中希望自己的形象更加完美，害怕受挫或是遭到他人的拒绝，不敢表达自己的意见，在一定程度上阻碍了正常的沟通。

4）自负造成的沟通障碍

自负是指在人际交往中表现为居高临下，自夸自大，过于相信自己，否定他人。自负的人更强调自身的感受而忽视他人的想法，与人相处时，很少替对方考虑，有时会给对方带来困扰，影响沟通。

4. 文化因素

1）文化障碍

如果沟通双方的受教育程度、经验水平、文化素质和文明程度差距过大，信息接收者对信息的内涵不理解或不接受，也会造成沟通的障碍。但并不是说文化程度越高，沟通能力越强，只是说对于沟通的双方来说如果差距过大，会影响沟通的效果。

2）语言障碍

人际沟通中的语言障碍主要体现在语言差异障碍，主要指不同的语系、语言习惯引起的沟通障碍。例如，少数民族用语、南北方的语言差异等。另外，语言表达障碍也影响沟通的效果，如果信息传递者的语言表达能力太差，则会词不达意，容易让人产生误解和冲突，影响沟通效果。

3）态度障碍

态度通常是指个体对事物的看法和采取行动的心理倾向。态度对人的行为产生重要影响，如果沟通双方的态度不端正，或存在偏见，或消极悲观，这就使得信息在传递的过程中出现偏差，从而产生障碍，影响沟通效果。

（二）班组组织沟通障碍

沟通在组织管理中占据重要地位，良好的沟通更能促进组织管理。但是，在石油企业组织中，都不同程度地存在沟通障碍，影响企业组织管理的效率，进而影响组织目标的实现。

1. 沟通意识不强

在工程建设企业的班组中，班组长作为组织的领导者有时会存在沟通意识不强的问题。那么，他就更需要认识沟通的重要性，亲力亲为倡导沟通活动，交流重要信息，愿意与员工交谈，倾听他们的需求，并通过交流向员工传达企业组织的目标，减少小道信息给员工造成的误解和不安。同时，班组长必须以行动说明问题，不能只停留在口头，而且要言行一致。

2. 沟通信息过滤

信息过滤也称为信息失真，主要指信息发送者有意操纵信息，修改信息，甚至篡改信息,以使得信息显得对信息接收者更为有利。因此,在组织中,当信息在自上而下的传递过程中,各级主管部门都会花时间把接收到的信息进行甄别,一层一层过滤,然后有可能将断章取义的信息传达出去。此外,在信息甄选过程中,还掺杂了大量的主观因素,尤其是当发送的信息涉及传递者本身时,往往会由于心理方面的原因,造成信息失真。

【案例2-14】

一台被砸毁的焊机

　　某油建公司某预制车间连续出现了两场吊装伤人事故,项目部为了吸取事故教训,传达公司相关处理文件,组织各施工班组班组长召开了事故经验分享大会,同时要求各班组长认真吸取事故教训,并做好班组职工的宣传教育工作,并于两日内对施工班组所使用的吊装索具进行全面检查,将不合格的和有缺陷的吊装索具进行更新和淘汰。会后,施工一班、二班回到班组以后,都及时召开了专门的传达和教育大会,认真传达了公司的文件精神,深入分析了两起事故发生的原因,并进行了相互的交流,同时,按照项目部会议要求,对施工吊装索具进行了及时彻底的检查更换,确保吊装过程的安全。而施工三班班长则觉得正是大干期间,职工们都很忙、很累,而且认为用了这么多年的吊装索具都没出过事,没那么容易出事。所以,他只是将项目部的文件放到班组职工宿舍,顺口说了句"大家抽时间学习一下,这是公司新下来的文件,"便不了了之。不但没有认真组织大家学习,更没有对吊装索具进行检查。结果,在随后吊装施工过程中,由于吊装用的钢丝绳存在多处断股现象,造成在吊装过程中钢丝绳断裂,虽然没有造成人员伤亡,但是将现场一台价值十万元的焊接设备砸坏,给施工带来了很大的损失。三班班长看着被砸坏的焊机,陷入了深深的沉思……

　　评析:上面的案例说明,基层班组是施工中最小的单元,直接与一线生产接触,因此,传到班组的信息的真实及完整情况,将会直接导致某个项目或者某个计划的成败。往往由于信息传递的失真,沟通的不通畅、不及时,很小的小事,都会酿成严重的后果。因此,在班组信息沟通时,一定要做到及时、真实、翔实,不走样、不跑偏,才能确保计划的顺利完成。

　　3.沟通渠道不畅

　　班组沟通渠道单一或不完善,缺乏灵活性,进而造成班组内外部的信息传递进程缓慢,严重影响了班组的正常运作和决策效率。正式沟通少,主要借助非正式沟通,小道消息常被使用。造成这种状况的主要原因是受传统观念、文化背景的影响,企业组织结构不合理,领导者的风格等。

4.沟通机制不健全

国内企业中普遍缺少信息反馈机制,管理者发布某项决策后,无法第一时间掌握最新的进展,反馈信息的过程中信息悄悄流失,沟通发起者根本无从了解信息的传递进程和决策的执行程度,从而影响企业组织目标的实现。

三、班组有效沟通技巧

(一)班组个人的有效沟通技巧

1.获取全面准确信息

在沟通过程中,信息发送者发送的信息必须是准确全面的。因为"沟通漏斗"的存在,层级越多,传达到最后一个层级的时候所剩的信息就越少,因此,信息发出者应向接收者发出完全信息,否则信息接收者就不能完全理解信息发出者所发出信息的含义,产生信息失真,或信息不对称。强调信息传递的完全性,就要求沟通者在沟通过程中把握以下三个方面的问题:沟通中是否提供全部的信息;是否回答询问的全部问题;是否在需要时提供额外信息。同时,提供的信息还必须是精确对称的。沟通信息的精确性,要求沟通者根据沟通环境和对象的不同,采用相应的语言表达方式,并采用正确的数据资料,让对方精确领会全部信息。

2.学会换位思考

换位思考,是指能够站在对方的立场上来考虑问题,找出对方的合理点,进而提出双方都能接受而且对企业有利的建议和对策,最终解决问题,实现有效的沟通。在沟通过程中,适当地换位思考,可以使沟通更有说服力,更容易达到沟通的目的。如果沟通双方都能换位思考一下,就可以更好地理解对方,在相互理解的基础上,可以理性地分析问题出在了哪里,那么解决问题也就水到渠成了。换位思考最有意义的地方,就在于使沟通变得简单、顺畅。因此,在进行沟通交流的时候,要学会换位思考,改变思维,使沟通更顺畅。

【案例2-15】

无奈的新晋班组长

李某是某班新晋班组长,在班里年纪最小,因此刚开始,李某遭到了一些组员的排挤。某日,李某让一名组员去车间办公室把劳保用品取来,连续跟他说了三遍,他都没有挪动地方,到第四遍时,李某非常气愤,以生硬的语气质问道:"你是拿还是不拿啊?"虽然后来这名组员取来了劳保用品,但他非常不情愿,他认为,"凭什么什么事情都让我干?"。通过这件事,李某的感触很大,李某想到,如果自己被比自己资历浅的人叫去干活,心里也肯定有所不悦,以后与自己的组员沟通要注意语气和方法。在以后的工作中,李某身体力行,尽可能站在组员的角度去考虑问题,与班组成员加强沟通。之后,该班组的日常工作不再需要李某每天强调,而是组员主动去做。

评析:上述案例说明,在班组沟通中,换位思考是必要的。由于班组长与员工所处的职位是不同的,地位也不相同。因此,在彼此沟通的时候,一定要学会站在对方的角度去考虑问题,真心为对方着想,这样才能实现有效沟通,班组工作氛围才会得到提升。

3.学会倾听观察

沟通者要学会倾听,倾听会使沟通变得全面和深入。沟通要讲究"听"的艺术。在沟通过程中,应该善于聆听,只有善于听取信息才能成为有洞察力的人。由于班组长与员工是上下级关系,这时,班组长首先要产生与员工平等沟通的心理情感。

(1)完整、准确地接收信息。倾听时不要想别的事情,不要随便打断别人。

(2)选择所接收的信息。在沟通过程中,要有效地选择对自己有用的信息。

(3)正确组织相关信息。把接收到的信息进行组织加工、分类。

(4)正确理解信息。设身处地地站在对方的角度思考问题,并给予反馈。

4.修炼沟通语言

(1)语言尽量要准确精练、易懂,强调的是语言表达能力。具体在沟通信息组织上,可运用以下几个方式:一是用具体事实和数据,并运用对比的方法加强语言的感染力;二是强调或突出关键词,这样会给人以明确、简洁等感觉;三是选择活泼的、有想象力的词语,以形象的语言来表达自己的观点,给人留下深刻的印象;四是通过类比的方式,突出要说明的问题;五是尽量使用描述性语言,慎用评价性语言。

(2)沟通时的语言要连贯,前后话题有连续性。班组长在进行沟通交流时,为形成连贯沟通的气氛,要学会多提问,而不要急于就对方的观点下结论。在回答对方的问题之前,先要听完对方的话,不要轻易打断别人的话。即使需要提出问题,一次只说两三句,给别人以插话的机会;要避免长时间的停顿;话语应与先前讲过的相关;轮流讲话,肯定他人话语的价值,目的在于共同解决问题。

(二)班组组织的有效沟通技巧

1. 营造班组沟通文化

沟通文化在很大程度上影响着员工的各种行为,对组织沟通也产生十分重要的影响。沟通文化对员工的精神面貌、工作态度、沟通积极性起着非常重要的作用。作为石油企业,倡导组织沟通文化的关键是要注重组织沟通整体氛围的改善,鼓励班组中员工之间相互交流、协作,提供更多的互帮互助的机会,强化组织成员之间的团队协作意识,促进相互理解,从而提高整个班组的工作效率。

【案例 2-16】

大学生班长

油建某安装一班班长小李是刚毕业几年的大学生,在毕业短短几年的时间里,小李凭着扎实的理论基础和丰富的现场施工经验,被领导任命为某标杆班组的班长,这也打破了企业多年来一直是大学生当干部、普通工人当班长的先例。小李自认为自己有知识、有经验,决心将自己的班组好好建设一番,争取成为局级标杆班组。但是,小李的管理理念和模式恰恰背离了班组员工的意愿,每次班组开会,几乎都是他一人"高谈阔论",每次批评班组成员都说"你们工人咋样咋样",每次安排工作都是"你们给我好好干,否则如何如何……"经过一段时间的管理,大家对他也是越来越疏远和冷淡。一位老员工跟他说:"我们都是普通工人,我们想听到的都是普普通通的道理,而不是高谈阔论;我们想看到的不是一个高高在上的领导者,而是一个能与我们同甘共苦、共患难的带头人!"小李明白自己在班组管理中犯了致命的错误,沟通是需要文化和理念的,尤其与工人之间的沟通,更是需要艺术。从此以后,小李打破职位、学历、年龄界限,能者为师,变"给我干"为"跟我干",身先士卒,与大家荣辱与共,大大促进了班组的沟通。

评析:案例说明,班组沟通艺术和文化对班组的发展起着至关重要的作用,没有不好的员工,只有不合格的管理者。

2. 完善班组沟通流程

有效的班组沟通是一门科学,也是一门艺术。要进行有效沟通,就要按照科学的程序与步骤进行。

1)明确沟通目标

为什么要进行沟通?是要传递一种信息?还是要解决某个问题、纠正某个错误,或是改变某种做法或想法?

2）端正沟通态度

作为班组长,应该在明确沟通目标的前提下,以谦虚的态度与对方沟通,尊重对方。在谈话过程中,应保持专业的坐姿、身体前倾,不要后仰、靠在椅子上,那样显得懒散;保持微笑,学会用目光与对方沟通,适时的反馈,令对方觉得你对他的话题很关注;避免一些不礼貌的举止,如不停地看时间、玩弄钢笔、抖脚等。

3）建立良好氛围

良好的沟通需要有良好的沟通环境。环境包括适当的时机和场所,但更重要的是沟通的双方要有一种相互坦诚、信任和对事不对人的心理氛围。

4）充分交流信息

沟通需要进行充分的信息交流。交流双方需要认真倾听,进行积极回应,同时要清楚地表达自己的意见,并进行有效的反馈。

5）达成共识方案

沟通过程中,沟通的双方就某一问题发表各自观点,经过一次或多次沟通后,最终形成一致的意见,沟通就有了结果。在需要与对方达成协议时,要求做到:要确定所达成协议的形式;整理沟通的结果;向所有理解和支持自己的人表示感谢;要积极反馈各方面的意见,以表示对沟通的肯定;对这次成功的沟通表示祝贺。

6）协助执行

协议只是沟通的一个结果,任何沟通的结果都意味着一项新工作的开始。将沟通结果付诸实施是沟通的一种延伸。要保证协议的有效实施,需要注意:相互信任;共同实施;相互监督;总结反馈。

3. 畅通班组沟通渠道

所谓沟通渠道,就是信息在传递与交流时所经过的通道。当进行班组沟通的时候,必然要有相应的沟通渠道,按照沟通层级来划分,主要包括三个层级:向下沟通渠道、向上沟通渠道和水平沟通渠道。

1）向下沟通渠道

向下沟通是自上而下的沟通。向下沟通的内容通常是管理决策、规章制度、工作目标和要求、对工作业绩的反馈等相关内容。向下沟通的根本目的是为了解决问题。向下沟通的主要方式包括文件、通知、会议、口头指示等。具体步骤如下:

（1）制定沟通计划,建立沟通制度。

（2）减少沟通环节,提高沟通效率和效果。

（3）坚持例外原则,实现有效授权,可以对下属产生激励作用,也可以解放基层管理者。

（4）建立有效的反馈机制,如发现问题,也可以及时采取补救措施,从而保证执行工作的顺利实施。

（5）采取正确方法,减少沟通中的抵触和怨恨情绪。

在这个沟通过程中,要保持即时性和实效性,注意沟通的态度,注意沟通中讲话的技巧,要主动站在基层员工的角度上考虑问题,而非给予压力,态度应诚恳温和,把握下属优点,少批评,慎用惩罚,适时巧妙地给予赞扬和激励。作为上级要善于倾听,并能够接纳别人的意见,而不是经验主义和个人主义的自我张扬,因为以前的经验不一定在当下适用。在开会沟通时要注意效率,避免形式化,控制时间和与会人员数量,给予员工发表意见的权利和空间,这样才能让大家畅所欲言,听到基层员工的真实意见。

【案例 2-17】

下达更换阀门的任务

某项目经理将一个更换计量间阀门的任务交给了一班班长,要求在周五之前完成更换任务。接受任务后,一班班长带领班组的几名职工,迅速展开了施工任务。结果到了周五,项目经理到现场看了施工情况,非常生气地训斥了一班班长:"为什么更换上去的阀门都是新的? 站上库房不是有可以利旧的阀门吗? 垫片为什么用石棉垫片? 怎么不用金属缠绕垫片? "作为上级的项目经理,虽然检查时一班及时认真地完成了任务,却非常生气;作为下级的一班班长,尽管带领职工积极辛苦地完成了工作,却遭到上级莫名的训斥,心里非常委屈。看似简单的工作,最后弄得上下级都很不愉快,那么问题出在哪呢?

评析:通过案例可见,上级向下级布置任务时,没有将任务的具体标准说清楚;一班班长也没有仔细问清楚,双方在沟通上出了问题,结果出现差距。因此,向下沟通,必须准确传达任务的意图,以免事倍功半,损工废料。

2）向上沟通渠道

向上沟通是自下而上的沟通。向上沟通的主要内容包括下级的工作汇报和工作总结、当前存在的问题、建议和意见等。沟通方法主要包括口头汇报、交谈、书面工作总结、座谈会、意见书等。对于向上沟通,上下级因为职级不同而造成心理距离,形成一定的心理障碍,可能影响下级沟通的积极性,而造成沟通不畅。因此,要正确处理与上级的关系,才会改善向上沟通的问题。

（1）要学会尊重上级。了解上级的工作目标、承受的压力、长处和弱点、处事风格等,在工作中尽量不要违背他。如果领导决策失误或是有做错的地方,作为下级也要选择正确的方式和方法与之沟通,而不要选择过激的方式,会让领导感觉不尊重他。

(2)设法与上级保持良好关系。例如,在进行工作交流时,向上级汇报工作情况要提出些建设性的意见,提出你的新看法等,如果在工作中出现了失误,也应该勇于承认错误,成为让上级信赖的下属。与上级沟通不一定非要在办公室或会议室,只要有机会,任何时间和地点都可以。

(3)要正确对待上级的批评。当上级批评你的时候,最好的态度就是要积极地、心平气和地找上级进行沟通。选择沟通的时机、场合及谈话的技巧都很重要。在沟通时,要先表达对上级的感谢,感谢上级的帮助和栽培,同时也要请上级指出自己的缺点和不足,并帮助自己改掉缺点,这样可以让上级觉得你的态度是很端正的,对你也有了一个新的认识。

【案例 2-18】

委屈的小张班长

王经理要求小张班长本周完成两项工作:一是撰写班组年度施工总结;二是为班组年度优秀职工准备礼物。张班长听后随即回答:"没问题。"然后,他回去加班加点地写完了总结,并策划购买笔、本之类的文具作为优秀职工的获奖礼物。之后他把总结和礼品策划拿给王经理审查。出乎张班长意料的是,王经理对他的总结和礼品方案非常不满意,说道:"你的施工总结很像是感谢信,毫无特色,根本没有体现出我们油建施工班组的施工特色和文化特色,并且一线生产员工辛辛苦苦在各个项目上干了一整年,笔、本这样的礼品如何能让大家接受?"张班长听了觉得很委屈,自己加班加点完成的工作,被领导说得一文不值,嘴里嘟哝着说:"你又没说要写成什么形式,也没说要发什么礼品,怎么能全怪我?"王经理一听更是火了:"那你可以走了,我安排别人来写。"这时小张班长才意识到,自己说得有些过,赶紧向经理道歉:"对不起经理,我马上改,马上改!"

评析:上面案例中,作为上级,王经理在布置任务时没有把具体要求说清楚,具有一定的责任,但作为下级,小张班长在接受任务时必须要与领导提前沟通好,问清楚领导的具体要求,充分了解领导的意图,这样做出的工作才能让领导满意。另外,在产生情绪时,更不应该直接当面顶撞领导,可以找和机会和场合与领导沟通,说清缘由,这才是向上沟通之道。

3)横向沟通渠道

横向沟通是指同一级别的成员间进行的沟通。横向沟通的目标是互相配合,提高协作效能,克服本位主义,使企业各个部门之间相互了解,有助于培养整体观念和合作精神。横向沟通可分为两种类型:一种是同一部门的水平沟通,另一种是不同部门间的水平沟通。横向沟通要尽量做到开诚布公,设身处地换位思考。对于同部门的横向沟通,沟通的主体相互比较了解,沟通更多采用面谈、备忘录的形式,效果也相对比较理想,而对于跨部门的沟通来说,会议是最经常采用的沟通形式。在进行横向沟通的时候,要注意以下几个方面的问题:

(1)要树立平等的观念。在与同事相处时,要平易近人,即使存在竞争关系时,例如升职等,在共事中也要抛开杂念,专心工作,实现公平竞争。

(2)多听少说。在进行横向沟通时,本部门通常会阐述自己部门在工作中遇到的种种困难和麻烦,同时指责其他部门配合协作不力,说得多,听得少。因此,在进行跨部门的横向沟通时,也要多听听对方的阐述,在此基础上,能更好地了解对方,理解对方的做法,实现换位思考。

(3)设立专门的沟通人员。这些沟通人员负责定期召开部门间的沟通会议,阐述近期本部门的工作情况,并为对方提出相关的意见和建议。

【案例 2-19】

踢来踢去的"皮球"

在油建公司某项目月工作会议上,施工部长说:"本月施工进度缓慢,没有完成施工任务,我们施工部虽然有一定的管理责任,但主要原因在于技术部,由于他们的方案制定审核的时间过长,影响了机组的正常施工。另外,采购部材料采购的进度过于缓慢,造成我们急需的施工材料无法到货,才使我们施工机组没有按要求完成任务。"技术部长紧接着说:"施工方案制定审核的时间过长,主要是由于设计图纸下发不及时,加之业主方面对方案审查程序复杂,才导致目前的状况,我们都是在加班加点进行方案的制定。"这时采购部部长也跳起来说:"材料采购慢,还不是因为项目部资金到位不及时,我们无法及时支付材料款造成的? 如果项目部资金到位,我们的材料采购也不会出现这样的问题。"此时,管生产的副经理也说:"的确,确实是像这几个部门反映的问题一样。"于是,大家都不约而同地点了点头,言外之意就是:大家都没有责任,主要问题还在于项目部。项目经理听了大家的发言,非常沉重地问了一句:"这样说来,责任都是公司领导和业主的了?"

评析:上面案例说明,在出现问题时,各部门推卸责任,寻找客观理由,互相埋怨。当问题出现时,更需要大家静下来沉思,寻找解决问题最佳解决办法,互相沟通,互相帮助,将不利变有利,最终大家一起携手,才能真正地解决问题。

4.完善班组沟通机制

良好的沟通机制应该是一个全方位的,包括管理层与部门领导、部门领导与普通员工、管理层与普通员工、普通员工之间的多层次交流对话机制,保持沟通渠道的畅通,增强管理者和员工之间的相互理解、相互尊重,充分体现企业对员工的尊重与重视,及时发现企业管理方面的问题。可以采用如下方法:

（1）班组例会。班组长可以通过定期例会,与班组成员进行沟通。沟通的内容包含文件的上传下达。班组长要准确理解、把握上级文件精神,消化、吸收后再结合班组实际情况,因地制宜地详细传达文件、布置工作。

（2）绩效面谈。每月初,班组长根据班组成员上月的表现,全面、客观地进行评价,找出组员工作中的问题,提出改进建议,并对优秀员工予以鼓励,同时表达对组员的期望,以提高员工工作绩效。

（3）班组长谈心。班组长可以定期与员工进行沟通,分享工作、生活上的快乐与好经验。了解和掌握班组成员的工作近况及存在的问题,及时给予意见和建议,帮助成员快速地成长。

【案例2-20】

相亲相爱的一家人

项目部"大干三十天,拿下八号站"的劳动竞赛正在紧锣密鼓地进行着,各施工班组都在积极组织施工,确保按期完成任务。尤其是被誉为"铁人班组"的安装一班,更是当仁不让,他们加班加点地进行施工工作。可就在最近几天,李班长发现班里的焊接能手周某经常会在焊接中出现问题。作为管理这个班组十年有余的班长,李班长对班组的每名职工的个人及家庭情况基本都是了如指掌。他一看周某的状态就知道他心里一定有事。于是,李班长就让自己的妻子私下里去找周某的妻子了解情况。原来,周某妻子的母亲生病住院,她每天都需要在医院照顾母亲,而正在上小学的孩子却没人照顾,所以周某心里很是矛盾,才出现了上面的状况。李班长得知原因后,即刻让妻子与周某的妻子进行了沟通,并将周某的孩子接到了自己家里,由于两家的孩子在一所学校读书,所以每天由自己的妻子一起接送、照顾两家的孩子,及时地解决了问题。事后,周某主动来找李班长谈心,表示感激,李班长却紧紧地握住周某的手,深情地说:"我该感谢的是你们,是你们让我们的班组有了今天的荣誉,是你们让我感受到这个大家庭的温暖和力量。我们同样是相亲相爱的一家人啊!"

评析:从上面的案例可以看出,油建行业的工作非常辛苦,他们常年在野外施工,与家人聚少离多。因此,作为一名油建生产班组的班组长来说,能够与班组职工进行有效的沟通,切实解决班组职工的困难,将对整个班组的和谐、稳定和进步起着至关重要的作用。

总之,班组沟通畅通与否,直接关系着企业的经营效率,沟通到位了,理解才能到位,企业的战略目标才能得到贯彻落实。作为石油工程建设企业的班组长,应该深入了解本班组沟通的障碍,在此基础上,提出相应的对策建议,破除障碍,实现有效沟通。

第五节　班组执行力

一、执行力的内涵

执行力包括两个层面:个体执行力和组织执行力。个体执行力是指一个人的执行力或某一件事的执行力等,就是按质、按量、按时完成自己的工作任务,将想法变成行动,将行动变成结果,把想干的事干成功的能力。组织执行力是指企业组织在达成目标过程中对所有影响最终目标达成效果的因素,进行规范、控制及整合运用的能力,也就是将长期战略一步步落到实处的能力。

班组执行力就是由班组成员组成的团队的执行力。具体是指班组长如何贯彻落实上级的决定和各项规章制度,带领班组成员在保证质量和效益的基础上高效率完成任务,并严格监督、检查及纠正各岗位在执行过程存在的偏差及执行不力的情况。

在企业中,对班组执行力的要求不仅仅是完成工作任务,而是高质量、高效率地完成任务。例如,一名员工在接受班长下达的任务之后,尽管完成了自己的工作任务,但却没有在规定时间内完成,这也不能体现执行的高效性。所谓高效执行,指的是有目标、有计划地运用科学的方法、手段或策略,让任务或所应做到的事高质量、高效率运行,并最终达成目标。

二、提升班组执行力的重要性

(一)高效执行力是实现班组最终目标的保证

一个班组的成功是要靠出色的执行力来做保证的。如果没有高效的执行力,那么即使这个班组有再好的工作目标、再好的管理机制、再细的管理制度,也只能是沙盘上的宏伟蓝图、贴在墙壁上的标语、挂在嘴边的伟大口号,永远不会实现。

一位管理学家说,成功的企业,20%靠策略,80%靠企业各层的执行力。通过高效的执行,企业的战略和目标才能得以实现。

(二)高效执行力是贯彻落实决策部署的保证

中国石油天然气集团有限公司"十三五"规划的目标是到2020年基本实现世界水平的综合性国际能源公司。而能否实现这个目标,贯彻落实决策部署,最终还要取决于各分公司、二级单位及基层执行的好坏,落实是否到位。但是如果没有牢固的执行理念和强劲的执行力,决策部署的落实就会大打折扣。只有在工作中加大执行力度,远景目标才能得以实现,管理体系才能有效运行,企业成功才能不是梦想。可见,执行力是企业管理成败的关键,是企业成功的根本保证,加大执行力的建设已经成为石油企业刻不容缓的责任和义务。

(三)高效执行力是提升班组工作效率的保证

作为一个班组来说,班组的工作是需要全员配合来完成的,班组就像一个整体设备,班组成员就是这个设备的各个零件,每个零件都相互配合,整个设备才能良性运转。工程建设企业的班组是由不同工龄、专业、经验及背景的人,为了达到一个共同的目标而组合在一起的团队。只有班组中每个成员自觉承担起一定的责任,真正明确和履行各自的岗位职责,才会提升整个班组的执行效率。

三、班组执行不力的表现及原因

(一)班组执行不力的表现

在工程建设企业班组的实际工作中,同样的任务有的人能做,有的人不能做,同样的要求有的人能干成,有的人干不成,同样的事情,有的人干得好,有的人干得一般,追究其原因就是执行力问题。执行不力有很多种表现,通过对工程建设企业的班组长进行问卷调查,结果显示,通常存在以下三种执行不力的表现。

1.执行态度消极

消极执行就是对班组任务不求进取、消沉地执行。工作上习惯推脱应付,对于上级领导安排的任务能推就推,愿意就执行,不愿意就不执行,行动迟缓,如果实在推不掉,也是拖拖拉拉;有的员工还存在"不敢碰硬"的问题,当他们发现接到的任务在完成的过程中会存在一定的问题,这时候由于消极的态度使然,就没有及时地向上级反馈相关的信息,导致执行失败。

【案例 2-21】

技能专家的诱惑

"老王,辛苦了! 大家都下班了,你还在那研究图纸,上班时间你就够累的了,一边干活,一边还要不停地给徒弟讲解管工知识,手把手地教他们下料技术,今年公司的技能专家名额肯定非你莫属。"班长小李看着老王诚恳地说。

"学好技术是我的本职,带好徒弟也是我应尽的义务。"老王笑着回答,看图纸的神情更加专注了。

两个月过后,公司技能专家的评审工作结束了,技能专家的名单里没有老王的名字。

消息瞬间在施工现场传开,老王的表情很是难堪。这时徒弟小刘跑过来,"师父,您帮我看下图纸的这个位置,我没有看懂。"老王看了徒弟一眼,敷衍地说:"看懂有啥用,多干多受累,还不如不干。再说了,我又不是专家,我怕我也看不懂。"小刘知道师父心里有情绪,便没敢再多问。过了几天,班长满施工现场找老王,终于在一处阴凉处找到了正在玩手机的老王,班长焦急地喊道:"老王,我们现在工期很紧,现场要好好组织大家,抓紧时间施工,否则我们怕完不成项目部下达的生产任务啊!"老王放下手机,毫不在意地回了句:"咱技术水平有限,干不快啊。再说了,我家里有事,发个信息有错吗?"

班组里的职工也纷纷议论:"自从老王没有评上技能专家,完全是变了一个人,难道就是为了当个专家才要好好工作吗? 难道技能专家的诱惑力就这么大吗? 将整个一个人都改变了,可惜啊!"

评析:案例中的老王,由于没有评上技能专家,工作态度发生了质的变化,他一直以来的表现都是为了评技能专家,工作态度不端正。

2. 执行形式主义

形式执行是指搞形式主义,做面子工作。例如,领导检查前,会花大量时间去录取各种虚假资料,为的就是应付检查,而没有起到真正指导实践工作的作用,浪费了人力、物力和财力。

【案例 2-22】

如期而至的暴雨

某场站施工项目部通过邮件形式通知机组:"今天夜间将有一次大到暴雨过程,要求各班组下班后一定将现场清理好,尤其是重要材料和设备,要做好防雨措施,避免大雨造成材料设备损坏。"

张班长接到邮件后,给项目部发送了签收回执。随后,向身边的设备管理员说:"这样的天晚上能有暴雨吗?是不是项目部太神经了?。"设备管理员看了看天色顺口说了句:"是啊,这天咋会下暴雨呢?没事的。"

两个人就这样随口说了几句,不仅没有下去检查,更没有通知施工的班长晚上将有暴雨的事情。

夜里,一阵电闪雷鸣过后,暴雨如期而至,这时,一名焊机操作手起来说:"糟了,下班时有一台焊机停在了管沟的旁边,这么大的雨,会不会有事?"于是,赶紧招呼设备管理员和班长,几个人顶着暴雨开车来到施工现场,此时,大雨已经持续了三十分钟,他们发现由于雨势较大,造成管沟塌方,焊机已经坠入了管沟里,上面覆盖着坍塌的泥土和积水。设备管理员无奈地望了望天空,泪如雨下。一台价值十几万的进口焊机就因为他们的一次形式执行而损坏。

评析:上面的案例说明,无论是哪一层级,严格执行都非常重要。班长收到邮件,只进行了形式上的回复,却没有将之付诸行动。设备管理员也是人云亦云,没有责任心,工作上疏忽懒惰,敷衍了事,最终导致了本次事故的发生,给个人和企业带来了巨大的损失。

3. 执行效率低下

在班组工作中,一项工作任务下达后,由于各种原因,不能在规定的时间范围内完成,耗时长,效率低下。

【案例 2-23】

忙碌的休息日

"小李,带上几个人,去趟 2 号站,昨天刚刚投产的消防水管管钱截止阀漏水,赶紧去处理一下。"

小李班长接到生产经理的电话,急忙召集班组的几名职工:"走,跟我去 2 号站,有个阀门漏水,经理让我们赶紧去处理一下。"

"班长,需要带什么工具吗?"实习的管工小王问道。

"就是阀门漏水,估计也就是螺栓没紧好,带几把扳手就好了。"

于是,小李顺手从工具箱上拿了几把扳手,与气焊工小张、管工小王一起,坐车来到 2 号站。

到了现场,发现漏水的原因不是因为螺栓没有紧好,而是阀门的两侧垫片都有些损伤。并且,阀门前面有个钢板架子,需要将钢板架子拆除才能拆卸阀门的螺栓,更换垫片。

"你俩回去把氧气乙炔拉来，带两个 DN100 毫米的金属垫片。"班长对小王和小张说。

小王心想："也不向经理问清楚到底是啥原因，这么点事来回折腾。"尽管心里发牢骚，但还是与小张一起急急忙忙开车回驻地取来了氧气乙炔和垫片。

当气焊工小张把氧气表装好后，发现拉的瓶子是空的，由于着急，拉的时候没有仔细看标记，匆忙之中拉了个空瓶子上来。

班长很是生气："怎么这么不认真？赶紧回去换吧！"

小王和小张心里也很郁闷，本来今天是休息的日子，结果折腾得没法休息。虽然来回只要半个小时的时间，可都快折腾到中午了，这点小活还没弄完。

终于把氧气乙炔准备好后，几分钟就把钢板架子割了，并把阀门螺栓卸下，准备将新拿的垫片换上时，班长才发现，拿来的垫片与阀门的压力等级不一致，无奈之下又安排小王回去重新换垫片。

评析： 案例中的班长接到经理命令后马上执行，应该是一个执行力很强的人，但通过分析又会发现，班长执行效率很低，原本二十分钟的小活，在他的指挥下竟然干了整整一上午，耽误了进度，也影响了员工的正常休息。

油建施工的班组中，类似的"班长"大有人在，他们在工作之前不善于准备和筹划，不做事前调查和分析，喜欢摸着石头过河，往往事倍功半。再加上个别职工责任心不强，也会严重影响班组的执行力，造成效率低下。效率，就是用正确的方法做事。因此，要做到高效的执行，一定不要盲目着手，而是先要进行一番筹划，做好充分准备，创造完成工作的有利条件，这样会大大提高办事效率。

（二）班组执行不力的原因

1. 工作态度不端正

在实际班组管理中，管理员工的最大困难就来自于员工工作态度不端正，很多时候员工不仅仅要完成分内的工作任务，同时还要完成一些临时安排的工作，这时候就需要在完成自己工作任务的基础上，付出自己的其他时间去完成。这时候如果员工没有一个积极的工作态度，就会容易心生不满，大大影响执行效果，也很难把工作做好。

【案例 2-24】

飞来横祸

某长输管道阀室施工现场，试压班班长小李正带着几名人员对已完工的阀室进行试压工作。正在这时,小李接到电话,项目部通知去开个临时会议。小李挂了电话,很厌烦地说:"一天干不完的活,开不完的会。"然后就放下手头的活,对现场的几名试压人员说:"你们几个干吧,我去开会了。"班长就这么随意一安排,就走了。班长走后,几名试压人员为了尽早完成试压工作好早点下班,于是在没有对试压区域进行隔离和警示,也没有对现场与试压无关的人员进行疏散的情况下,就开始了试压工作。负责试压区巡视的小王躲在一边,拿起手机在玩游戏。就在这时,突然一声巨响,阀室内的一个弯头因为材质缺陷出现爆裂,飞出的碎片刚好击中了一个正在阀室附近平整场地的工人,造成了该工人右手臂骨折。

评析:案例中,这个班组从班长到班组职工,整体工作态度不积极,不遵守试压操作规程,思想懈怠,甚至有人满腹牢骚,对上级安排的工作存在抵触情绪。工程建设企业中这样的班组长和班组职工偶有存在,他们缺少工作主动性和积极性,缺乏工作责任感和归属感,经常给项目施工和企业带来惨痛的教训。因此,如何调动班组职工的工作热情和责任心,成为班组建设一项迫在眉睫的工作。

2. 岗位技能不过硬

在班组工作中,常常会出现这样的情况,同样的一项工作任务在同样的工作环境和资源条件下,由于执行个体的不同,执行的结果也是不同的,而这是与执行人员自身的素质与技能密切相关的。企业中的各项工作必须靠人来完成,因此,执行者的自身素质与技能决定最终的执行效果,尤其是管理者,如果没有过硬的素质与技能的话,就不能以身作则,起到模范带头作用。

【案例 2-25】

小周班长的"烦恼"

小周班长的班组,是工艺安装公司中一直都比较有名的班组,先后参与了单位很多重大项目的施工,并取得了优异的成绩。可最近,随着公司业务量的减少,大量外雇技工都被辞退,陆续从公司培训学校分下来一批管工、电焊工,他们参与施工以后,小周的烦恼不断。

"本月的焊接合格率是 90%,低于项目要求的 95% 的标准,被项目部通报。"

"计量间的工艺安装没有达到质量验收标准,需要整改。"

"清水泵房橇装设备垫铁施工不规范,被质量监督站罚款 500 元。"

小周班长一边说着,一边叹着气:"这个月的施工进度和效益怕是都要受到影响了。"

评析：案例中，新员工没有施工经验，素质、技能仍需进一步的锻炼提高。班长在安排工作时也没有考虑新老结合和循序渐进的方式，一直拿对待老职工的标准进行工作分配，所以才有了今天的"烦恼"。最终导致整个班组执行力大打折扣，损工降效。

3. 工作职责不明确

执行力体现的是达成目标的能力，如果员工的工作目标本身就是模糊的，方向是不明确的，那么员工就不知道自己应该去做什么，自己的岗位职责具体包括哪些工作，这样就不能很好地履行自己的职责，影响执行效果。

【案例 2-26】

究竟该谁清理

某日下午，由于施工现场风力过大，所以监理要求现场工艺焊接工作停止施工。施工班组连续大干了 20 多天，难得有半天的休息时间，所以很多人都趁机到街上购置了一些生活用品。

小刘和小王觉得风太大，懒得出去，于是就在宿舍里下象棋。这时班长推门进来，对着他俩说："刚接到通知，明天公司要进行设备大检查，你俩去把班组的设备清理干净，等一会他们回来了，也一起去清理。"

俩人平时干活就很积极，一听班长说明天有检查，更是毫不犹豫地穿好工服，拿着擦布、水盆就去设备停放处去清理了。

全班组大小设备 13 台，包括工程车等大型焊接设备，上面满是油污灰尘。俩人一看，顿时觉得工作量很大，如果不增加些人手很难完成。俩人还是不等不靠，迅速动手开始干了起来。一干就是两个小时，满头大汗的小刘说："班长咋还没安排人来呢？"小李说："怕是大家还没回来，刚好我渴得不行，回宿舍去拿杯水，顺道看下。"

当小李来到了宿舍，顿时气得面红耳赤，宿舍里，有的人在床上睡觉，有的人在玩游戏，有的人在拿手机聊天……小李也生气地喊回了小刘。

原来他俩走了之后，班长有事出门了，就让管后勤的小赵向回来的人通知，小赵连续通知了俩人，他们都说手头有事没干完推脱了，小赵也就没再去安排其他人。

评析：从上面的案例可以看出，班长对于临时工作的安排太随意，分工不明确，导致小刘和小张在工作时很不愉快，最终放弃了任务执行。同时，班长的日常管理工作不到位，人员分工不明确，甚至没有分工，造成设备管理脏乱差。

在油建施工一线班组,由于突然迎检这样的临时生产任务较为普遍,因此如何在发生类似生产任务时有效地组织安排,是检验班组执行力的有效手段。这就要求一线班组长要正确认识临时生产任务的组织与分工,才会提高工作效率。

4. 工作流程不完善

班组在执行前如果没有目标计划,就会导致盲目执行,效率低下;在执行过程中缺少跟踪和检查,这样就难以发现和解决执行中出现的问题,组织的目标也就难以实现。

【案例 2-27】

王班长的绩效工资改革

为了加速锦州港末站工艺施工进度,提前完成项目部下达的生产任务,王班长在没有上报项目部也没有召开班组职工会议的情况下,决定对班组绩效工资分配办法进行改革,并将自己拟定的方案直接在班组中进行公布。

"这个场站施工管工和电焊工的劳动强度差不多,凭什么电焊工的分配系数是1.3,而管工的分配系数只有 1.1?"

"项目部一直要求效能工资的分配要向一线施工工人倾斜,凭什么班组的质量员和安全员的分配系数更高?"

"我们每天的工作强度已经很大,为什么将工作时间再延长一个小时?"

分配方案一公布,遭到班组人员的强烈反对。不但没有调动班组职工的积极性,而且大家工作主动性急剧下降。结果,王班长此次的绩效工资改革方案就此化为泡影。

评析:案例中王班长最大的问题就是不遵循工作流程。他在制定方案时,上不请示,下不调研,违背了项目部工资管理办法,背离职工意愿,最终导致改革方案流产。因此,在制定方案时,首先要根据项目部要求,召开班组职工大会讨论,然后将分配方案报项目部审批,这样,明确了工作流程,制定的方案才能合情、合理、合规,才能符合职工意愿,有效地实施。

5. 沟通渠道不畅通

通过对工程建设企业的班组长进行问卷调查,调查结果显示,在班组管理中有 70% 左右的问题,是由于沟通不畅导致的。沟通成为影响执行力的一个重要因素。例如,指令从上级传达到基层员工,在这个过程中就会存在一定的沟通障碍,对于员工来说如果没有正确理解这个指令,或是理解不到位,执行就不能到位。

【案例 2-28】

李队长的"迷惑"

一天,监理部主任周某检查了某场站工艺阀组施工班组,当时刚好李队长请假回公司开会,周主任针对现场的问题向刘班长提出了口头的整改指令:要求小刘班组对检查出来的两个问题进行处理,三天之内整改完毕。结果三天后监理部到现场进行复查,发现现场问题只有第一条进行了整改,第二条根本就没有进行整改。问小刘班长,小刘班长也没有解释,而且态度还很冷淡,随意说了句:"忘了。"监理部周主任见状,很生气,随即给该施工机组下达了一份整改通知书。当李队长接到整改通知书时,很是迷惑:"也没有人向我反映整改的问题啊?怎么说现场拒不整改呢?"李队长便向小刘班长了解情况。结果小刘班长说:"当时是有两条整改意见,一是焊道超高问题,我们随即就整改了;二是有一处弯头防腐层脱落,要有专业的防腐队伍进行处理,当时防腐队伍不在现场,我们找不到防腐的负责人,也没跟您汇报此事,就把整改的事放下了。"

评析:在班组中一定要进行及时有效的沟通,选择正确的沟通渠道,尤其是遇到个人或班组层面解决不了的问题时,一定向主管领导反映,同时也要与来现场检查的人员做好沟通,端正自己的态度,做好解释工作,以免产生误会,造成事件升级。

6. 奖惩激励不规范

在基层班组中,每个人的执行程度都是不同的,执行效果也有好有坏,因此要及时激励好的行为,鼓励员工重复去做正确的事。同时,也要适时惩罚做错事的员工,及时鞭策员工。否则,对违反规章制度的员工视而不见,后果是不堪设想的。

【案例 2-29】

如同废纸的制度

某班站有详细的规章制度和流程,尤其是奖惩制度,并且把奖惩制度贴在了墙上。奖惩制度具体如下:进站必须穿戴劳保用品;不允许酒后上岗;严禁填写假资料;严禁违章指挥、违章操作。如有违反,视情况罚款。

有一次,在这个站上发生了这样的一件事。上级领导视察这个站,结果发现有一名女员工没有穿工服,就问这名女员工:"怎么没穿工服呢?"这名女员工回答道:"天气太热了。"上级领导看到了站上的奖惩规章制度,又问班长:"对这位女员工进行罚款了吗?"班长不好意思地低下了头。

评析:这个案例告诉我们,规章制度上了墙,就要严格遵守,如果不遵守,规章制度就如同废纸,谁也不会按照规章制度办事,久而久之,就没有人去严格遵守了,后果是不堪设想的。

四、班组执行力提升方法

(一)端正工作态度

高效执行的前提是执行个体具有较强的执行动力,主要体现的就是积极的工作态度。态度是执行的关键。在企业中,有能力的人很多,但是能端正工作态度,积极主动为企业工作,贡献自己的一分力量的人,才是企业需要的人才。否则,拥有再强的技能,而不去执行,对于企业来说也将是毫无用处的。

【案例 2-30】

新时期的"铁人"

2015 年初冬,辽河油田锦采污水处理工程已进入攻坚阶段,位于芦苇塘深处 1.5 千米长的管桩接桩焊接任务正在紧张地进行着。按照甲方要求,该任务必须在十五日内完成,以确保欢三联污水处理项目在 12 月顺利竣工。

"班长,你快上来休息一会吧,你今天已经连续站在水里 5 个多小时了,快上来取取暖!"班组职工使劲招呼着焊工班班长杨明。原来为了保证工期,焊工班已经在半米多深的芦苇塘里加班加点地干了一个多星期。杨班长要求班组的焊工干俩小时就到岸上休息,几班人倒班施焊。而身为班长的他,却不顾初冬的北方那刺骨的河水,穿着沉重的雨裤,每天一干就是十多个小时。脚连冻带闷,红一块白一块,班组职工都看在眼里,疼在心里。可他却从不吭一声,他说:"这算啥,比起当年的王进喜差多了!"在他的带领和鼓舞下,参与施工的班组全体焊工兄弟,不顾班长定的"倒班"制度,都和班长一起,一干就是十几个小时。最后他们提前五天圆满完成了项目部交给的施工任务,受到业主的高度好评,维护了油建工人的荣誉。

评析:多年来,在急难险峻的任务面前,杨班长从来都是身先士卒,用自己的行动引领着班组的职工,和班组职工一起,奔波于祖国的大江南北,完成了一项项油建施工任务。班组长首先要端正态度,在精神上鼓舞大家,在行动上带动大家,在技术上督促大家。

(二)构建执行文化

企业执行文化的构建需要企业管理者大力的倡导和员工的支持,构建强有力的执行文化,必须与企业的实际相结合。企业文化是一种力量,对企业的发展发挥着越来越重要的作用,企业间的竞争最根本的就是文化的竞争,谁拥有文化优势,谁就拥有竞争优势、效益优势和发展优势。只有将执行力融入企业文化当中来,并成为企业文化的组成部分,才能使企业中的每一个人都能理解并深入践行,这样才能使执行力发挥作用。在企业中无论是组织管理者还是普通员工,都需要有全员执行的理念。

(三)提高技能水平

作为石油企业基层班组长,需要不断丰富自己的知识和提升自己的技能。技能欠缺的人,需要在工作岗位上不断磨炼自己和不断提升自己。提升员工技能水平最有效的办法主要包括以下几个方面。

1. 班内培训

石油企业班组长和技术骨干要学习各项操作技能和应急措施,提高自己解决生产难题和应对突发事件的能力,通过以老带新、以先进带动后进的培训机制,签订师带徒合同,制定带徒标准和带徒目标,形成一个学习技术的浓厚氛围。

【案例 2-31】

"模块化"培训

四川金秋气田开发建设的八个页岩气站,实行标准化建设,即八个场站的施工图纸都一样,现场整个工艺安装流程及其他技术要求也都一样。为了加快施工进度,提升工程质量,带班班长周鑫将每个施工区块的管线安装要求、下料长度、安装位置、焊接方法及施工标准分块用计算机整理绘制出来,制成图集卡,利用晚上休息时间认真给大家讲解,尤其是来实习的新手,使大家尽快地掌握整个场站的施工工序及要求,不用在施工时一张张地去翻阅图纸、查标准、找尺寸,实现了"模块化"施工。这种方法不但提升了施工质量,而且使整个施工进度加快了三分之一。

全班职工在周鑫的带领下,也更加钻研场站施工的先进方法,不断提升看图识图的本领及焊接技术,每名员工都能够在最短的时间内独立顶岗。他们以干带学,以学促干,提高了学习和工作的效率,全班组因此也被公司评为"学习型班组"。

评析:班长采用"模块化"培训,带领大家共同学习,形成了班组内人人努力学习,人人积极向上的集体氛围,员工间互相影响、互相学习、互相支持。通过自学、培训,增强了自身综合能力,从而带动班组整体素质。

2.技能竞赛

对于企业员工来说,要学习新知识,提升新技能,可以通过"技能竞赛"的方式来进行学习。通过技能竞赛,掌握更多、更全面的知识,拓宽自己的知识面,提升自身的技能水平。

【案例 2-32】

人人争标兵,事事争先锋

油建公司六分二中队安装三班的班长是该市的管工状元,该班组还拥有公司级焊工标兵。为了培养新一代油建工人,他们在项目上常年组织开展"人人争标兵、事事争先峰"的技能竞赛活动。他们每月都在班组里评出"技术标兵"和"劳动先锋",然后用班组的绩效工资进行奖励。在班组里掀起了比技术、比素质、比贡献的"三比"活动。通过长期的活动开展,该班组目前十六人,全是一专多能、一岗多证的复合型油建人才,形成了一个良好的"赶、学、比、超"的班组氛围。不仅为项目节约了大量的人力资源,同时为公司培养了大批的技术能手,为公司的可持续发展和人员储备做出了很大的贡献。

评析:企业很多时候生产任务繁重,工学矛盾突出,员工素质参差不齐,培训又无法区别对待,而技能竞赛成了一种变相的培训形式。竞赛并非是最终目的,目的是通过这种形式促进广泛练兵,通过一次次的比赛,总结经验、提高技能,在竞赛的过程中查找自身技术漏洞,请教技术能手,敦促技术水平的提高。同时,节约了培训成本和时间成本,形成良好的班组学习氛围。

3.岗位练兵

【案例 2-33】

施工现场的美丽弧光

晚饭后,李班长看到电视播报夜间有大雨,心里很不踏实,于是就到隔壁的宿舍去喊人,准备到施工现场去检查一下,看看现场的材料设备是否都做好了防雨措施。到了隔壁宿舍,发现只有安全员老王在,其他五六名职工都不在。班长心想:"年轻人精力真好,白天大干晚上还有精力去遛弯啊!"于是,就和老王一起,向五百米外的施工现场走去。当他们刚转过一个路口,突然发现施工现场不断地闪现出一道道弧光。班长很是纳闷:"难道施工现场进了小偷?"于是和老王加紧了步伐,一路小跑来到了施工现场。当他们走近才发现,是班组的焊工小组组长正带着手下的年轻焊工在练习下向焊,两个管工也在现场帮忙。原来,他们为了参加项目部近期举行的劳动竞赛活动,不顾白天的疲倦,利用晚上休息时间在苦练技术。老王这才恍然大悟:"原来这一个星期你们晚上都在这里练兵!"施工现场的人都默默地点头,开心地笑了。接着,施工现场又继续闪现出一道道美丽的弧光。

评析:对于一个油建班组来说,要使员工能胜任自己的岗位,就需要技术技能高标准、全面化。各岗位技术工人不仅仅在公司的培训中学习,更重要的是在施工中不断学习、不断提高,拓宽培训渠道,创新培训载体,实施现场培训、以干带练,这样才能真正适应现场需要,满足施工生产的要求。

(四)明确目标职责

目标是企业前进的动力,没有目标的企业会迷失方向,执行缺少了目标,就谈不上什么执行。打造高效执行力班组,首要任务就是明确目标,有了目标,才能确定具体工作,从而确定每位员工的具体工作职责。

1. 制定目标的原则

制定科学合理的目标要遵守以下五个原则:明确、可量化、可执行、符合实际、有时限。班组目标的制定一定要明确,有较强的方向性,对班组进行合理的定位之后选择适合班组的目标。同时,这个目标还要符合实际,并且是在某个时间段内完成的可以量化的指标。

2. 制定工作计划

有了目标后,还要制定计划。计划要具有很强的指导性、规范性和约束性。但无论什么样的计划,无论在原条件下多么合理的计划,随着时间的推移和环境的变化,都有可能出现与现有或假设的条件不协调的情况,在这种情况下,计划体系的建立必须考虑计划的适应性。如果在计划执行过程中,客观情况发生了变化,就要适时地予以修订。

3. 明确工作职责

班组在明确目标后,要明确成员分工,确定员工责任,对于每一个分目标都有确定的责任主体。明确工作职责后,让每位员工清楚地知道自己应该干什么,什么工作是自己分内的事,这样就避免了责任推诿的现象,大大提升了整个班组的工作效率。

【案例 2-34】

分工后的快乐

某油建安装班组正在参建一座集气站,施工工期很紧,任务也很重。大家每天都在加班加点施工,于是造成班组驻地卫生经常无人打扫,现场材料也常常无人清理,设备清洁保养工作也是经常拖后或搁置。有时,施工材料到达现场以后,也经常安排不到人员卸车。每次安排到管工、电焊工或者其他人身上,大家都说:"我们太忙了,安排别人吧。"感觉大家都在抢工期,很多事情都与自己无关,无人管理。班组为了改变这种现状,加强班组管理,于是班长召开了班组职工大会,制定了一系列新的规定:各小组除了认真及时完成本职工作以外,管工组负责清理现场材料及打扫现场环境卫生;电焊组负责打扫班组驻地卫生及清理库房材料;其余人员负责清洁现场设备及配合材料员进行材料卸车工作。并将以上工作同步纳入班组绩效考核范围,与效能工资挂钩。

评析:分工以后,大家同样是在抢工期的条件下,却将各项工作开展得井井有条,从来没有推脱和延误工作的现象发生。大家不但快乐地完成了各项工作任务,而且在各项检查中都取得了较好的成绩,获得了项目部的好评。

(五)完善工作流程

石油工程建设企业,尤其是基层组织,应该通过不断发展、完善优秀的业务流程来提高组织的执行力,以保持企业的竞争优势。在班组工作中,各项业务活动的开展必须事先经过设计,保持结构上的连贯性。业务流程需要设计一个总体框架,在这个框架下确定需要完成的各项工作,然后将这些工作进行细分,确定具体的落实者、实施时间、操作地点。

1.明确目标,制定计划

每个班组都有详细的工作流程,作为企业的员工来说,应该清楚地了解具体工作流程是什么,自己属于流程的哪个环节,实施这个工作流程要达到什么目的,自己应该干什么、怎么干、达到什么标准。执行开始前,需要对于执行任务有充分的了解和认知,在明晰目标的基础上再进行计划的制定,并且还要根据工作任务的轻重缓急来决定先做什么后做什么。要真正把工作流程烂熟于心,真正做到忙碌而不盲目,从而能够把手中的活儿做得更细一些,更规范一些,更完美一些。

2. 有序组织，有效控制

执行过程中，要持续关注、跟踪和检查。作为班组长，如何对员工完成的工作和任务进行检查呢？首先，检查工作事先要有准备，做出一个详尽的计划，人员如何分配、时间如何安排、实现什么目标、采取哪些方法步骤，都应该事先讨论声明，才能科学地进行分工，各司其职。其次，检查工作要有明确的标准，做到有章可循。再次，对于检查方式来说，主要采取跟踪检查和阶段检查相结合的方式。对每一项工作都要进行过程控制，对过程中的每一个环节都要做到有效控制，对员工在执行过程中出现的问题和困难，要及时发现并解决。同时，要把检查的结果与奖惩措施挂钩，并做到公平和公正。

3. 科学评估，及时反馈

执行结束后，要设立反馈机制，做好评估工作。评估是执行反馈的关键，是执行改进的起点。执行评估与执行力提升的互动与融合，最终提升了整个组织的执行力。执行本身是一个过程与结果的结合体，执行评估成为有效提升执行力的管理基础。如果执行过程合理，就坚持按照原流程实施，如果没能保质保量完成任务，那么就要及时发现问题，总结经验和教训，在分析原因的基础上，有效修正，实施流程优化。

【案例 2-35】

小优化，大利润

某安装班组长期从事石油场站的建设工作，在场站建设过程中，他们经常遇到的问题就是阀门的拆装问题。施工中阀门拆装频繁，移来移去，耗时耗力，而且往往由于阀门较重，经常出现砸伤、挤伤事故，同时也会大量浪费吊车台班，增加施工成本。该班组在葫芦岛末站施工时，为了简化这种拆装过程，他们自制了一种简易式的龙门吊。该龙门吊不仅高度、宽度通过法兰连接可以调节，而且安装了轮子可以移动。这样，在阀门拆装时，直接移动龙门吊进行吊装，既简单快捷，又方便安全，同时也节约了大量的吊车台班，仅在葫芦岛末站施工中就节约了吊车费用达两万元。

评析：龙门吊的设计避免了以往阀门拆装过程中事故的发生，并节约了吊车成本费用。正是通过流程的优化，使工作流程更加科学合理，将复杂的过程简单化，简单化的因素流程化，流程化的因素框架化，从而大大提升了组织的执行力。

(六)提高沟通技巧

【案例 2-36】

沟通的艺术

李班长来到了项目经理的办公室,"张经理,您找我有什么事吗?"

"小李班长,这段穿上管道施工工期甲方要求很急,希望你们班组在一个月内完成施工任务。"

"一个月? 张经理,这段管道施工难度这么大,我们怎么可能在一个月内完成呢?"

"怎么,李班长,你觉得有困难吗?"

"是的张经理,凭我们现有的设备和力量,根本没办法按要求完成,我觉得您要求的这个工期太苛刻了!"

"那好吧,李班长,这次施工任务安排二班去干,你们班组可以待命了!"于是,张经理喊来了二班班长,把同样的安排要求说给了二班班长,二班班长听了张经理的安排,也顿时感觉到压力很大,的确很有难度。可是二班班长却欣然接受了任务。回去后,二班班长立即给张经理写了一份汇报,将现有的人员、设备情况及时向张经理做了汇报,在汇报中也提到,以现在人员、设备能力,完成任务确实存在很大困难,希望张经理给予协调。

张经理认真分析了二班班长的汇报材料,马上按照二班班长的需求,进行了人员和设备调配。最后,二班如期完成了施工任务。

评析:通过上面的案例可以看出,一班班长的沟通略显生硬,用质问的态度与上级沟通,很明显这样的沟通是无效的。反之,通过二班班长的沟通,顺利解决了施工困难,圆满完成了领导交给的任务。因此,有效地与上级领导沟通,才能事半功倍,提升班组执行力。

向上沟通十分重要,同样,平行沟通也同样重要,下面这个案例充分体现了在一个组织中,各部门是否分工合作、有效沟通同样影响班组的执行力。

【案例 2-37】

误事的吊车

"王经理,我们向调度室要的吊车到现在都没有到,我们在现场已经等了两个多小时了,甲方和监理都催了好几遍了,再不到怕要影响今天的进度了。"刘班长生气地向刚到现场的王经理汇报。王经理看到施工人员以及甲方监理都在现场等着,也十分生气,立即拨通了公司调度室的电话:"你们是怎么搞的? 昨天小刘他们要的吊车怎么到现在还没有来?"调度员听了王经理的训斥,也很委屈,郁闷地说:"这事也怪不得我们,他们昨天要车超过了公司规定的时限,当时车辆都已经安排完了,我们又临时从别的项目调配的吊车,正在赶往你们的施工现场。"

评析:从案例中可以看到,每个部门都希望能完成自己分内的工作,但是问题产生时,就只顾着埋怨对方,找对方的过错,没有进行有效的沟通。因此,在项目施工中,平行组织间的沟通也直接影响着施工的进度和效益。畅通沟通渠道,实现有效沟通,才能提高班组的工作效率。

(七)落实规章制度

制度的制定是让员工有约束自己行为的准则,它能否产生效用的关键在于落实。再好的制度如果落实不到位,就形同虚设。所以在制定制度时要以能否落实为落脚点,这样制度才能发挥出它应有的作用。因此,如何落实好制度是班组需要注意的问题。

(1)班组长自己要起到带头作用。

(2)要建立群众监督机制。

(3)要培养全员遵守规章制度的氛围。

(八)实施有效的奖惩机制

对于班组来说,班组长要掌握有效奖惩的方法和原则,才能大大提升整个班组的执行力,调动员工的工作积极性。具体激励的方法包括物质激励、精神激励、行为激励和知识激励等。对于惩罚来说,班组长在批评员工前,一定要让员工知道什么是对的,什么是错的,什么是企业提倡的,什么是企业禁止的。班组长在批评的时候要做到公平公正,让员工心服口服。

【案例2-38】

公平有效的奖惩

项目部经会议讨论决定,施工班组的焊口合格率达到甲方要求的95%,不罚不奖;低于95%,罚款1000元,每低于一个百分点,额外增加200元;合格率超过95%,奖励2000元,每高于一个百分点,额外增加200元,各班组按月统计,当月兑现。参会的各班长都在文件上签字通过。会后,各班长都认真在班组召开会议,要求加强对焊接质量的控制和提高。一是为了拿到项目部给予的嘉奖,二是谁也不愿在当月的评比中落后,觉得会很丢面子。一个月下来,各班组的焊接合格率都超过了95%,不但如愿拿到了项目部的嘉奖,提高了收入,而且激发了大家的信心,提升了各个班组的质量意识,取得了良好的效果。项目部也因为高水平的焊接质量和施工进度,受到了甲方的嘉奖。

评析:通过此案例可以看到,公平有效的奖惩,不但会促进管理水平的提升,也会进一步强化班组的执行力,从而提升企业的竞争力。

总之,执行力是提升企业经营效益的最有效途径。中国石油要实现"十三五"规划目标,就要积极贯彻落实相关部署和方针,通过提高基层执行力,打造企业核心竞争力。作为工程建设企业,要通过提升班组执行力,促进中国石油和谐健康发展。

第三章 班组现场施工管理

本章主要介绍班组现场施工管理方面的相关知识。通过本章学习，使学员了解 HSE、质量、技术、成本、进度、物质、资料管理的基本概念和内容；了解施工现场常见安三问题及应对措施，提高 HSE、质量和成本意识；掌握班组现场施工 HSE、质量、技术、成本、进度、物质、资料管理的基本方法和技巧。

第一节　HSE 管理

一、HSE 管理体系

(一)HSE 管理体系的概念

健康、安全和环境管理体系(简称 HSE 管理体系)，是指实施健康、安全和环境管理的组织机构、策划活动、职责、制度、程序、过程和资源等构成的动态管理系统。HSE 管理体系是目前国际上石油化工建设行业通行的一种科学系统的管理体系，集各国同行管理经验之大成，突出以人为本、预防为主、全员参与、持续改进的管理思想。HSE 管理体系是企业实现现代化管理，走向国际市场的通行证。

(二)HSE 的含义

H——健康(Health)，是指人体没有疾病、心理和精神上保持一种完好状态。

S——安全(Safety)，是指在活动过程中，努力改善劳动条件，消除不安全因素，从而避免生产安全事故的发生，使组织的活动在保证员工的身体健康、生命安全和财产不受损失的前提下顺利进行。

E——环境(Environment),是指生产和生活活动的外部存在,包括空气、水、土地、自然环境、植物、动物、人,以及他们之间的相互关系。

(三)集团公司 HSE 方针目标

以人为本、预防为主、全员参与、持续改进。

二、管理制度与要求

(一)HSE 岗位职责

1.班组长的职责

班组长是班组安全工作的第一责任人,对班组安全工作负全责。

(1)组织员工签订 HSE 承诺书。

(2)组织召开班前会,开展风险分析活动,识别作业风险,落实风险消减措施。

(3)组织开展安全经验分享、行为安全观察与沟通及 HSE 学习等活动。

(4)检查、督促作业人员遵守安全生产规章制度、操作规程及文明施工要求。

(5)落实属地管理责任,组织开展安全自检、互查活动。

(6)对各类检查发现的问题和隐患,应按规定要求及时整改;对作业过程中发现的问题和隐患,应及时组织整改,不能整改的,须及时上报。

(7)积极配合事件调查。

2.员工的职责

(1)遵守国家及项目所在地区的法律、法规以及集团公司和本企业的规章制度,遵守劳动纪律,服从管理。

(2)执行属地 HSE 规定和岗位安全操作规程。

(3)接受 HSE 培训,掌握岗位工作所需的安全生产知识,熟练掌握岗位操作技能,具备事故预防和应急处理能力。

(4)了解作业现场、工作岗位存在的危害因素,掌握风险预防和控制措施。

(5)发生事故、发现事故隐患或者其他不安全因素,应当立即报告。事故发生后,按照应急预案的规定采取应急措施,同时要保护现场,向调查人员如实反映情况。

（6）有权拒绝一切违章指挥，有义务制止他人违章作业。

（7）有权获得符合本岗位安全规范要求的劳动保护用品。

3.安全承诺

（1）坚决贯彻执行国家"安全第一、预防为主、综合治理"的安全生产方针，自觉遵守国家法律法规、标准规范，尊重当地的风俗习惯。

（2）信守"一切事故可以避免，遵章守纪确保安全"的HSE理念，追求零伤害、零污染、零事故的目标。

（3）严格遵守集团公司HSE管理九项原则和企业HSE管理制度，牢固树立合规管理、依法治企意识。

（4）严格落实安全生产责任制，履行"一岗双责"和"管工作管安全"原则。

（5）接受HSE培训，掌握风险防范措施，不断提高个人能力。

（6）接受HSE监督、检查，及时纠正不安全行为，不违章指挥。

（7）努力实现"我要安全"，对自己负责，对他人负责，对亲人负责。

（8）保护环境，节约能源，致力于实现人与自然、企业与社会的和谐、可持续发展。

（9）关爱生命，珍惜健康，与同事或合作伙伴和谐相处。

（10）养成良好的生活习惯，确保工作之外的安全。

（二）集团公司六大禁令

（1）严禁特种作业无有效操作证人员上岗操作。

（2）严禁违反操作规程操作。

（3）严禁无票证从事危险作业。

（4）严禁脱岗、睡岗和酒后上岗。

（5）严禁违反规定运输民爆物品、放射源和危险化学品。

（6）严禁违章指挥、强令他人违章作业。

违章指挥、强令他人违章作业的定义是强迫职工违反国家法律、法规、规章制度或操作规程进行作业的行为。施工指挥人员滥用职权，强迫工人违反规章制度和操作规程，违反施工程序，冒着危险进行操作的行为；不遵守安全生产规程、制度和安全技术措施交底或擅自更改者；令未经培训、无作业票证和无特种作业操作证的工人上岗作业的；指挥工人在有缺陷的安全防护设施或设备上，或在隐患未解决的条件下冒险进行作业；发现违章不制止等均为违章指挥。

(三)特种作业管理要求

1.特种作业的定义

特种作业是指容易发生事故,对操作者本人、他人的安全健康及设备、设施的安全可能造成重大危害的作业。特种作业人员,是指直接从事特种作业的从业人员。

国家规定的特种作业类别包括:电工作业;焊接与热切割作业;高处作业;制冷与空调作业;煤矿安全作业;金属、非金属矿山安全作业;石油天然气安全作业;冶金(有色)生产安全作业;危险化学品安全作业;烟花爆竹安全作业;工地升降货梯升降作业;应急管理部认定的其他作业。

2.特种作业人员必须具备的条件

(1)年满18周岁,且不超过国家法定退休年龄。

(2)经社区或者县级以上医疗机构体检健康合格。

(3)具有初中及以上文化程度。

(4)具备必要的安全技术知识与技能,参加国家规定的安全技术理论和实际操作考核并成绩合格。

(5)相应特种作业规定的其他条件。

(6)化工自动化控制仪表作业人员除符合第(1)项、第(2)项、第(4)项和第(5)项规定的条件外,应当具备高中或者相当于高中及以上文化程度。

3.特种作业人员的培训与管理

特种作业人员必须接受与其所从事的特种作业相应的安全技术理论培训和实际操作培训并考核合格,取得《中华人民共和国特种作业操作证》后方可上岗。离开特种作业岗位6个月以上的特种作业人员,应当重新进行实际操作考试,经确认合格后方可上岗作业。

特种作业操作证每3年复审1次。特种作业人员在特种作业操作证有效期内,连续从事本工种10年以上,严格遵守有关安全生产法律法规的,经原考核发证机关或者从业所在地考核发证机关同意,特种作业操作证的复审时间可以延长至每6年1次。

特种作业人员的特种作业操作证只限本人使用,不得转借他人,不得涂改。严禁无证上岗。

（四）作业许可制度

1. 作业许可管理职责

直线管理部门组织推行、培训、监督和审核；安全部门对程序的执行提供咨询、支持和审核；员工接受作业许可培训，执行作业许可程序，参与作业许可审核，并提出改进建议。

2. 作业许可管理范围

非计划性维修工作；承包商作业；偏离安全标准、规则、程序要求的工作；交叉作业；在承包商区域进行的工作；缺乏安全程序的工作；屏蔽报警、中断连锁和安全应急设备。在施工作业区域内进行下列作业均应办理区域作业许可证：

（1）对基坑支护与降水工程作业。

（2）挖掘作业（破土作业）。

（3）受限空间作业。

（4）高处作业。

（5）吊装作业。

（6）管线／设备打开作业。

（7）用电作业。

（8）动火作业。

（9）射线作业。

（10）有毒有害场所作业。

（11）脚手架工程作业。

（12）吊篮作业。

（13）夜间作业。

（14）交叉作业。

（15）其他作业，指经过项目评审，偏离安全标准、规则、程序要求的工作；没有安全程序可遵循的工作；经危害因素识别与风险评价，确认高风险的作业；特殊环境（台风／洪汛、戈壁／沙漠、水域／滩涂、高原／缺氧）作业；对不能确定是否需要办理许可证的其他工作等。

3. 作业许可管理要点

作业涉及不同的部门，作业许可的审批是直线领导的责任，安全人员提供咨询指导；办专项作业许可证的同时，必须办理作业许可证（即大票和小票同时办）；所有办理作业许可的都要做工作前安全分析；所有作业许可审批要现场一一核查；作业许可不是开工证,期限应根据作业的风险来确定;发生异常情况时,立即停止作业,作业许可证随即取消;恢复作业时,须重新办理作业许可;作业完毕后,要执行关闭程序,恢复现场,确认清除隐患。

(五)岗位 HSE 培训矩阵

HSE 培训矩阵是 HSE 培训需求矩阵的简称,建立在需求分析的基础上,将 HSE 培训需求与有关岗位列入同一个二维表中,以明确说明特定岗位需要接受的 HSE 培训内容、掌握程度、培训频率等内容。

(1)基层 HSE 培训矩阵是一种提高培训针对性和有效性的工具。

(2)一切培训活动以满足岗位培训需求为核心,有目的地进行。

(3)基层 HSE 培训的责任者不是外部培训机构,而是直线主管。

(4)培训的每个科目应细化为每一项最小完整操作过程的单元。

(5)针对每一个层次人员都可以建立针对性的 HSE 培训矩阵。

(六)属地管理要求

1. 属地的划分

主要以工作区域为主,以岗位为依据,把工作区域、设备设施及工器具细化到每一个人身上。对作业人员来说,属地就是岗位作业区域,对办公室人员来说,属地就是办公区域。

2. 属地管理基本职责

(1)对属地区域内设备设施的完好负责。

(2)对属地区域内作业活动的安全负责。

(3)对属地区域内环境的整洁负责。

(4)对进入属地区域的所有人员的安全负责。

(七)5S 管理及目视化管理要求

1.5S 管理

5S 管理就是整理(Seiri)、整顿(Seiton)、清扫(Seiso)、清洁(Setketsu)、素养(Shitsuke)五个项目。

(1)整理:要与不要,一留一弃。

(2)整顿:科学布局,取用快捷。

(3)清扫:清除垃圾,美化环境。

（4）清洁:洁净环境,贯彻到底。

（5）素养:形成制度,养成习惯。

消除可能导致事故发生的文明施工方面的问题就是推进5S现场管理的常态化和标准化。从整理、整顿入手,点滴做起,勤于清扫,保持清洁,自始至终地提高员工的个人素养。保持一个良好的施工环境是一项持续不间断的工作,这需要每一个员工的积极参与。

2. 目视化管理

目视化管理是指通过颜色、标识、标签等方式区分或鉴别工器具、施工设备的使用状态、特性以及生产作业场所的危险状态、人员身份及资质等的现场安全管理方法。目视化管理是利用形象、直观而又色彩适宜的各种视觉感知信息来组织现场生产活动,达到提高劳动生产率的一种管理手段,也是一种利用视觉来进行管理的科学方法,是现场管理核心工具之一。

目视化管理包括四个方面:一是人员目视化管理;二是设备目视化管理;三是作业场所目视化管理;四是工器具目视化管理。

人员目视化管理主要是通过劳保着装目视化、安全帽目视化、入场(厂)许可证目视化、特种作业资格目视化,实现对人员身份、资质的直观确认。

设备目视化管理是通过在设备明显位置设置标识牌及风险提示牌,标识牌上标识设备的基本信息、责任人以及使用状态等内容,对因误操作可能造成严重危害的设备,在设备旁悬挂安全操作注意事项的提示牌,实现对设备信息及风险的快速准确了解。

作业场所目视化管理,主要是在属地管理牌上明确标识施工(生产)区域的不同危险状况和必要的劳动防护用品,如告知员工本施工(生产)区域有危险,未经许可禁止进入,或提醒员工有危险,进入时注意;对消防通道、逃生通道、逃生设施设置标识,对施工(生产)现场设置警告性隔离和保护性隔离等,达到标识清楚、易于识别的目的。

工器具目视化管理是用相应的标签标明各种工器具的使用状态,包括是否完好好用、是否超期未检等。

（八）事故事件管理

1. 工业生产安全事故分级

按照国家和集团公司有关事故分类和定义的标准,工业生产安全事故,是指在生产场所内从事生产经营活动中发生的造成单位员工和单位外人员人身伤亡、急性中毒或者直接经济损失的事故,不包括火灾事故和交通事故。

根据事故造成的人员伤亡或者直接经济损失,事故分为以下等级:

一般事故:是指造成 3 人以下死亡,或者 10 人以下重伤(包括急性工业、食物中毒,传染病),或者 1000 万元以下直接经济损失,或者 4 类、5 类放射源丢失、被盗或失控的事故。

较大事故:是指造成 3 人以上 10 人以下死亡,或者 10 人以上 50 人以下重伤(包括急性工业、食物中毒、传染病),或者 1000 万元以上 5000 万元以下直接经济损失,或者 3 类放射源丢失、被盗或失控的事故。

重大事故:是指造成 10 人以上 30 人以下死亡,或者 50 人以上 100 人以下重伤(包括急性工业、食物中毒、传染病),或者 5000 万元以上 1 亿元以下直接经济损失,或者 1 类、2 类放射源丢失、被盗或失控的事故。

特别重大事故:是指造成 30 人以上死亡,或者 100 人以上重伤(包括急性工业、食物中毒、传染病),或者 1 亿元以上直接经济损失,或者 1 类、2 类放射源失控造成大范围严重辐射污染后果的事故。

2. 事件的分级

生产安全事件分为限工事件、医疗处置事件、急救箱事件、经济损失事件和未遂事件五级。

限工事件:是指人员受伤后下一工作日仍能工作,但不能在整个班次完成所在岗位全部工作,或临时转岗后可在整个班次完成所转岗位全部工作的情况。

医疗处置事件:是指人员受伤需要专业医护人员进行治疗,且不影响下一班次工作的情况。

急救箱事件:是指人员受伤仅需一般性处理,不需要专业医护人员进行治疗,且不影响下一班次工作的情况。

经济损失事件:是指没有造成人员伤害,但导致直接经济损失小于 1000 元的情况。

未遂事件:是指已经发生但没有造成人员伤害或直接经济损失的情况。

3. 事故事件的上报

任何生产安全事故事件发生后都应第一时间上报直线领导和现场安全人员,重大事故可直接报告上级主管部门。发生生产安全事故事件,当事人或有关人员应视现场实际情况及时处置,防止事件扩大。

4.事故事件的调查处理

事故发生后,无论事故的大小,均应按"四不放过"原则进行调查处理,即事故原因未查清不放过;事故责任人未受到处理不放过;事故单位领导和群众未受到教育不放过;没有制定切实可行的防范措施不放过。事故事件应作为重要的安全经验分享资源在一定范围进行分享,总结吸取教训,采取有效措施,减少和杜绝各类事故的发生。

(九)职业健康管理

1.职业病的概念

职业病是指劳动者在职业活动中,接触粉尘、放射性物质和其他有毒有害物质等因素而引起的疾病。

石油化工建设企业发生的职业病主要是噪声聋、电焊尘肺、职业性慢性锰中毒、职业性慢性苯中毒、电光性眼炎、石棉肺、职业性溶液汽油中毒等。

2.职业病防治方针

企业应坚持"预防为主,防治结合"的职业病防治方针,为员工创造符合国家职业卫生标准和卫生要求的工作环境和条件,与员工订立劳动合同时应载明有关保障、劳动安全、职业危害的事项,防止职业病发生。

3.作业场所管理

企业应对作业场所进行管理,确保职业病危害因素的浓度或强度符合标准要求。

对有毒有害作业场所,应加强通风、除尘,降低尘、毒浓度。粉尘作业应尽可能采用机械化,或采用湿式作业,降低粉尘浓度。

对有较大职业性危害因素的场所和有关设施、设备上设置醒目的安全警示标志。有剧毒、放射源的作业场所,不仅应在安全防护距离周边设置醒目的警示标志,且要确保有效隔离。

对可能发生急性损伤的有毒有害场所,应设置报警装置,配置现场急救用品、冲洗设备、应急撤离通道。

如果工作场所存在或使用有毒物品及危险品,必须附带安全技术说明书,且要确保有效防护。

4.劳动防护用品管理

企业应为在超标作业场所工作的员工配备个人职业病防护用品,并经常性维护、检修和检测,确保对职业病危害因素的最大程度隔离。员工应正确佩戴和使用劳动防护用品。

5.职业健康检查

企业应定期为员工进行职业病健康检查并建立职业健康监护档案。

(1)职业健康检查分为:上岗前的健康检查;在岗期间的健康检查;离岗时的健康检查;应急检查。

(2)职业健康监护档案的内容至少包括:作业人员的职业史、既往史和职业病危害因素接触史;作业场所职业病危害因素监测结果;职业健康检查结果及处理情况;职业病诊疗等有关健康资料。

三、班组现场施工安全活动

(一)如何开好班前会

班组日常安全管理工作是随着生产作业的进行不断规范和完善的,班前会是强化职工安全意识、增强职工安全素质的有效载体,是一种潜移默化提高职工安全意识和技术水平的重要形式之一。班前会由班组长主持。班前会主要内容及议程如下:

(1)班组长对当日的工作任务进行布置,对进度、质量、技术、文明施工等方面提出要求。

(2)班组长指定一名员工进行安全经验分享。

(3)针对当日工作,班组长带领班组成员进行当天作业安全分析,提出控制风险措施,解答员工提出的关于安全完成当日工作的问题。让每位员工知晓当日安全风险,熟知控制预防措施以及一旦出现事故的应急措施。

(4)需要监护人的作业,由班组长指定监护人。

(5)班组长亲自填写班组活动记录,并组织员工签字确认。

(二)如何做好工作前安全分析

工作前安全分析是事先或定期对某项工作进行安全分析,识别危害因素,评价风险,并根据评价结果制定和实施相应的控制措施,达到最大限度消除或控制风险的方法。

1.适用范围

新的工作:通过工作前安全分析识别每个作业步骤的危害因素,评价风险大小,制定控制措施,编制出能将风险控制在可接受范围内的作业方案。

日常工作:一是通过工作前安全分析梳理和分析现有作业程序存在的问题,持续改进,使得作业程序更为科学、合理,风险进一步降低;二是当设备、工具、作业环境等因素发生变化时,通过工作前安全分析识别新的危害因素,完善作业方案,防止因变更而使风险未受控。

2. 工作前安全分析方法介绍

(1)确定需要进行安全分析的工作任务。

(2)将工作任务分解为操作步骤,一般不超过 10 步,当步骤较多时,可将工作任务分解为多个任务再进行操作步骤分解。

(3)对每个操作步骤进行危害因素识别(识别危害因素时应充分考虑人员、设备、材料、方法、环境五个方面和正常、异常、紧急三种状态)、风险评价(使用矩阵法)、制定控制措施,直至各步骤的风险降到可接受的水平,当经多次重复分析、评价,风险仍不可接受时应中止该任务。

(4)制定作业方案并组织实施。

(三)安全经验分享的作用

安全经验分享是将本人亲身经历或所见、所闻的健康、安全、环保方面的典型经验、事故事件、不安全行为、实用常识等总结出来,在会议、培训班等集体活动前进行宣传,从而使教训、经验、常识得到分享和推广的一项活动。

开展安全经验分享,是企业的一项基础工作,坚持下去,对企业文化养成,防止安全事故发生,能起到很好的促进作用。

(1)安全事故是企业的宝贵资源,充分发挥安全事故在安全管理中难得的警示作用,把安全事故"坏事"变成有用的"好事",使员工从事故中吸取教训,防止事故再次发生。

(2)启发员工互相学习,激发员工积极参与安全经验分享和 HSE 管理,创造一种以 HSE 为核心的学习文化。

(3)逐步培养员工由"要我安全"转变为"我要安全",使员工能够自觉纠正不安全的行为,逐步养成良好的 HSE 行为习惯。

(四)如何申请作业许可

1. 申请作业许可的四个基本步骤

(1)作业申请。作业前填写作业许可申请,进行风险评估。

（2）作业审批。批准人进行书面审查,到工作区域实地检查,确认各项安全措施的落实情况。

（3）现场实施。批准人指派监护人,监护人了解作业风险控制措施并确认落实。

（4）许可关闭。作业完成后,经申请人与批准人在现场验收合格,双方签字关闭。

作业许可管理流程见图 3-1。

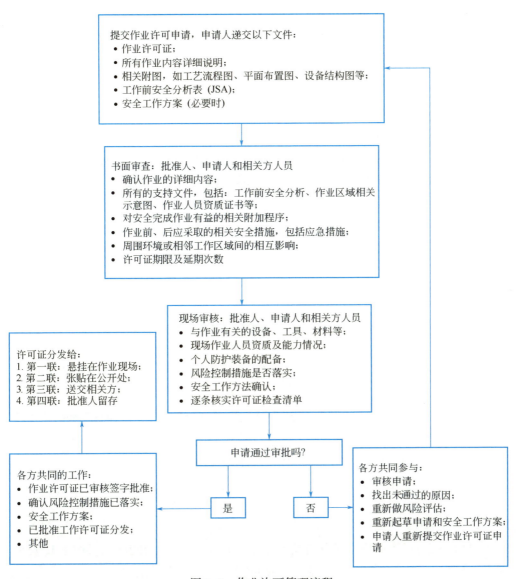

图 3-1　作业许可管理流程

2. 申请作业许可的注意事项

（1）作业许可是控制危险作业的有效管理手段，是识别风险并落实风险管控措施是否有效实施的一种管理工具。

（2）作业许可不是简单的一张纸，而是必须要履行的一个程序。

（3）凡是危险作业必须办理作业许可。

（4）一项作业涉及多个作业许可时，要办理好所有作业许可后方可作业。

（5）如果业主没有这方面的制度，企业内部也要执行作业许可制度。

（五）"五分钟观察法"的应用

"五分钟观察法"是一种有效的安全风险管理手段，作业前对"人、机、料、法、环"五要素进行观察，确认无风险再开始工作，是安全工作的第一步，也是必不可少的一步。如个人精神面貌是否良好，个人防护用品是否规范佩戴，现场作业环境是否存在风险，施工方法及程序是否已经清楚并掌握，即将开展的工作是否需要办理作业许可，作业许可程序是否已经履行完毕，作业许可所列的措施是否正确，作业所需的工具设备是否合格、完好、齐全，是否存在交叉作业等，不同的作业内容观察的内容应有所不同和侧重。

通过"五分钟观察法"，让员工进入安全的工作状态和安全的环境中，实现员工安全工作。

（六）属地管理的"四个负责"

（1）负责管理所辖区域，保证其自身及所在区域内的工作人员、承包商、访客的安全。

（2）负责对本区域的作业活动或者过程实施监护，确保安全措施和安全管理规定的落实。

（3）负责对管辖区域的设备设施进行巡检，发现异常情况，及时进行应对处理并报告上一级主管。

（4）负责对属地区域进行清洁和整理，保持环境整洁。

（七）如何发现安全隐患

1. 安全隐患排查

班组作业前、作业中以及作业完成后，员工应进行自查和互查，及时发现安全隐患。员工发现事故隐患，应立即向现场负责人或安全人员报告。

各专业管理部门和安全部门定期和不定期开展安全生产状况评估、评价，进行安全隐患排查。

2. 安全隐患整改

排查出的安全隐患,属于一般安全隐患的,企业立即安排进行整改。对较大及以上事故隐患应申请立项、评估,并应制定、执行监控措施。监控措施应包括以下内容:

(1)明确监控程序、责任分工和落实监控人员。

(2)保证存在事故隐患的设备设施安全运转的条件。

(3)对生产设施监测检查的要求。

(4)潜在的危害及影响,以及防范控制措施。

(5)制定应急预案并定期进行演练。

对威胁人员生命安全和生产安全、随时可能发生事故的事故隐患,应立即停止施工生产,进行治理。

【案例 3-1】

平台孔洞,夺走生命

某公司某施工现场,管工罗某等8人,参加完班前会后,通过管廊东侧直爬梯上到管廊上进行管托安装作业。10:00左右突然下雨,同岗的其他7人四处躲雨,罗某沿着西侧已禁止使用的楼梯下行(该楼梯因设计变更原因及部分钢格板缺货未施工完,采取了围挡、通道悬挂明确的红色禁行警示牌等措施),在行走过程中,失足从未施工完的楼梯拐角孔洞处坠落,在坠落过程中撞击到二层平台楼梯护栏后弹出,又落到地面发电机防护棚脚手架钢管上,最后坠落到地面,经抢救无效死亡。

评析:案例中楼梯口在之前的项目部安全检查中被认为属于隐患,但措施不到位,导致事故发生。

(八)劳动防护用品

劳动防护用品(Personal Protective Equitment,PPE)是在劳动过程中为防御物理、化学、生物等有害因素伤害人体而穿戴和配备的各种物品的总称。

1. 劳动防护用品分类

(1)头部防护类。用于保护头部,防撞击、挤压伤害、物料喷溅、粉尘等的护具,如安全帽。

(2)呼吸护具类。预防尘肺和职业病的重要防护用品,如口罩、呼吸器。

（3）眼防护具。用以保护作业人员的眼睛、面部，防止外来伤害，如电焊面罩。

（4）听力护具。长期在90dB（A）以上或短时在115dB（A）以上环境中工作时应使用听力护具。听力护具有耳塞、耳罩和帽盔三类。

（5）防护鞋。用于保护足部免受伤害。目前主要产品有防砸鞋、绝缘鞋、防静电鞋、耐酸碱鞋、耐油鞋、防滑鞋等。

（6）防护手套。用于手部保护，如电工绝缘于套、电焊手套。

（7）防护服。用于保护职工免受劳动环境中的物理、化学因素的伤害，如工作服。

（8）防坠落护具。用于防止坠落事故发生，如安全带、安全绳和安全网。

（9）护肤用品。用于外露皮肤的保护，如护肤膏。

2. 劳动防护用品的选用

必须根据工作场所中的危害因素及其危害程度，正确、合理地选用防护用品，并养成凡上岗作业即按要求穿戴防护用品的良好习惯，在生产设备和作业环境尚未实现本质安全的情况下，劳动防护用品仍不失为减少事故、减轻伤害程度的一种有效措施。

3. 劳动防护用品的使用与保养

对于劳动防护用品，职工应做到"三会"，即会检查防护用品的安全可靠性，会正确使用防护用品，会维护保养防护用品。

劳动防护用品的质量对使用者来说至关重要，有时甚至是性命攸关的问题。职工必须了解防护用品正确的使用方法和注意事项，避免在工作中遭受不应有的伤害。要掌握防护用品维护和保养的方法，特别是对安全帽、安全带等一些特殊防护用品，要定期检查和保养，保持其良好性能。

（九）标准化作业的推广

标准化作业是安全管理的一项基础工作，也是现代科学管理的一项重要内容。

企业应根据施工内容和特点编制作业方案，通用作业则应编制标准化的操作规程，如管工操作规程、焊工操作规程等，使不同岗位员工都有操作规程，达到作业规范化。

标准化实施推广应做好以下工作：

（1）对职工进行安全技术教育和培训，使职工掌握标准化操作技能。

（2）纠正职工以往作业中不正确或不规范的做法，养成安全作业的习惯。

（3）制定标准化作业程序时，要总结以前的经验，让职工充分讨论，并要经过一段时间的实践检验,切不可想当然地规定几条,而无法实施,成为一纸空文。不同的班组,生产的新产品、生产工序、工种不尽相同,推行标准化作业要根据班组的生产实际,不能千篇一律。

（4）制定标准时应坚持三个原则:一是先重点后一般,对生产一线的工种要作为重点来考虑。二是动员全体职工参加,从班组抓起,依靠有丰富实践经验的老职工为骨干,制定出各个岗位、各个工种的作业方案定稿,然后上交管理标准化工作的有关部门审定,再返回班组实施。三是在实施过程中不断完善,不断优化,经过一段时间的实践后,认为切实可行,标准化工作管理部门就以文件形式定为规范化的制度。

（十）班组安全文化活动范例

1. 亲情安全文化墙

文化是管理的灵魂,亲情更是安全管理不可或缺的元素,班组大力推行亲情安全文化建设,通过以柔化刚,不断地将安全管理由说教变为一种深刻的体验。例如,某班组的文化墙上,张贴着亲人照片的亲情安全文化栏特别引人注目,"安全是我送给女儿最好的礼物!""你的安全就是我们的幸福",员工家属发自内心的寄语深深地打动着每一位员工,员工都会看到安全文化墙上亲人期盼的眼神和信任的微笑,每名员工都会感到自己肩上沉甸甸的责任。

2. "五小"发明保安全

某班组在现场对直径 3.5 米的烟道进行组对,常规做法是垫上道木组对,但这种方法难度大,组对焊接时需要搭拆脚手架,存在高空作业危险。该班组利用项目废旧材料,加上几个轴承,就做成了可转动组对焊接的简易托架,既节约了成本,也减少了搭拆脚手架和高空作业的危险。

3. 全员参与风险辨识

某施工队变以往班前会由班长"照本宣科"地讲安全注意事项和安全学习材料,为采用"自曝家丑"的形式,把班组安全会变身为"揭短会"和"曝光台"。通过自我揭短和曝光,让大家吸取教训,提高员工的安全意识,把安全工作真正融入生产、生活,形成习惯。"揭短会"真实暴露了生产、生活中存在的各种风险和隐患,这种交流方式,让大家感到亲切实用,更乐于参与。

4. 这样的安全活动真不错

在某项目部 HSE 部办公室墙上,挂着"平安伴我行"主题活动奖品发放记录,每条记录详细地记载着员工姓名、发现的隐患及奖励的小礼品。礼品发放的标准就是员工发现并及时报告施工现场的安全隐患、提出整改措施。活动的开展增强了员工的安全意识,提高了施工现场的安全系数,同时使员工参与到了项目安全管理工作中,可谓"一举三得"。

四、现场常见安全问题及应对、处理措施

(一)机械设备安全

1. 设备的安全管理

班组设备的安全管理,要有完善的设备操作、维护责任制及安全操作规程,并通过培训使操作者全面掌握设备的性能和操作方法。所使用的设备要挂牌,由专人负责和操作。

(1)定期检查设备的运行状况,出现异常应及时维护或上报申请检查。

(2)认真做好设备运行记录,保管好设备档案,并确保设备档案的完整。

2. 设备的日常保养

施工设备的日常保养,可归纳为"清洁、润滑、调整、紧固、防腐"十个字。

(1)清洁:设备内外整洁、无油污,各部位不漏油、不漏气,设备周围的切屑、杂物、脏物要清扫干净。

(2)润滑:设备的润滑项点按时加油、换油、注油,保证油质符合要求。

(3)调整:设备各部位应及时进行调整,使之配合合理,不松不旷。

(4)紧固:设备的连接部位应经常检查,发现松动及时紧固,确保安全运行。

(5)防腐:设备应经常进行防腐处理,如除锈、喷漆等。

(二)用电安全

(1)加强班组现场用电管理,对班组人员进行安全用电教育,遵守安全用电规范。

(2)用电操作人员必须持证上岗,责任心要强,熟练掌握操作程序,并做好值班记录。

(3)现场电气设备必须有出厂合格证和准用证。

(4)露天使用的用电设备应搭设防雨罩棚。

(5)设备通电线路连接规范,漏电保护、开关等齐全且满足负载要求。

(6)配电箱必须坚固、完整、严密,箱门加锁,箱门上要涂红色危险标志,配电

箱要按配电级别顺序编号。

（7）用电机械设备工作结束或停工,须关闸断电。

（三）气瓶使用安全

1.气瓶的领取与存放

领取气瓶时,应检查防震圈和安全帽是否齐全、完整、洁净。储存乙炔气瓶时,乙炔瓶应直立,并必须采取防止倾斜的措施。严禁与氯气、氧气瓶及其他易燃易爆物同间储存。

2.气瓶的使用

保持氧气瓶手阀及阀嘴的清洁,避免阀闸部分打滑、松动、漏气;氧气瓶与焊炬、割炬及其他明火的距离应大于 10 米,与乙炔瓶的距离不小于 5 米;乙炔瓶使用时必须直立放置,与热源的距离不得小于 10 米。

3.气瓶的回收入库

当日工程任务结束后,要及时关闭气瓶主阀,戴好、拧紧阀帽,检查防震圈和气瓶标牌,清理干净气瓶瓶体,如数退还气瓶储存间并签字确认。同时做好管带和割炬、焊炬的检查、盘理、归位工作,清扫作业点。

（四）高处作业安全

1.高处作业的定义

高处作业是指在坠落高度基准面 2m 以上(含 2m),有坠落可能的位置进行的作业。

2.高处作业对施工人员的要求

（1）凡患高血压、心脏病、贫血病、癫痫病、精神病以及其他不适于高处作业的人员,不得从事高处作业。

（2）应熟悉高处作业应知应会的知识,掌握操作技能。

3.高处作业安全

（1）班组对从事高处作业人员,要进行安全教育:包括安全知识、注意事项、发生意外时的应急处理、救护方法和逃生方式。

（2）高处作业人员应佩戴安全防护用品,安全带应系挂在施工作业上方的牢固构件上,安全带应高挂(系)低用。

（3）高处作业点(面)应设置安全标志。

（4）高处作业应使用脚手架、平台、梯子、防护围栏、挡脚板、安全带和安全网等。

（5）风雪天应采取防滑措施，并及时清除冰霜、水、雪等；六级以上大风等恶劣气候，不得进行露天攀登与悬空高处施工作业。

【案例 3-2】

安全带系挂你的幸福

说到安全，就不得不提到安全带。小王上班后，才渐渐地接触到安全带，开始的时候感觉这东西太烦琐，佩戴起来不舒服，但是后来发生的这件事，让小王对安全带有了新的认识。

一天，小王和赵师傅在 19 米高空向下对框架进行补焊。工作接近尾声，又临近下班，俩人的动作都快了很多。在离地面大概还有 10 米的时候，小王就放松了警惕，不小心手在扶梯上滑了一下，身体失重急剧下坠。就在小王万念俱灰的时候，被什么东西拉了一把，身体悬在了空中，等小王缓过神来才明白是安全带救了他。

很久以后有人问小王："为什么安全带是两个挂钩？"小王想了片刻说："一个系挂的是你的未来，另一个系挂的是你的幸福。"

（五）进入受限空间作业安全

1.受限空间的定义及范围

除符合以下所有物理条件外，还至少存在以下危险特征之一的空间称为受限空间。

（1）物理条件：

① 有足够的空间，让员工可以进入并进行指定的工作。

② 进入和撤离受到限制，不能自如进出。

③ 并非设计用来给员工长时间在内工作的空间。

（2）危险特征：

① 存在或可能产生有毒有害气体或机械、电气等危害。

② 存在或可能产生掩埋作业人员的物料。

③ 内部结构可能将作业人员困在其中（如内有固定设备或四壁向内倾斜收拢）。

受限空间可为生产区域内的炉、塔、釜、罐、仓、槽车、管道、烟道、隧道、下水道、沟、坑、井、池、涵洞等封闭或半封闭的空间或场所。

2. 作业安全措施

（1）班组安全员（现场监护人）对作业人员进行必要的安全教育。

（2）受限空间作业点（面）的出入口内外，不得有障碍物，保证其畅通无阻，便于人员出入和抢救疏散。

（3）保证受限空间内空气流动和人员呼吸需要，自然通风达不到要求时，应采取强制通风方式。

（4）在受限空间内人员的作业时间每次不宜过长，应安排轮换作业或休息。

（5）进入受限空间作业时，应配备安全电压和安全行灯。

（6）进入受限空间作业应指定专人监护，不得在无监护人的情况下作业，作业监护人不得离开现场或做与监护无关的事情。

（7）受限空间内的温度应控制在不对人员产生危害的安全范围内。

（8）受限空间内可能会出现坠落或滑跌，应特别注意受限空间中的工作面（包括残留物、工作物料或设备）和到达工作面的路径，并制定预防坠落或滑跌的安全措施。

（9）配备个人防护装备并确保正确穿戴。

（10）为防止静电危害，应对受限空间内或其周围的设备接地，并进行检测。

（11）携入受限空间的工具、材料要登记，作业结束后应清点，以防遗留在作业现场。

【案例 3-3】

违章进入受限空间

某年 12 月 5 日，在泉州制氢装置转化炉风道施工现场，贺某、肖某、刘某进行主风道与余热回收落地风道补偿器法兰螺栓连接作业，作业中发现螺栓孔错位比较严重，商定下午再议解决方案，三人便从脚手架下到余热锅炉顶劳动保护平台上。贺某翻过劳动保险栏杆从西侧方孔进入主风道，刘某随后进入，肖某在平台上等候。贺某在正对孔口向南第二支风道方便，贺某方便完转身，未见到刘某，立即在主风道与余热回收落地风道连接处向下看，见到刘某坠落至落地风道底部。在送往医院途中，遇 120 救护车，刘某经抢救无效死亡。

评析：事故原因如下。

（1）直接原因：进入高处作业点（受限空间——主风道），在主风道与落地风道连接处坠落。

（2）间接原因：违章进入受限空间。

（3）管理原因：①员工培训不达要求；②员工纪律松懈，无视规章制度，随意违章；③现场监管不力，没有认真识别和分析作业环境存的风险。

（六）交通安全

1. 施工现场交通安全

（1）定期召开班组会，强调现场交通安全，提高交通安全意识，遵守施工现场交通安全管制。

（2）施工区域应标注员工通道和施工通道，沿途有道路交通标志。

（3）施工现场和通道的电缆电线以及沿途的悬挂物，要有明显的警示标志。

2. 上下班交通安全

（1）经常提醒班组成员，上下班要遵守施工道路交通安全规则。

（2）乘车者必须乘坐项目部提供的值班车，不得乘坐其他无关车辆。

（3）骑车者要经常检查车辆，确保铃、闸、架齐全且状态良好，避开人群，靠右慢速行驶，不与机动车辆争道飙车。

（4）行走人员上下班时应选择便捷、平坦的安全通道行走，遇到车辆行驶需避让。

（5）上下班路上不要嬉笑打闹或低头看手机，确保自身安全。

（七）射线作业安全

加强班组射线作业管理，规范施工操作行为。射线探伤人员必须持有射线操作资格证书，持证上岗。

1. 安全监控

（1）作业人员进入现场前，必须经过专业技术、安全知识的培训方能进行射线作业。

（2）安全管理部门、项目部专人负责组织和监督。

（3）班组有专兼职人员现场监控。

2. 实施射线作业的要求

（1）射线作业应在夜间进行，如因特殊需要白天作业时，要有安全防护措施，并经业主和项目部批准方可作业。

（2）射线作业现场设置警戒区，并悬挂辐射警示标志、警示红灯、警示装置。

（3）作业过程中应有专人监护。

（八）动土作业安全

1.动土作业前期准备

（1）挖掘作业前,作业负责人提出作业申请,作业批准人组织相关专业人员审查施工方案,进行现场勘察,合格后签发挖掘作业许可证。

（2）挖掘作业许可证的有效期一般不超过一个班次。当作业环境发生变化、安全措施未落实或发生事故,应及时取消作业许可证,停止作业,并应通知相关方。

（3）动土前一定要确认区域内地下管线/电缆的具体位置,以及不会影响附近脚手架或其他建筑结构的基础。

（4）挖掘区边缘须有合适的支撑或筑成斜坡。

（5）对于较大、较深坑体的挖掘作业,要制定相应的控制措施。

（6）在坑、沟槽内作业应正确穿戴安全帽、防护鞋、手套等个人防护装备。

2.动土作业中的注意事项

（1）作业空间要满足人体转身和工具转动的需要。挖掘深度超过1.2m时,应在合适的距离内提供梯子、台阶或坡道等,用于安全进出。

（2）作业中要及时清理积水、浮土、杂物等,使坑体作业面干燥、洁净、平整。

（3）坑体内如存在有害气体,开挖前和过程中要有效的检测和监控措施。

（4）下班时要悉数收回设备、工具、材料、照明灯线。系挂好警戒线和警示牌,做好动土施工记录。

（九）交叉作业安全

1.交叉作业的特点和危害

两个以上作业活动在同一作业区域内进行,因作业空间限制,人员多、工序多、工具用具多等,所以作业干扰多、现场的隐患多。交叉作业可能发生高处坠落、物件打击、机械伤害、触电、火灾等事故。

2.交叉作业的安全措施

（1）班组施工前应做好安全技术交底,检查安全防护措施。

（2）交叉作业人员必须戴好安全帽,高处作业人员应系好安全带。

（3）高层施工立体交叉作业时,应避免同一垂直方向上下操作。

（4）遇有冰雪及台风、暴雨后,应及时采取清除冰雪和加设防滑条等措施。

（5）遇到 6 级以上大风、雨雪、浓雾、能见度不良等天气情况时,严禁进行立体交叉作业。

（十）动火作业

1. 检修动火作业"四不动火"原则

（1）禁止无工业动火票的动火。

（2）禁止无监护人的动火。

（3）禁止安全措施不落实的动火。

（4）禁止与工业动火票内容不符的动火。

2. 动火作业基本要求

（1）必须办理作业许可。

（2）施工前应对作业人员进行安全教育和技术交底。

（3）距离动火点 30 米内不准有液态烃或低闪点油品泄漏,半径 15 米内不准有其他可燃物泄漏和暴露,所有的漏斗、排水口、各类井口、排气管、管道、地沟等应封严盖实。

（4）配备足够的消防器材。

（5）确保应急疏散通道的畅通。

（6）受限空间内动火,尤其注意气体监测。

（7）消除残火,清理并确认后方可离开现场。

（十一）脚手架使用安全

1. 脚手架安全使用基本要求

（1）脚手架的搭设、改造、拆除,均需办理作业许可证。

（2）脚手架必须搭设在牢固的基础上且便于上下通行。

（3）脚手架搭拆人员需持证上岗。

（4）不得随意拆除脚手架的基本结构杆件和连墙体。

（5）脚手架距离电线必须有一定的安全距离。

2. 在脚手架上作业时的注意事项

（1）脚手架上不得堆放材料、工具,避免影响自身安全和掉物伤人。

（2）在进行作业时,要注意采取正确的姿势,以免身体失衡或把东西甩出。

（3）结束作业时,把脚手架上的材料用完或收回。

（4）在脚手架上进行电气焊作业时,要注意防火,以免火星点燃易燃物。

3.脚手架作业中十大"严禁"

（1）严禁使用无合格证的脚手架。

（2）严禁使用不稳定的脚手架。

（3）严禁向上或向下抛掷物料及工具。

（4）严禁在不防滑的脚手架上施工。

（5）严禁将杂物遗留在脚手架上。

（6）严禁使脚手架超负荷承重。

（7）严禁随意改动脚手架的任何部分。

（8）严禁在光线或照明不足时搭设或拆除脚手架。

（9）严禁将脚手架做地线使用。

（10）严禁在风力超过6级时进行与脚手架有关的作业。

（十二）工作外的安全

1.员工外出的安全注意事项

（1）员工在外出时，应向单位请假，并要保持手机畅通。

（2）在外出期间严格要求自己，不做违法乱纪行为，不触犯国家法律及治安处罚条例。

（3）遵守交通规则，过马路要走斑马线，不闯红灯。

（4）外出时应尽量避免走小巷或偏僻的路径，行走时要注意周边闲杂人员，特别是尾随身后和蹲守路边的人。

2.乘坐公共交通工具的安全注意事项

（1）乘车时，应避免与人拥挤和发生口角。

（2）不要在公交站台上清点钱物，以免暴露自己的财物。

（3）乘坐公交车时不要打盹睡觉，避免财物被窃和丢失。

3.员工外出特别注意的事项

（1）结伴外出时，不要相互追逐、打闹、嬉戏。

（2）单人外出携带背包应置于右手或双手握于身前，不可负在背后。

（3）在外出吃饭时，要包不离身，背包要放在视线范围内，身体接触到包。

（4）在雾、雨、雪天外出时，应身着色彩鲜艳的衣服，以便机动车辆的司机尽早发现目标，提前采取安全措施。

（5）如遇悍匪打劫，应首先确保人身安全，并择机报警求助。

五、急救与应急处置

（一）触电

当人体受到电流刺激后，可产生损害作用，严重时可使心跳、呼吸骤停，人体立即处于"临床死亡"状态。发生触电事故时的现场处理步骤可分为立即解脱电源、迅速简单诊断和现场对症处理三大部分。

1. 立即解脱电源

一旦发生触电，首先要设法使触电者脱离电源。例如，切断电源、用绝缘物移去带电导线、用绝缘工具切断带电导线、拉拽触电者衣服等。

2. 迅速简单诊断

触电者解脱电源后，应迅速进行简单诊断。如触电者伤势不重，神志清醒，但有心慌、四肢发麻、全身无力等症状，应将病人安置在空气流通处安静休息，注意观察并请医生前来治疗或送往医院。

3. 现场对症处理

（1）现场心肺复苏术。通常是采用人工呼吸法和体外心脏按压法来达到复苏目的。而口对口人工呼吸法是最简单有效的现场心肺复苏法。

（2）双人操作复苏术。双人操作复苏术是由两名抢救者相互配合进行口对口人工呼吸和体外心脏按压。操作时一人进行口对口人工呼吸、测试颈动脉是否搏动，以判断体外心脏按压是否有效。另一位抢救者对触电者进行体外心脏按压。

（3）单人操作复苏术。当触电者心跳、呼吸均停，而现场仅有一位抢救者时，需同时进行口对口人工呼吸和体外心脏按压，其操作步骤如下：

① 开放气道后，连续吹气两次。

② 立即进行体外心脏按压 15 次（频率为 80～100 次/分钟）。

③ 以后每做 15 次心脏按压后，就连续吹气两次，反复交替进行。同时每隔 5 分钟应检查一次心肺复苏效果，每次检查时，心肺复苏术不得中断 5 秒钟以上。

（二）骨折、流血

现场施工过程中发生骨折、流血时，需第一时间进行有效的救治，并及时通知现场医务人员或拨打 120 急救中心电话求救。

1. 急救的步骤

（1）一般原则是就地包扎、止血和固定，同时判断伤员有无紧急情况，如心脏骤停、窒息等。

（2）迅速了解、判断有无危及生命的紧急情况，如大出血、休克等。

（3）班组人员协助将伤员送出施工现场，使其尽早赶往医院及时得到救治。

2. 骨折的处理

（1）骨折断端外露，应在其原位消毒或用干净的布类临时包盖及固定伤口，不应立即将其复位，待送医院清创后再进行复位。

（2）闭合性骨折的病人，若患肢肿胀较严重，可剪开衣服或裤管以解除压迫。

（3）妥善固定是骨折急救处理时的重要措施。其目的一是避免在搬运时加重软组织、血管、神经或内脏的损伤；二是避免骨折端活动，减少伤员痛苦；三是便于运送。

（三）中暑

中暑是指在高温和热辐射的长时间作用下，机体体温调节障碍，水、电解质代谢紊乱及神经系统功能损害的症状的总称。

1. 处理一般中暑的措施

给患者降温。应尽快将患者移至清凉通风的地方，用电风扇或手扇使其降温。

2. 处理严重中暑的急救措施

（1）将患者移至清凉处，使其躺下或坐下，并抬高下肢。

（2）用凉的湿毛巾敷前额和躯干进行降温。注意不要用酒精擦患者的身体。

（3）让神志清醒的患者喝清凉的饮料，如果患者呼吸及吞咽均无困难，可以让他喝淡盐水。

（4）如果患者病情无好转，应送医院急救。

3. 中暑预防

（1）工作时应躲避烈日，并要佩戴防晒用具。涂抹防晒霜，准备充足的水和清凉饮料。

（2）防暑降温药品，如"十滴水""人丹""藿香正气水""风油精"等要常备身边，以防应急之用。

（3）每天要喝 1.5～2 升水，出汗较多时可适当补充一些盐水，弥补人体因出汗而失去的盐分。

（4）保持充足睡眠，可使大脑和身体各系统都得到放松、恢复。

（四）蛇虫伤害

在施工现场或户外作业时,经常会被毒虫和动物咬伤,常见的有蛇、蜂、蚊虫等。如发生蛇虫咬伤时应保持镇定,及时报告现场负责人和医务人员,并积极参与急救处置。

1.蛇咬伤的处理办法

（1）根据伤口判断。

通常观察伤口上有两个较大和较深的牙痕,才可判断为毒蛇咬伤。若无牙痕,或是有两排深浅基本一致的牙痕,并在 20 分钟内没有局部疼痛、肿胀、麻木和无力等症状,则为无毒的蛇咬伤。

（2）毒蛇咬伤救治方法

首先是迅速扎紧伤口的近心端,立即在距伤口 5～10 厘米的进心端绑扎,以阻止静脉和淋巴回流,每间隔 30 分钟松 1～2 分钟。然后马上送往医疗救治。

2.蜂蜇伤的处理办法

（1）被蜂蜇伤后,其毒针会留在皮肤内,必须用消毒针将断刺剔出,然后用力掐住被蜇伤的部分,用嘴反复吸吮,以吸出毒素。

（2）万一发生休克,在通知急救中心或去医院的途中,要注意保持呼吸畅通,并进行人工呼吸、心脏按压等急救处理。

3.蚊虫叮咬的处理办法

遭蚊虫叮咬,后果通常并不严重,但可能引起过敏反应。应在全身抹上或喷上防蚊水,并喷一些在衣服上。

（五）火灾（侧重初期处置）

施工现场由于涉及动火、焊接、加热、用电、照明等施工手段,除了制定完善的防火制度加强火灾防范,一旦施工现场发生起火应该采取如下措施。

1.立即组织营救

（1）在应急救援行动中,快速、有序、有效地实施现场急救与安全转送伤员是降低伤亡率、减少事故损失的关键。还要及时清点本班组人数,确保全组人员安全。

（2）听从上层组织安排,及时控制造成火灾事故的危害源是应急救援工作的重要任务,只有及时地控制住危险源,防止事故的继续扩展,才能及时有效进行救援。

2. 火灾事故应急的几个步骤

（1）立即报警。当发生火灾时,应确定火灾的类型和大小,并立即报告现场负责人,便于及时扑救、处置火灾事故。

（2）组织扑救火灾。扑救火灾时要按照"先控制,后灭火;救人重于救火;先重点,后一般"的灭火战术原则。

（3）人员疏散是减少人员伤亡扩大的关键,也是最彻底的应急响应。一旦发生火灾等事故,指挥现场人员按现场图示疏散到安全地带。

（4）为避免和控制火灾范围扩大,在救火的同时拨打119、120求救,并派人到路口接应。向消防队负责人说明火灾情况,全力协助消防队员灭火。

（六）中毒与窒息

1. 中毒与窒息的诱因

在密闭空间、锅炉、容器、烟道、管道内,潮湿不通风区域等施工作业过程中,有毒有害气体浓度超标。

2. 应急处置

（1）佩戴防护用具抢救受伤害者。

（2）设立警戒线,疏散无关人员。

（3）启动设备送风,确保有毒有害气体浓度尽快降低,防止事故再次发生。

（4）立即报告现场项目部。

3. 现场中毒处置的基本原则

（1）迅速脱离现场。将受害人员移离事故现场至上风向安全地带,并马上报告上级。

（2）防止毒物继续吸收。应立即将中毒者送到空气新鲜处,保持其呼吸道通畅。

（3）心肺复苏。对呼吸、心跳停止者,在医务人员的指导下,立即进行口对口人工呼吸和体外心脏按压。

（4）在采取上述措施的同时,医务人员应尽快查清毒源,明确诊断,以便于进行针对性处理,并将伤员及时送往医院救治。

4. 防范措施

（1）加强班组作业人员安全培训教育,提高自我保护能力。

（2）严格执行施工安全规定,切实做好通风、检测等工作。

（3）班组要配备必要的救护用具,救护措施要上墙,并有专人实施作业监护。

（4）接受可能产生有毒有害气体的工程任务时，必须办理相关的许可证。

六、心理健康

（一）员工常见心理健康问题

随着社会经济的发展，在紧张和繁重的工作压力下，企业员工普遍存在心理健康问题，心理亚健康和不健康的状况也越来越明显。员工身上所承受的压抑、抑郁、焦虑、烦躁、苦闷、不满、失眠、恐惧、无助、痛苦等不良心理反应层出不穷，而海外员工所面临的心理压力则来源于所在国不稳定的政局、战争、绑架、恐怖袭击等，也就是说工作本身的危险性、特殊性、复杂性决定了压力的主要来源。

在日益激烈的社会竞争中，现场一线员工的工作压力、工作环境、人际关系、职位变迁、工资福利待遇的差异、家庭的和谐等都是直接影响员工心理健康的因素。

1. 工作压力

工作压力是一种动态情境。在这种情境中，个体要面对与自己所期望的目标相关的机会、限制及要求，并且这种动态情境所产生的结果被认为是重要而又不确定的。

在日常生活和工作中，压力的出现会带来心理表现。而压力实际上是无处不在的，如每一个人生的第一次尝试和挑战，都会有兴奋、激动，还有忐忑、焦虑，这都是因为有压力存在。所以人们总认为压力是不好事，不如过着平静的生活，或者只可感受克服困难后的成功、战胜对手后的胜利、创造后的喜悦，而不想承受压力的另一面：焦虑、不安、困惑、急躁、抑郁等。压力处理不好可能导致员工的懒、散、浮、拖现象，严重的还会引发员工极端思维和行为的发生，甚至暴发危机事件。

2. 工作环境

工作环境是指对制造和产品质量有影响的周围条件。这种条件可以是人的因素（如心理的、社会的）、物的因素。物的因素一般包括：现场维护，灯光照明，噪声，取暖、保暖、通风、空调、电气装置的控制，以及与厂房维护有关的安全隐患或者是人与人沟通环境氛围。

工作中的设施条件、野外作业环境、劳动强度、工作时间、交通和通信状况等外部因素会对员工产生一定的心理影响。良好的工作环境对员工的工作情绪和健康心态有着积极的引导作用。

3. 人际关系

人际关系是人们在交往中心理上的直接关系或距离，它反映了个人寻求满足其社会需求的心理状态。社会学将人际关系定义为人们在生产或生活活动过程中所建立的一种社会关系。心理学将人际关系定义为人与人在交往中建立的直接的心理上的联系。人与人交往关系包括亲属关系、朋友关系、学友(同学)关系、师生关系、雇佣关系、战友关系、同事及领导与被领导关系等。人是社会动物,每个个体均有其独特的思想、背景、态度、个性、行为模式及价值观,然而人际关系对每个人的情绪、生活、工作有很大的影响,甚至对组织气氛、组织沟通、组织运作、组织效率及个人与组织的关系均有极大的影响。

4. 职位变迁

职位变迁即职位或岗位的变动。员工职位变动大致可分为三种:纵向晋升、横向轮岗和纵向/横向降职。如果员工已经不适合所在部门的工作,降职可能是跨部门的。

(1)纵向晋升。员工因为绩效表现优秀,或者根据职级评审达到晋升要求而获得职位(岗位)的上升,员工的职业技能需要满足新岗位的任职资格要求,尤其是能力方面。

(2)轮岗,是员工职业发展的有效途径之一。轮岗也分两种,一种是基于员工个人的职业兴趣,例如员工缺乏对现任岗位工作的兴趣,绩效不理想,在企业发展允许的情况下,可以为员工安排轮岗的机会;还有一种轮岗是基于企业的需要。

(3)降职。被降职的员工需要正确面对,而且要加倍努力,适应新的岗位,尽快提升相关技能。

5. 工资福利待遇

传统的工资福利待遇,一般是指劳动法所规定的劳动保障和社会保障。现在的工资福利待遇是指企业为了保留和激励员工,采用的非现金形式和现金形式的报酬。员工工资福利待遇的分配是调动员工工作积极性和影响心理情绪的主要因素之一。

(1)应付员工工资薪酬:企业为获得职工提供的服务而给予的各种形式的报酬以及其他相关支出。具体包括:员工工资、奖金、津贴和补贴。

(2)职工福利:如提供给职工配偶、子女或其他赡养人的福利、困难补助、医药费,子女上托儿所及义务教育阶段的补贴,员工探亲机会。

(3)社会保险:包括医疗保险、养老保险(包括补充养老保险)、失业保险、工伤保险、生育保险以及住房公积金。

(4)其他非货币性福利。

6. 家庭和谐

家庭和谐,又可称为美好家庭,它是家庭四个基本职能的完美结合,即教育、经济、生育和赡养。小家庭组成大家庭,大家庭组成大社会,千千万万个家庭和谐,是社会稳定的基础。

石油企业员工经常外出工作,夫妻长期两地分居,正确处理工作、夫妻和家庭的关系,事关重大,是每个员工要认真思索和考量的现实问题。处理得好,则家庭和谐,反之烦恼重重,甚至家庭破裂。

(二)解决好员工心理健康问题的措施

解决好员工心理健康问题,对促进员工心理健康、降低管理成本、提升组织文化、提高企业绩效具有重要作用。具体措施如下:

1. 加强班组文化建设

班组是企业最基层的行政组织,处在生产经营的最前沿。员工的主人翁地位和作用首先要在班组得到充公体现。加强班组文化建设是增强企业活力、提高企业整体素质的基础,也是减轻员工压力、减少人员流失的保障。

(1)班组要形成一个和谐的工作氛围。不同的人因为同一个工作目的走进了同一个班组。一个班组犹如一个家庭,大家把班组视为自己的小家,把组员视为自己的家人,用爱善待,才会有和谐温暖的工作环境,才会有团结友爱的人际关系。

(2)关注班组成员的思想和情绪,进行有效的心理辅导。班组长可以对成员进行一对一辅导,也可以进行团队辅导,主要是班前会和组织活动等。

(3)加强与班组员工的日常沟通,注意观察他们的情绪变化,关心他们的业余生活,熟悉了解班组成员的家庭情况,帮助其解决实际困难,使员工放下包袱,减轻思想压力。

2. 建立完善的激励机制

建立完善的激励机制,不仅能有效激发员工的积极性与主动性,促使员工不断进行自我完善,努力完成施工任务,提高企业经营效益,也是建立一支健康、稳定和素质良好员工队伍的基础。

(1)薪酬激励:通过奖金考核管理,合理拉开各类人员收入差距,达到调动员工工作积极性的目的。

(2)制度激励:完善班前会、班后会制度,岗位练兵、技术比武制度,现场安全施工、现场文明施工制度。结合工作实际和特点,制定班组建设考核管理规定和考核标准,增强班组考核的针对性和操作性。

（3）感情激励：班组长要随时掌握组员的思想动态，对情绪不佳、疲惫困乏等人员重点监管和合理安排；对生活困难的人员，做好日常帮扶和特殊救助，使员工感受到集体的温暖，增强他们的归属感。

（4）荣誉激励：给予工作积极认真、为人热情主动的员工以荣誉，增强其荣誉感，让他们感到工作有干头、前途有奔头。

（5）文化激励：推行班组文化建设，争创安全型、知识型、创新型、高效型班组；积极组织参与和开展形式多样的职工文体活动；开展安全生产和岗位练兵活动，从岗位演练、实际操作中学习，使员工在潜移默化中受到熏陶和启迪。

3. 缓解员工紧张状态

（1）通过引导，找到控制压力反应的方法。在面临心理压力时，你一定要做到：不要让压力占据你的头脑。保持乐观是控制心理压力的关键，不要形成消极的思考习惯，遇事要多往好处想。

（2）尝试创造一种内心的平衡感。心理学家认为，保持冷静是防止心理失控的最佳方法。而每天早或晚进行 20 分钟的盘腿静坐或自我放松术，则能创造一种内心平衡感。这种屏除杂念的静坐冥想能降低血压，减少焦虑感。

（3）懂得平衡你的生活。在现实工作和生活中，许多员工抱怨说时间总是不够用，工作也始终干不完。这种焦虑和受压感对许多人来说已成为他们生活的一部分。要平衡自己的生活应尝试换个角度想问题，或回味一下那些令自己快乐的事情。一个行之有效的方法是把一切都写下来。每天早起 10 分钟，把自己感受写到纸上，事后不要修改，也无须再重读。过一段时间当你把自己的烦恼都表达出来之后，你会发现自己的头脑清楚了，也能更好地处理这些问题了。

第二节　质量管理

一、集团公司质量管理体系

（一）与质量有关的基本概念

1. 质量的概念

质量反映了事物、产品或工作的优劣程度。国际标准化组织（ISO）对质量的定义是一组固有特性满足要求的程度。要求是指明示的、通常隐含的或必须履行的需求或期望。

班组长需了解质量概念,以便对工程或服务质量有更清晰的认识。

2. 质量管理的概念

质量管理是指为了实现组织的质量目标而进行的计划、组织、领导与控制的活动。

3. 质量管理体系的概念

质量管理体系(Quality Management System, QMS)是指为实现质量管理的方针目标,有效地开展各项质量管理活动,在质量方面指挥和控制组织的管理体系。

(二)集团公司现行质量管理体系标准

集团公司现行质量管理体系:GB/T 19000 族标准。

(1)GB/T 19000—2016《质量管理体系 基础和术语》,表述质量管理体系基础知识并规定质量管理体系术语。

(2)GB/T 19001—2016《质量管理体系 要求》,规定质量管理体系要求,用于证实组织具有提供满足顾客要求和符合法规要求的产品的能力,目的在于增进顾客满意度。

(3)GB/T 19004—2011《追求组织的持续成功 质量管理方法》,提供考虑质量管理体系的有效性和效率两方面的指南。该标准的目的是改进组织业绩并使顾客及其他相关方满意。

(4)GB/T 19011—2013《管理体系审核指南》,提供审核质量和环境管理体系指南。

上述标准共同构成了一组密切相关的质量管理体系标准,在国内和国际贸易中促进相互理解。

(三)集团公司质量方针

质量方针是由组织的最高管理者正式发布的该组织总的质量宗旨和质量方向,是企业管理者对质量的指导思想和承诺,是企业经营总方针的重要组成部分。

集团公司的质量方针是:"诚实守信,精益求精"。

集团公司的质量目标是:"零事故、零缺陷,国内领先、国际一流"。

二、班组质量目标

质量目标是指与质量有关的目标要求,必须与企业的总体经营目标保持一致。质量目标应建立在质量方针的基础上,企业的质量方针为质量目标提供了制定和评审的框架。企业通过对总体目标的分解,可得到各个职能部门和管理层级的目标。同时企业通过质量目标的分解可设计出相应的质量考核指标,从而形成整个企业的质量目标体系。

班组质量目标是企业最基层一级组织的质量目标,由上级质量目标层层分解后得到,并与企业的总体目标协调一致。

班组质量目标一般应包含如下内容:

（1）严格执行工序验收及交接制度,保证施工工程交验一次合格率。

（2）严格执行"三检制"(自检、互检、专检),保证工程施工质量。

（3）班组成员必须取得相应的技能等级资格证,并具有相应的技能水平。

（4）特种设备作业人员必须持有相应的资格证,持证上岗率100%,并只能从事资格证允许的项目施工作业。

（5）班组成员参加技能培训和质量培训,完成培训率和合格率指标。

（6）班组需组织成员积极参加质量活动,并在活动后及时进行总结。

（7）开展 QC 小组活动,以改进质量、提高效率、降低成本为目标。

（8）积极迎接上级单位的质量检查,并对检查出的质量问题进行及时整改。

（9）班组在工程施工活动中必须对与质量有关的资料进行整理、统计,形成质量记录。

三、班组质量职责

（一）班组质量职责的基本内容

质量职责是企业为保证工程质量而进行的全部技术、生产和管理活动的总称,是指对企业各部门和各级各类人员在工程施工质量形成和实现过程及质量管理活动中应发挥的作用或应承担的任务、职责和权限的具体规定。

班组质量职责是班组工作职责的一部分,通过对班组工作职责分析,基本可以确定班组质量职责(表 3-1)。

表 3-1　班组质量职责的基本内容

序号	类别	基本内容
1	质量控制	做好施工过程中各工序的质量控制,对影响施工质量的因素进行检查,消除影响工程质量的因素
2	质量检验	对完成的每道工序进行"三检",确保工序合格以后才能进行下一道工序
3	质量改进	根据质量分析和质量改进活动的方案,进行质量改进和完善
4	质量信息	对每道工序的质量信息进行收集、统计,确保质量信息真实全面

（二）班组岗位质量职责的内容

1. 班组长的质量职责

班组长作为最基层的质量管理负责人和责任人，直接参与质量管理。班组长要明确自己在班组质量管理中的职责，将质量管理作为班组施工的重要内容。班组长在工程施工中的质量管理职责应该包括以下内容：

（1）班组长要了解有关质量工作的方针政策，掌握上级单位有关质量管理的各种规章制度。

（2）班组长要了解班组及班组成员各岗位的质量目标和职责以及班组各岗位的质量要求。

（3）班组长要了解班组各岗位操作规程，督促班组成员严格按岗位操作规程施工。

（4）班组长要执行施工技术措施和施工方案，按照施工工艺对工程施工的各工序进行控制，保证工序合格后才进行下一道工序。

（5）班组长要掌握施工质量标准，在班组内严格实行"三检制"中的自检和互检，及时发现各岗位施工过程中的质量问题并组织整改。

（6）发生质量问题，班组长要组织质量问题分析会议，分析原因，采取补救措施，按 PDCA 循环工作方法，不断改进施工方法，提高施工质量。

（7）对上级部门和质检部门检查出来的问题及时组织整改。

（8）班组长要在班组内组织开展各种形式的质量管理活动，并与班组建设结合起来。

（9）班组长要积极参加上级单位组织的质量培训，并在本班组开展质量培训。

（10）班组长要对质量信息特别是质量问题进行分类记录和统计，以收集资料。

2. 操作人员质量职责

操作人员是班组工程施工的直接参与者，其工作质量直接决定了工程施工质量，操作人员应明确自己的质量职责。操作人员在工程施工中的质量管理职责应该包括如下内容：

（1）操作人员应了解本岗位及相关岗位的有关质量工作的规章制度。

（2）操作人员应了解本班组及本岗位的质量目标和职责，了解本岗位及相关岗位质量要求。

（3）操作人员应掌握本岗位操作规范和规程,严格按岗位操作规范和规程施工。

（4）操作人员应合理安排工程施工的各工序,保证工序检查合格或通过外部检测合格后才进行下一道工序。

（5）操作人员进行施工前,应对领用的工机具进行进行检查,确认工机具符合质量要求。

（6）操作人员进行施工前,应对领用的原材料检查核对,确认原材料合格。

（7）操作人员进行施工时,应读懂图纸,理解图纸要求并按图施工。

（8）操作人员发现有质量隐患或影响质量问题的事件事故应及时上报。

（9）操作人员应积极参加班组组织的各种形式的质量管理活动。

四、班组质量控制

在工程施工企业,质量控制活动主要是对工程施工现场的管理,是指为达到质量目标而采取的技术措施和管理措施。班组作为施工的基础单位,是工程质量保证的基础和源头。班组质量控制主要从人员、设备、物料、方法、环境五个方面开展工作。

（一）控制人的因素

人是工程施工中最主要的,也是最具变化性的因素。因此,应充分调动班组成员的主动性和能动性,敦促他们履行岗位职责,掌握施工工艺方法,遵守工艺纪律,执行施工标准、规范,学习技能和知识,增强质量意识。

1.推行标准化作业、执行岗位操作规程

作业标准化,就是对在作业系统调查分析的基础上,将现行作业方法的每一个操作程序和每一个动作进行分解,以科学技术、规章制度和实践经验为依据,以安全、质量效益为目标,对作业过程进行改善,从而形成一种优化作业程序,逐步达到安全、准确、高效、省力的作业效果。

【案例 3-4】

循规蹈矩的德国人

中国的留德大学生见德国人做事刻板,不知变通,就存心捉弄他们一番。大学生们在相邻的两个电话亭上分别标上了"男""女"的字样,然后躲到暗处,看"死心眼"的德国人到底会怎样做。结果他们发现,所有到电话亭打电话的人,都像是

看到厕所标志那样,毫无怨言地进入自己该进的那个亭子。有一段时间,"女亭"闲置,"男亭"那边的人宁可排队也不进"女亭"。我们的大学生惊讶极了,不晓得德国人为何"呆"到这份上。面对大学生的疑问,德国人平静地耸耸肩说:"规则嘛,不就是让人来遵守的吗?"

评析:要保证质量就必须严格按规则和标准不折不扣执行。在班组推行标准化作业,就是为了减少人为因素的影响,保证施工质量。

班组长及班组各成员应履行各自的岗位职责,按本岗位操作规程作业,班组长在施工过程中进行检查与监督,对不按标准化流程施工和违规操作的行为进行当场纠正。

2. 开展质量意识与专业技能培训

1)质量意识的重要性

质量意识的高低体现在员工的一切生产活动中,会直接影响工程施工的质量。质量意识是员工对质量和质量工作的认识和理解,是人们对显性行为的一种评价方式,是一种内化的心理活动标准,对质量行为起着极其重要的影响和制约作用。

【案例 3-5】

降落伞的故事

二战期间,美国空军降落伞的合格率为99.9%。这就意味着从概率上来说,每一千个跳伞的士兵中会有一个因为降落伞不合格而丧命。军方要求,厂家必须让合格率达到100%才行。厂家负责人说,我们竭尽全力了,99.9%已是极限,除非出现奇迹。于是军方改变了检查制度,每次交货前从降落伞中随机挑出几个,让厂家负责人亲自跳伞检测。从此,奇迹出现了,降落伞的合格率达到了100%。

评析:班组成员只有承担起主人翁职责,增强质量意识,才能提高质量。

2)质量意识教育和培训

质量意识教育和培训的目的是提高班组成员质量意识,树立"质量第一、预控为主"的思想。

质量意识教育和培训的内容主要是对质量的认知、对待质量的态度和质量知识三个方面。对质量的认知是指对事物质量属性的认识和了解,通过教育培训来强化认知工程质量的特性和重要性;提高质量认知水平是形成质量态度的基础,质量态度在工程质量中起着至关重要的作用;质量知识包括工程质量知识、质量管理知识、质量法律知识,质量知识是质量认知的基础,质量知识越丰富,质量认知的程度越高,班组成员的质量意识提高越快。

质量意识教育和培训的方法:班组可以组织关于工程质量的讨论,提高质量认知的水平;也可以通过组织各种形式的质量活动,提高质量方面的技能和质量意识;还可以组织班组成员参加上级部门组织的各种质量培训和专题讲座来提高质量知识水平。

3)操作技能和专业理论知识培训

操作技能和专业理论知识培训的目的是提高班组成员的实际操作技能和专业理论知识,提高班组成员的基础素质,促进班组成员的快速成长,进而提高班组的施工能力。

培训方式:依靠上级组织举办的专业知识培训和实际操作技能培训以及班组在现场进行的岗位培训。

3. 特种设备作业人员管理

班组成员在从事特种设备作业时,必须遵守国家主管部门对于特种设备作业人员管理的有关规定,持《特种设备作业人员证》上岗。

1)特种设备作业人员

《特种设备作业人员监督管理办法》规定:锅炉、压力容器(含气瓶)、压力管道、电梯、起重机械、客运索道、大型游乐设施、场(厂)内专用机动车辆等特种设备的作业人员及其相关管理人员统称为特种设备作业人员。特种设备作业人员作业种类与项目目录由国家市场监督管理总局统一发布。

从事特种设备作业的人员应当按照《特种设备作业人员监督管理办法》的规定,经考核合格取得《特种设备作业人员证》,方可从事相应的作业或者管理工作。

特种设备生产、使用单位(以下统称用人单位)应当聘(雇)用取得《特种设备作业人员证》的人员从事相关管理和作业工作,并对作业人员进行严格管理。

特种设备作业人员应当持证上岗,按章操作,发现隐患及时处置或者报告。

特种设备作业人员考试和审核发证程序包括:考试报名、考试、领证申请、受理、审核、发证。

持有《特种设备作业人员证》的人员,必须经用人单位的法定代表人(负责人)或者其授权人雇(聘)用后,方可在许可的项目范围内作业。

2)用人单位对特种设备作业现场和作业人员的管理要求

用人单位应当加强对特种设备作业现场和作业人员的管理,履行下列义务:

（1）制定特种设备操作规程和有关安全管理制度。

（2）聘用持证作业人员，并建立特种设备作业人员管理档案。

（3）对作业人员进行安全教育和培训。

（4）确保持证上岗和按章操作。

（5）提供必要的安全作业条件。

（6）其他规定的义务。

特种设备作业人员应当遵守以下规定：

（1）作业时随身携带证件，并自觉接受用人单位的安全管理和质量技术监督部门的监督检查。

（2）积极参加特种设备安全教育和安全技术培训。

（3）严格执行特种设备操作规程和有关安全规章制度。

（4）拒绝违章指挥。

（5）发现事故隐患或者不安全因素应当立即向现场管理人员和单位有关负责人报告。

（6）其他有关规定。

特种设备作业人员未取得《特种设备作业人员证》上岗作业，或者用人单位未对特种设备作业人员进行安全教育和培训的，按照《特种设备安全监察条例》第八十六条的规定对用人单位予以处罚。

3）特种设备作业人员作业种类与项目

特种设备作业人员作业种类与项目见表3-2。

表3-2　特种设备作业人员作业种类与项目

序号	种类	作业项目	项目代号
01	特种设备相关管理	特种设备安全管理负责人	A1
		特种设备质量管理负责人	A2
		锅炉、压力容器、压力管道安全管理	A3
		电梯安全管理	A4
		起重机械安全管理	A5
		客运索道安全管理	A6
		大型游乐设施安全管理	A7
		场（厂）内专用机动车辆安全管理	A8

序号	种类	作业项目	项目代号
02	锅炉作业	一级锅炉司炉	G1
		二级锅炉司炉	G2
		三级锅炉司炉	G3
		一级锅炉水质处理	G4
		二级锅炉水质处理	G5
		锅炉能效作业	G6
03	压力容器作业	固定式压力容器操作	R1
		移动式压力容器充装	R2
		氧舱维护保养	R3
04	气瓶作业	永久气体气瓶充装	P1
		液化气体气瓶充装	P2
		溶解乙炔气瓶充装	P3
		液化石油气瓶充装	P4
		车用气瓶充装	P5
05	压力管道作业	压力管道巡检维护	D1
		带压封堵	D2
		带压密封	D3
06	电梯作业	电梯机械安装维修	T1
		电梯电气安装维修	T2
		电梯司机	T3

续表

序号	种类	作业项目	项目代号
07	起重机械作业	起重机械机械安装维修	Q1
		起重机械电气安装维修	Q2
		起重机械指挥	Q3
		桥门式起重机司机	Q4
		塔式起重机司机	Q5
		门座式起重机司机	Q6
		缆索式起重机司机	Q7
		流动式起重机司机	Q8
		升降机司机	Q9
		机械式停车设备司机	Q10
08	客运索道作业	客运索道安装	S1
		客运索道维修	S2
		客运索道司机	S3
		客运索道编索	S4
09	大型游乐设施作业	大型游乐设施安装	Y1
		大型游乐设施维修	Y2
		大型游乐设施操作	Y3
		水上游乐设施操作与维修	Y4
10	场(厂)内专用机动车辆作业	车辆维修	N1
		叉车司机	N2
		搬运车、牵引车、推顶车司机	N3
		内燃观光车司机	N4
		蓄电池观光车司机	N5
11	安全附件维修作业	安全阀校验	F1
		安全阀维修	F2

续表

序号	种类	作业项目	项目代号
12	特种设备焊接作业	金属焊接操作	
		非金属焊接操作	

注:①特种设备焊接作业(金属焊接操作和非金属焊接操作)人员代号按照《特种设备焊接操作人员考核细则》的规定执行。

②表中 A1、A2、A6、A7、G6、D2、D3、S1、S2、S3、S4、Y1、F1、F2 项目和金属焊接操作项目中的长输管道、非金属焊接操作项目的考试机构由总局指定,其他项目的考试机构由省局指定。

4)《中华人民共和国特种设备安全法》对特种设备作业人员的规定

特种设备作业人员不履行岗位职责,违反操作规程和有关安全规章制度,造成事故的,吊销相关人员的资格。特种设备作业人员在作业过程中发现事故隐患或者其他不安全因素,应当立即向特种设备安全管理人员和单位有关负责人报告;特种设备运行不正常时,特种设备作业人员应当按照操作规程采取有效措施保证安全。违反有关规定,构成违反治安管理行为的,依法给予治安管理处罚;构成犯罪的,依法追究刑事责任。

5)《特种设备焊接操作人员考核细则》(TSG Z6002—2010)的有关规定

(1)《特种设备焊接操作人员考核细则》适用于从事《特种设备安全监察条例》中规定的锅炉、压力容器(含气瓶)、压力管道(以下统称为承压类设备)和电梯、起重机械、客运索道、大型游乐设施、场(厂)内专用机动车辆(以下统称为机电类设备)焊接操作人员(以下简称焊工)的考核。

(2)从事下列焊缝焊接工作的焊工,应当按照本细则考核合格,持有《特种设备作业人员证》:①承压类设备的受压元件焊缝、与受压元件相焊的焊缝、受压元件母材表面堆焊;②机电类设备的主要受力结构(部)件焊缝,与主要受力结构(部)件相焊的焊缝;③熔入前两项焊缝内的定位焊缝。

(3)证件复审。《特种设备作业人员证》每四年复审一次。

首次取得证件在第一次复审时,需要重新进行考试;在第二次以后(含第二次)复审时,可以在合格项目范围内抽考。持证焊工应当在期满 3 个月之前,将复审申请资料提交给原考试机构,委托焊工考试机构统一向发证机关提出复审申请;焊工个人也可以将复审申请资料直接提交原发证机关,申请复审。

跨地区作业的焊工,可以向作业所在地的发证机关申请复审。

6）特种设备作业人归口管理

企业质量管理部门监督特种设备作业人员持证上岗；特种设备作业人员的培训、取证考试，由企业员工培训部门组织管理。

4. 其他控制措施

班组为保证施工质量还可采取以下措施：

（1）保持班组人员结构合理，工种配套。

（2）保持班组成员相对稳定。

（3）保持班组内和谐、积极上进的氛围。

（二）控制设备因素

这里所指的设备是指可供人们在施工中能长期和反复使用，并能基本保持原有实物形态和功能的生产资料和物质资料的总称，它是施工的物质基础，是维持施工的基本条件。在班组里一般称为工机具。

班组常用工机具一般包括：

（1）机械：一般指大型的设备，如起重机械、焊接设备、运输设备、钻孔设备等。

（2）计量器具：压力表、测温仪、测距仪、各种尺类量具等。

（3）工具：电钻、扳手、钳子等。

工机具是施工的重要物资基础，对施工质量起着决定性的作用，因此对工机具管理显得尤为重要，是控制施工质量的重要因素。班组工机具管理的主要内容如下：

（1）根据施工需要，申报工机具使用计划，根据计划领用满足需要的工机具并建立台账。

（2）按照工机具操作规程，使用工机具，禁止违规操作，工机具应由专人负责保管，机械类设备应填写运转记录。

（3）特种设备操作人员应有相应的操作资格证，无证不能操作。

（4）计量器具应按期送检、校准，不能超检验周期使用，保证其测量值准确可靠。

（5）做好工机具的日常维护、保养，保证计量器具的使用性能。

（6）工机具故障时，要及时上报维修、退换。

（7）工程结束时或工机具不再使用，应做好清洁养护并及时退库。

（三）控制物料因素

物料管理也是质量管理工作的一大重点，工程施工中会用到多种的原材料，原材料如果使用不当,就会发生质量问题。工程施工上原材料的采购、检验、入库、保存由工程施工的物料管理部门来负责,把质量关。班组物料管理的主要内容是领料、存放、使用、退库。

（1）领料。班组根据工程施工图,确定施工需要的原材料,根据工程施工物料管理部门原材料领用规定的程序,领用材料。对领用的原材料要核对型号、材质、数量、使用区域,避免误领、多领、少领等问题。

（2）存放。对领用的原材料分类分区域存放,并标识,防止混淆误用。对重要的原材料,要重点标识,并单独存放,保护材料不受损失,防止丢失、腐蚀、进水、着火。

（3）使用。班组原材料遵循随领随用、先领先用原则,使用时要核对原材料的型号、材质、数量、使用区域,避免误用。

（4）退库。因设计变更、原计划超出导致的原材料剩余、原材料有损坏等需要退库,按工程施工物料管理部门规定的程序办理退库,退库时要注明原型号、材质、数量、使用区域等。

（四）控制方法因素

影响质量的方法因素,是指施工的技术措施、参数选择、工序安排顺序等影响质量的施工方法因素。

根据施工方法对工序质量的影响,可制定如下措施:

（1）根据施工装置的不同,按照设计的要求,针对性地制定合适的技术措施。

（2）根据技术措施的要求,选择合适的、能满足施工标准要求的工机具。

（3）加强班组成员的技能培训,使班组成员能熟悉并掌握施工工机具的操作方法,并严格按照技术措施施工。

（4）严格按各工种操作规程施工,在班组执行标准化和流程化作业,并不断完善和改进标准化作业的内容和形式。

（5）改进施工方法,推广"五小"发明,学习先进的施工方法,提高施工效率、保障施工质量。

（五）控制环境因素

影响质量的环境因素是指施工现场的气象、通风、温度、湿度、振动、光照和现场污染程度等。

班组现场施工一般在室外,受环境条件影响较大。不同的施工工序和施工内容对施工质量的影响程度也不相同。如雨、雪、风等气象条件直接影响工程质量,现场风力大小对吊装作业的影响较大,温度、湿度直接影响焊接作业的质量,受限空间作业对通风要求较高。

班组应根据施工实际情况,采取措施对影响质量的环境因素进行有针对性的控制。具体如下:

(1)加强5S管理,按要求对现场施工环境进行整顿、整理、清扫、清洁,改善并保持施工环境。

(2)根据施工技术规范要求及施工经验和实际情况,判断施工生产的环境是否达到保证作业质量的要求,采取措施改善和提高施工环境,以满足施工的要求。

(3)拟定季节性保证质量的有效措施,避免因季节和气候变化影响施工生产。

(4)密切关注环境变量的变化,对影响施工质量的环境变量进行准确监测,以作出调整。

五、班组质量检验

(一)班组质量检验概述

1. 质量检验的概念

质量检验就是对工程的一项或多项质量特性进行观察、测量、试验,并将结果与规定的质量要求进行比较,以判断每项质量特性合格与否的一种活动。对工程施工而言,质量检验是指根据企业对工程施工制定的标准和检验规程,对原材料、钢结构和工艺管线预制安装、动静设备安装调试、试运联运等进行观察、检测或试验,并把所得的特性值与规定值作比较,判定是否合格的技术检查活动。

2. 班组质量检验的概念

班组质量检验是指为了规范班组成员在施工过程中的行为规范,保证工程施工各工序合格所做的一系列检验工作。班组质量检验由班组长负责,班组成员参与,通过对各施工工序的检查,以及时发现质量问题,进而采取必要的整改措施。

3. 班组质量检验的目的

(1)判定已安装成品、预制品或半成品是否合格。

(2)对施工质量做出评定。

通过检验,对施工各工序的质量问题进行分类,对施工质量做出初步评定,为质量评定和质量改进提供依据。

(3)考核施工过程质量。

班组长还要重视施工过程中的检验,通过对施工过程中质量的检验,确定施工过程中质量是否处于稳定状态。如果在这一过程里发现质量问题,要立即对施工措施进行调整,以减少损失。

（4）掌握质量信息,了解班组成员执行操作规程的情况。

对质量进行检验,要通过收集大量有关质量的数据,并进行统计分析才能得出准确的质量控制数据。这样既可以提供工程质量统计考核指标完成情况,又可以为质量改进和质量管理活动提供有用的数据。班组长还能通过检验结果进一步了解班组成员在施工过程中是否按施工规程进行操作及其执行情况等,掌握工程的实际质量水平。

（二）班组质量检验的方法

1.“三检制”

1）“三检制”的内容

质量管理的“三检制”是指操作人员自检、员工之间的互检和专职检验人员专检相结合的一种质量检验制度。这种三结合的检验制度体现了员工的主人翁的意识,有利于调动员工的生产积极性,培养员工参与企业质量检验工作的责任感。

（1）自检。自检就是施工人员对自己预制安装的产品根据图纸、工艺和技术标准自行检验,并作出是否合格的判断。自检要求施工人员对自己预制安装的产品具有高度负责的态度,可以充分、及时了解自己制作的产品的状况和质量,及时发现问题,寻找原因,并积极采取改进措施。这是员工参与质量管理的重要形式,它为后面的质量检查打下坚实的基础。

（2）互检。互检就是员工之间对产品进行相互检验,主要包括下一道工序对上一道工序流转过来的在制品进行抽检,同一道工序交接时进行的相互检验,班组兼职质检员或班组长对本班员工制作安装的工序进行抽检。

（3）专检。专检就是由专职质检人员对施工过程进行的巡检及对产品质量进行的检验,是专业、权威的检验,是自检和互检不能替代的。专业职检验人员比一般员工都要熟悉每道工序的技术要求,其专业知识和经验丰富,检验技能熟练,效率较高,检验结果比较正确可靠。同时,专职检验人员有职责约束,并与受检对象的质量无直接利害关系,其检验过程和结果比较客观。因此,“三检制”必须以专职检验为主。

2）“三检制”的实施

（1）合理确定自检、互检、专检的范围与步骤,按规定进行。

（2）在操作人员的岗位职责中对自检做出明确规定。

（3）提供标准的检验规定和检验工具。

（4）对自检、互检结果进行详细记录，要有检验人员的签名。

（5）要有考核方法，进行经济奖惩。

2. 目视化管理

目视化管理作为现场管理的工具之一，其概念和运用方法是基本相同的，在质量管理和 HSE 管理上的具体运用侧重点略有区别。

1）目视化管理的原则

（1）实用性原则。目视化管理首先要结合实际情况，讲究实效，注重效果，切忌照搬照抄，搞形式主义。

（2）标准化原则。在目视化管理中，要采用规范化与标准化的色彩、图像、卡片、标牌、表格等视觉标识，使现场工作人员都能识别，产生统一的理解，不能随意创造。

（3）群众性原则。群众性原则是指目视化管理需要现场的作业人员去认识、去控制、去管理。所以目视化管理的内容必须为广大群众所接受，用到的图像、卡片、标签等必须是广大员工喜闻乐见的。

（4）激励性原则。目视化管理通过视觉感知信息告诉现场所有的作业人员，在施工过程中自己应该干什么、应该达到什么程度、目前干得怎么样，以鼓励先进，鞭策后进。

2）目视化管理的内容

人员、设备、物料、制度、环境贯穿施工的全过程、各个环节，因此，目视化管理要以这些要素为对象，以实用性为前提，对施工现场进行连贯、全面的管理。

（1）对人员的目视化管理。班组长要针对本班组的生产任务，与班成员进行讨论，制定相应的行为规范，将行为规范简化成标语或口号贴在醒目位置。班组长还要监督班组成员是否严格按照这些行为规范进行工作。如有违反，班组长要对其进行处罚。

（2）对设备的目视化管理。为保证现场机具设备的正确高效运转，加强对机具设备的日常保养和管理，防止机具设备老化、损坏影响施工和质量，要对机具设备进行目视化管理。由专人使用的机具设备要设立机长铭牌，标明设备资料和机长姓名；对机具设备上需要定期维护保养的部位用颜色标贴标出；动力设备上使用温度感应标贴或温度感应油漆，以便迅速发现异常发热情况；用颜色标识计量类仪器的正常/异常范围、管理界限等。

（3）对物料的目视化管理。对施工现场物料的目视化管理,主要是对原料、半成品、成品等分区域摆放并标识名称、型号;对重要物料悬挂醒目警告标识或专门存放;对检验过的合格品、不合格品和未检品进行标识区分,并分别存放,以防误用。

（4）对制度的目视化管理。班组长要将颁布的各项规定(如管理规定、操作规程、岗位职责等)尽可能布置在操作者周围,时刻提醒作业人员按照规章制度进行作业。

（5）对环境的目视化管理。班组长可在本班组的作业区域内,采用醒目、标准化的信息符号将各种区域、通道、器具位置标示出来。

3）班组的目视化管理方法

（1）用图片、相片作为操作指导书,直观易懂。

（2）用标语的形式指示重点注意事项,悬挂于显要位置,便于员工作业。

（3）以图表的形式反映某些工作内容或进度状况,便于人员了解整体情况和跟进确认。

（4）以顺序数字表明检查点和步骤。

（5）以标识带圈出作业区域,引起注意。

（6）用彩笔在阀门、法兰、螺钉、螺母等上做标记,确定固定的相对位置。

（7）把小纸条挂在出风口,显示设备是否在工作。

（8）设置"人员去留板",方便核实人员、安排工作等。

（9）可以将一些工具放在有阴影或凹槽的放置盘里,使各类工具、配件的放置一目了然,各就各位。

4）目视化管理的基本要求

在施工现场推行目视化管理的工作中,应从实际出发,有重点、有计划地逐步展开,遵循统一、实用、简约、严格、鲜明的基本要求。

（1）统一:即要实行标准化,清除杂乱现象。

（2）实用:即不摆花架子,少花钱、多办事,讲究实效。

（3）简约:即要使各种视觉显示信号易看、易懂,一目了然。

（4）严格:即要求目视化管理的参与人员,必须严格遵守和执行有关规定,有错必纠,奖罚分明。

（5）鲜明:即要使各种视觉显示信号清晰,位置适宜,使现场施工人员看得见、看得清。

六、班组质量改进

(一)班组质量改进的功能及形式

1.质量改进的功能

质量改进是质量管理的重要内容,主要致力于增强企业满足质量要求的能力,主要有以下几个功能:

(1)可以改进工程的质量特性。

班组进行质量改进的直接目的,就是改进施工的质量特性,提高施工的质量,使施工工程的各项特性更能满足业主的要求。

(2)实现降本增效的目的。

班组进行质量改进,能够提高施工的质量,减少返工,这样能节省施工时间、材料及人工成本,达到降本增效的目的。

(3)充分挖掘班组的施工潜力。

班组在质量改进的过程中,通常对施工的过程和施工工艺进行改进,会更加合理有效地使用资金、设备、人力和技术资源,能充分挖掘班组的施工潜力。

2.质量改进的形式

在班组质量改进中,依据质量改进的主体,可将质量改进的形式分为员工个人改进和团体改进。

1)员工个人改进

员工个人改进,是指员工个人通过自己的观察和施工经验,提出并实施比目前更先进的质量方案。员工个人质量改进强调员工个人的能动性,与企业管理的水平关联较小,比较容易推行。

2)团队改进

团队改进,是指一定范围内的部门和员工组成工作小组,实施质量改进的形式。质量团队不在企业的组织机构编制内,是一个临时性组织。国内典型的质量改进团队的形式就是 QC 小组。

(二)班组质量改进的方法

1. PDCA 循环

PDCA 循环也称戴明循环,它是持续改进与不断学习的四个循环反复的步骤,即计划(Plan)、执行(Do)、检查(Check)、处理(Act)。

1)PDCA 循环改进步骤

PDCA 循环改进是一个持续改进模型，一般有四个阶段、七个步骤，其具体内容如表 3-3 所示。

表 3-3　PDCA 循环改进步骤

阶段	实施步骤	具体措施	注意事项
P	1.确定课题	分析质量现状，找出质量问题	◆根据资源状况和实际情况，选择可行的、重要的和紧急的质量问题为课题。 ◆如果课题过大，可分解成若干小课题逐一改进。 ◆根据经济条件和技术条件设定合理的目标值
P	2.分析原因	分析各种质量影响因素，找出主要影响因素	◆在日常工作中做好数据收集。 ◆从问题发生的时间、类型和特征把握质量问题现状。 ◆从人、机、料、法、环等不同角度进行调查分析
P	3.拟定对策	针对主要因素制订改进计划和措施	◆计划需明确"5W1H"相关的问题。 ◆准备好若干方案，分析利弊，选择有效实施方案
D	4.实施对策	班组在相关部门指导下实施对策	◆采取对策时，班组应与有关部门合作，并密切关注实施情况，彻底解决质量问题。 ◆采取对策时，若产生副作用，应及时消除
C	5.确认效果	检查对策的实施效果	◆采取对策后，从各方面对措施的有效性进行评价。 ◆采取对策后，没有达到预期效果，应确认是否严格按计划实施
A	6.标准化	制定相应标准，修改施工规程	◆宣传有关标准，并进行教育培训。 ◆建立保证严格遵守标准的质量责任制
A	7.总结	总结成功经验，在下一个 PDCA 循环中解决遗留问题或新问题	◆总结问题解决情况，找出遗留问题。 ◆考虑解决问题后下一步做法，将质量改进活动长期开展下去

2）PDCA 循环的特点

PDCA 循环是一个不断改进的过程，具有大环套小环、环环相扣等特点，如图 3-2 所示。

（1）四个阶段紧密联系。PDCA 四个阶段紧密衔接，连为一体，环环相扣。

（2）大环套小环，环环相扣。质量持续改进过程从企业整体质量控制到班组操作人员的质量控制，可以理解为是质量持续改进模型在不同层面上的使用。

（3）阶梯式上升。PDCA 循环不是在同一水平上循环，而且是呈阶梯式上升，每循环一次就解决一部分问题，从而使质量得以改进和提升。

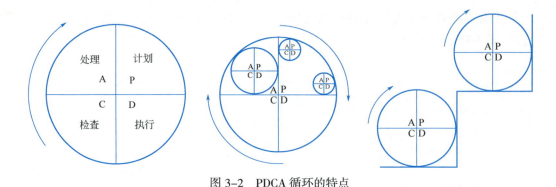

图 3-2　PDCA 循环的特点

【案例 3-6】

大型机组垫铁安装质量控制

一、工程概况

中国石油天然气集团呼和浩特石化公司 500 万吨/年炼油扩能改造工程 280 万吨/年催化裂化装置配套的动力—能量回收机组由烟气轮机、轴流压缩机、齿轮箱和电动/发电机等组成。轴流压缩机由陕西鼓风机(集团)有限公司引进瑞士苏尔寿集团的技术,具有流量调节范围宽和效率高等特点。

主风机组由烟气轮机、轴流压缩机、齿轮增速箱、电动机组成,主风机的布置如图 3-3 所示。烟气轮机由兰州长城透平机械技术开发成套有限公司生产,型号为 YL19000A 型,单级烟机;轴流压缩机由陕鼓动力股份有限公司生产,型号为 AV90-12;齿轮增速箱由瑞士 MAAG 公司生产,型号为 G-56;电动机由佳木斯电机厂生产,型号为 YFKD1120-4W。整套机组由陕鼓动力股份有限公司成套设计。

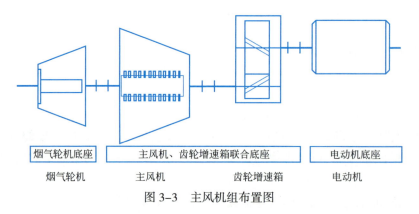

烟气轮机底座	主风机、齿轮增速箱联合底座	电动机底座
烟气轮机	主风机　　齿轮增速箱	电动机

图 3-3　主风机组布置图

二、小组概况

小组于 2012 年 1 月 20 日成立,成立后小组成员共计接受 QC 教育 16 小时,整个活动共进行两次 PDCA 循环,小组集中活动 8 次。

小组名称:大型机组垫铁安装 QC 小组。

活动日期:2012 年 01 月 20 日—2012 年 09 月 30 日。

QC 小组成员见表 3-4。

表 3-4 大型机组垫铁安装 QC 小组成员

序号	小组成员	性别	年龄	学历	岗位	小组职务	备注
1	杨××	男	40	大专	队长	组长	
2	孟×	男	37	大专	书记	组员	
3	兰××	男	33	大专	副队长	组员	
4	李××	男	35	技校	班长	组员	
5	范××	男	31	大专	班长	组员	
6	代××	男	29	本科	技术员	组员	
7	邓××	女	22	大专	资料员	组员	
8	王×	男	31	大专	伙长	组员	
9	姚××	男	24	技校	伙长	组员	
10	王××	男	23	技校	伙长	组员	

三、选题理由

(1)主风机组是催化装置的核心设备之一,机组垫铁安装质量至关重要。

(2)主风机—烟机能量回收机组具有轴系长、结构复杂、技术难度大、安装精度要求高等特点,其安装质量的好坏,关乎装置是否顺利投产及安全生产。

四、QC 小组工作目标

主风机组安装质量达到优良,机组试车一次成功。

五、目标可行性分析

(1)在机组施工过程中,抽调有较丰富专业知识和大机组操作经验的技术骨干参与工程建设,严格按照规程进行,关键指标控制严格,以确保机组装配质量。

(2)机组安装过程中,对机组底座底面及配对斜垫铁组进行认真清理,并对配对斜垫铁组进行认真研磨。通过这些措施,保证机组垫铁安装质量,缩短机组安装周期。

（3）机组安装过程中对小组成员进行全员培训，小组预定目标完全能够实现。

六、QC 小组活动

（一）第一次 PDCA 循环

1. 现状调查

QC 小组选定主风机组中电动机底座垫铁组 26 组，使用 0.05 毫米塞尺进行接触面检查，该主风机组中电动机共有 14 组垫铁组合格，合格率为 53.8%。在大型机组垫铁安装过程中出现如表 3-5 所示的问题。

表 3-5   大型机组垫铁安装过程中的问题汇总

原因类型	频数	累计频数	频率（%）	累计频率（%）
坐浆不达标	5	5	27.8	27.8
斜垫铁点、线接触	3	8	16.7	44.4
底座底面与垫铁接触长度不够	3	11	16.6	61.1
配对斜垫铁搭接长度不够	5	16	27.8	88.9
基础处理不当	2	18	11.1	100

2. 原因分析

根据表 3-5，做出排列图（注意图形类型、分布、顺序），如图 3-4 所示。

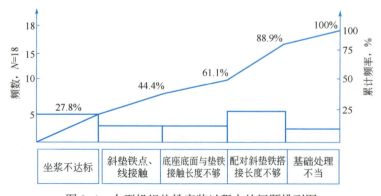

图 3-4   大型机组垫铁安装过程中的问题排列图

QC 小组对这些问题进行了分析,结果如图 3-5 所示。

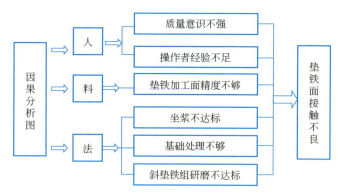

图 3-5　大型机组垫铁安装过程中的问题因果分析图

3. 要因确认

要因确认见表 3-6。

表 3-6　大型机组垫铁安装过程中的问题要因确认表

序号	末端原因	确认方法	确认结果	确认人	完成时间	要因判断
1	质量意识不强	现场检查	合格	代 ×× 范 ××	2012-3-20	非
2	操作者经验不足	现场检查	合格	范 ×× 李 ××	2012-3-20	是
3	垫铁加工面精度不够	现场检查	合格	范 ×× 邓 ××	2012-3-20	是
4	坐浆不达标	现场检查	合格	王 ×	2012-3-20	非
5	基础面处理不够	现场检查	合格	姚 ××	2012-3-20	非

由表 3-6 可以看出,影响垫铁安装质量的主要因素是垫铁加工面精度不够和操作者经验不足。

4. 对策及实施情况

针对上述原因,制定了对策如表 3-7 所示。

表 3-7 大型机组垫铁安装过程中的问题解决对策表

序号	要因	对策	目标	措施	负责人	完成日期
1	斜垫铁加工面精度不够	控制垫铁加工质量	垫铁之间面接触	进行配对研磨	范×× 邓××	2012-3-20
2	操作者经验不足	进行培训和教育	保证操作人员人人掌握	严格按操作规程进行	李×× 代××	2012-3-20

（1）为控制垫铁加工面精度不够现象,采取了如下措施:

① 严格按照设计文件和施工规范进行,控制斜垫铁加工面表面粗糙度,斜垫铁精度控制在△2.5以下。

② 现场对斜垫铁进行配对研磨,使得配对斜垫铁之间由点接触或者线接触变成面接触。

（2）为控制操作者经验不足现象,采取了如下措施:

① 选择技能娴熟的技师进行现场培训,进行手把手式教学演练。

② 做好施工人员的思想工作,加强质量意识,加强施工现场的管理。

5. 实施效果

QC 小组再选定主风机组中电动机底座垫铁组,在采取相应对策以后,继续使用 0.05 毫米塞尺进行接触面检查,合格率为 89.3%,效果不理想,没有达到活动目标,经小组讨论进行下一轮 PDCA 循环。

（二）第二次 PDCA 循环

1. 第二次现状调查

具体检查结果如表 3-8 所示。

表 3-8 主风机组中电动机底座垫铁组检查结果

原因类型	频数	累计频数	频率（%）	累计频率（%）
配对斜垫铁研磨不够	4	4	40	44.4
垫铁接触面未清理干净	3	7	30	77.8
底座底面与垫铁接触宽度不够	1	8	10	88.9
配对斜垫铁的搭接长度不够	1	9	10	100

2. 第二次原因分析

根据表 3-8,做出排列图,如图 3-6 所示。

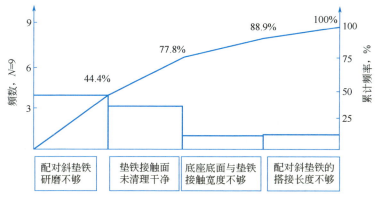

图 3-6　主风机组中电动机底座垫铁组检查结果排列图

QC 小组对这 4 处问题再次进行分析,结果如图 3-7 所示。

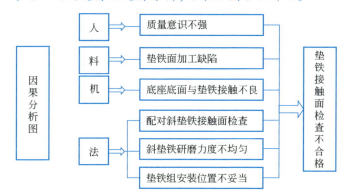

图 3-7　大型机组垫铁安装过程中的问题第二次因果分析图

3.要因确认

第二次要因确认见表 3-9。

表 3-9　大型机组垫铁安装过程中的问题第二次要因确认表

序号	末端原因	确认方法	确认结果	确认人	完成时间	要因判断
1	配对斜垫铁研磨不够	现场检查	已作配对研磨检查	邓 ××	2012-4-15	是
2	接触面未清理干净	现场检查	经过现场检查,已清理干净	王 ×	2012-4-15	非
3	底座底面与垫铁接触宽度不够	现场检查	更改垫铁摆放位置	范 ××	2012-4-15	是
4	配对斜垫铁的搭接长度不够	现场检查	整改完毕	姚 ××	2012-4-15	非

从表 3-9 中可以看出,此次影响垫铁安装质量的主要因素是配对斜垫铁研磨不够和底座底面与垫铁接触宽度不够。

4. 第二次对策及实施情况

针对以上原因,QC 小组再次制定对策,详情如表 3-10 所示。

表 3-10　大型机组垫铁安装过程中的问题第二次解决对策表

序号	要因	对策	目标	措施	负责人	完成日期
1	配对斜垫铁研磨不够	接触面检查	避免点及线接触的情况	派技师进行指导	李×× 代××	2012-4-15
2	底座底面与垫铁接触宽度不够	更改垫铁摆放位置	保证底座底面与垫铁接触良好	专人监督检查	范×× 邓×× 王×	2012-4-15

（1）为控制配对斜垫铁研磨不够现象,采取了如下措施:

① 用研磨膏进行配对研磨。

② 研磨合格后,合理处置。

③ 缺陷较大的更换垫铁。

（2）为保证设备底座底面与垫铁面接触宽度足够,采取了如下措施:

① 每个班组指定 1 名质量检查员,负责检查垫铁组接触情况及基础底面、垫铁面清理情况。

② 设立一个 3 人监督小组,现场巡检,负责监督整改措施落实到位。

③ 合理放置垫铁组,使得垫铁均匀分摊重力。

七、实施总效果

通过以上两次 PDCA 循环,着重解决了垫铁组接触不良的问题并制定了具有针对性的预防措施,从而提高了安装质量。认真执行对策表中的各项措施,严格把好每一道工序,最后使用 0.05 毫米厚塞尺检查接触面共计 136 组,合格 134 组,一次合格率 98.5%,达到了预期目标,提高了工作效率,节约了劳动时间,提前完成进度计划,保证了主风机组安装质量,满足了质量要求。

八、经济效益及社会效益

（一）经济效益

（1）垫铁组接触面检查一次合格率达到了 98% 以上,节约了大量人力、物力和财力。

（2）具体经济效益如下:

节约人工费、材料费共计 67890 元。

（二）社会效益

通过此次 QC 小组活动,凝聚了职工的战斗力,在催化裂化装置中主风机组安装质量优良,多次受到呼和浩特石化公司领导的表扬和开厂专家组的肯定,展示了公司的"炼建铁军"的光辉形象。

九、巩固措施及标准化

（1）编制完善了《主风机组安装质量控制措施》,施工过程中严格按照施工工艺要求进行施工,加强"三检制",严格执行工序交接检查制度,使主风机组安装过程完全处于受控状态。在以后的施工过程中,应从施工人员的思想意识抓起,由质量监督变为自我控制,从根本上保证施工质量,杜绝质量事故发生。

（2）在施工过程中,坚持全过程、全员监督,对施工人员进行全员培训,灌输质量意识,高标准、严要求,使施工过程质量得到了有效保证。

十、体会及今后打算

通过本次 QC 小组活动,使操作人员对垫铁组接触不良问题有了高度的认识,加之行之有效的应对措施,从而避免了失误的发生,提高了主风机组安装质量;小组成员的团队精神、QC 知识、解决问题的信心等方面都获得了较大提升,小组成员工作更加默契,学习钻研业务的风气更浓,班组凝聚力大大增强,个人综合能力得到提高。将本次 QC 小组活动成果在整个催化裂化装置动、静设备施工中进行推广应用,取得了良好的效果。

评析:本案例通过一个 QC 小组活动,展示了 PDCA 完整详细的循环过程。

2. QC 小组活动

QC 小组是指在生产或工作岗位上从事各种劳动的员工,围绕企业的经营战略、方针目标和现场存在的问题,以改进质量、降低消耗,提高人的素质和经济效益为目的而组织起来,运用质量管理的理论和方法开展活动的小组。

1）QC 小组的主要特点

（1）明显的自主性。QC 小组以员工自愿参加为基础,实行自主管理,自我教育,互相启发,共同提高,充分发挥小组成员的聪明才智和积极性、创造性。

（2）广泛的群众性。QC 小组是吸引广大职工群众积极参与质量管理的有效形式,不但包括领导人员、技术人员、管理人员,而且更注重吸引在生产、服务工作第一线的操作人员参加。广大职工群众在 QC 小组活动中学技术、学管理,群策群力分析问题、解决问题。

（3）高度的民主性。QC 小组的组长可以民主推选,QC 小组成员可以轮流担任课题小组长,人人都有发挥才智和锻炼成长的机会;内部讨论问题、解决问题时,小组成员不分职位与技术水平高低,各抒己见,互相启发,集思广益,高度发扬民主,以保证既定目标的实现。

（4）严密的科学性。QC 小组在活动中遵循科学的工作程序,步步深入地分析问题、解决问题;在活动中坚持用数据说明事实,用科学的方法来分析与解决问题,而不是凭"想当然"或个人经验。

2）QC 小组的活动程序

QC 小组组建以后,从选择课题开始,开展活动。活动的具体程序如下:

（1）选题。QC 小组应根据质量目标和班组存在的质量问题选择活动课题,课题应尽量能解决具体质量问题。

（2）调查现状。为了解课题的状况,必须认真做好现状调查。在进行现状调查时,应根据实际情况,进行数据的搜集整理。

（3）确定目标值。课题选定以后,应确定合理的目标值。目标值的确定要注重目标值的定量化,注重实现目标值的先进性及实现可能。

（4）分析原因。对调查后的现状,依靠掌握的数据,通过统计方法进行分析,找出问题的原因。

（5）确定主要原因。经过原因分析以后,从中找出影响质量问题的主要原因。

（6）制定措施。主要原因确定后,制定相应的措施和计划,明确解决各项问题的具体措施。

（7）实施措施。按措施和计划分工实施。小组长要组织成员相互合作,研究实施情况,随时了解课题进展,发现新问题要及时研究、调整措施和计划,以达到活动目标。

（8）检查效果。把措施实施前后的情况进行对比,检查质量问题是否解决;应与设定的目标进行比较,确认是否达到了预定的目标。

（9）制定巩固措施。小组必须对活动的成果和有效的措施采取巩固措施,纳入今后的工作中。

（10）分析遗留问题。小组通过活动取得了一定的成果,这时候,应对遗留问题进行分析,并将其作为下一次活动的课题。

（11）总结成果资料。小组将活动的成果进行总结,是自我提高的重要环节,也是成果发表的必要准备,还是总结经验、找出问题,进行下一个循环的开始。

以上步骤是 QC 小组活动的全过程,体现了一个完整的 PDCA 循环。由于 QC 小组每次取得成果后,能够将遗留问题作为小组下个 PDCA 循环的课题（如没有遗留问题,则提出新的打算）,因此就使 QC 小组活动能够持久,深入地开展,推动 PDCA 循环不断前进。

【案例 3-7 】

QC 成果——确保减压框架吊装一次成功

一、工程概况

锦州石化公司二套常减压装置位于厂区主干道——炼油路西侧,南侧为一套常减压装置,北侧为二套催化裂化装置,待改造的减压框架位于二套常减压装置中部。减压框架的改造为本次检修的主要工程。

二、小组概况

常减压框架吊装 QC 小组情况见表 3-11、表 3-12。

表 3-11　常减压框架吊装 QC 小组情况

小组名称	341 队锦州石化二套常减压框架吊装 QC 小组		注册编号	
课题名称	确保减压框架吊装一次成功		成立时间	2012 年 3 月 20 日
活动时间	2012 年 3 月 20 日—2012 年 5 月 10 日		课题类型	现场型
QC 培训			小组人数	10 人

表 3-12　常减压框架吊装 QC 小组成员情况

姓名	性别	年龄	文化程度	专业或工种	组内职务 / 职称	备注
马××	男	47	高中	起重	组长	技师
沙××	男	55	高中		安全控制	
那××	男	28	大专	机械制造	技术负责	技术员
郭×	女	23	大专	国贸	组员	技术员
陈××	男	47	高中	起重	组员	安全员
郝××	男	37	技校	起重	组员	起重班长
苏×	男	24	技校	起重	组员	起重伙长
李××	男	22	技校	起重	组员	起重伙长
贾××	男	25	技校	起重	组员	起重伙长
李××	男	32	技校	起重	组员	起重伙长

三、课题选择

选题理由:减压框架位于整套装置的中间位置,吊装时吊车站位受场地限制较大,要求框架就位半径较大,对吊车的性能要求较高;减压框架成框后跨度比较大,而现场场地有限,严重影响现场的整体布局。要求合理安排现场预制场地,方可满足吊装要求;减压框架成框后的重量较大,对整体的强度要求较高,吊装过程中应防止发生刚性变形,影响安装;整个检修工程任务重,工期短,施工难度很大。

课题确定:为了加快施工进度,保证施工任务安全、高效完成,经 QC 小组讨论决定进行框架模块式整体吊装,并确定本次活动的课题为"确保减压框架吊装一次成功"。

四、课题目标

QC 小组课题目标如图 3-8 所示。

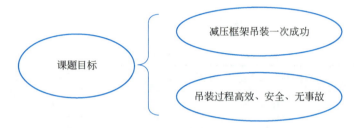

图 3-8 常减压框架吊装 QC 小组课题目标

第一种方案:分片吊装法。将减压框架预制成 3 片,分片进行吊装。

第二种方案:整体吊装法。将减压框架预制成整体进行吊装。

第三种方案:模块式吊装。将 1 轴、2 轴预制成框架进行吊装,将 3 轴预制成片进行吊装。

对以上三种方案的可行性、经济性、安全性、工期进行了综合评估:采用分片吊装法吊装时,需要风绳固定,各片间的连接梁较多,高空作业较多,劳动量较大,工期时间较长;采用整体吊装法吊装时,吊装前减压框架已预制完成,减少了高空作业及劳动量,节省了大量时间,但是由于吊装作业半径较大,且吊装场地狭小,大型吊车无法站位;模块式吊装相对减少了高空作业及劳动量,且能保证工期。

经过对方案的讨论评估,将第三种吊装方案确定为最佳方案。

五、活动目标

(1)提高作业人员的质量意识、安全意识和团队协作精神。

(2)优化吊装方案,确保减压框架吊装施工安全。

(3)实现吊装一次成功、人员零伤亡和设备零事故的总体目标。

六、原因分析

针对减压框架吊装作业存在的安全风险,结合本工程的实际情况,QC 小组召开专题会议对影响减压框架吊装施工的安全因素进行了因果分析,并找出了相关因素,如图 3-9、表 3-13 所示。

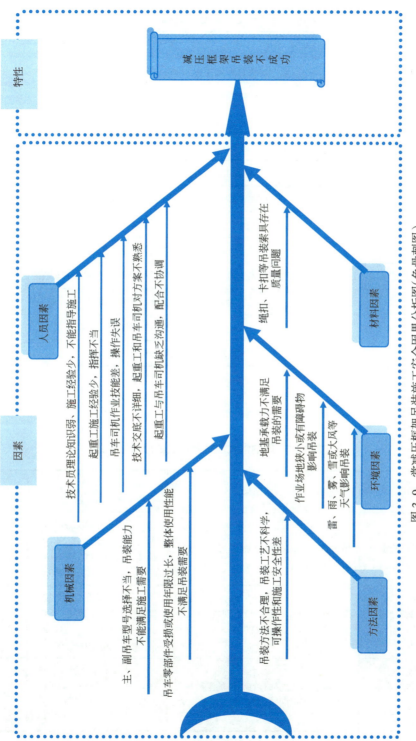

减压框架吊装不成功

特性

因素

人员因素

技术员理论知识弱、施工经验少，不能指导施工

起重工施工经验少，指挥不当

吊车司机作业技能差，操作失误

技术交底不详细，起重工和吊车司机对方案不熟悉

起重工与吊车司机缺乏沟通，配合不协调

机械因素

主、副吊车型号选择不当，吊装能力不能满足施工需要

吊车零部件受损或使用年限过长，整体使用性能不满足吊装需要

方法因素

吊装方法不合理，吊装工艺不科学，可操作性和施工安全性差

环境因素

地基承载力不满足吊装的需要

作业场地狭小或有障碍物影响吊装

雷、雨、雾、雪或大风等天气影响吊装

材料因素

绳扣、卡扣等吊装索具存在质量问题

图 3-9 常减压框架吊装施工安全因果分析图（鱼骨刺图）

117

表 3-13　影响常减压框架吊装施工安全的因素

原因分类	因　素
人员因素	技术员理论知识弱、施工经验少,不能指导施工
	起重工施工经验少,指挥不当
	吊车司机作业技能差,操作失误
	技术交底不详细,起重工和吊车司机对方案不熟悉
	起重工与吊车司机缺乏沟通,配合不协调
机械因素	主、副吊车型号选择不当,吊装能力不能满足施工需要
	吊车零部件受损或使用年限过长,整体使用性能不能满足吊装需要
材料因素	绳扣、卡扣等吊装索具存在质量问题
方法因素	吊装方法不合理,吊装工艺不科学,可操作性和施工安全性差
环境因素	地基承载力不能满足吊装的需要
	作业场地狭小或有障碍物影响吊装
	雷、雨、雾、雪或大风等天气影响吊装

七、原因确定

影响常减压框架吊装的原因确定见表 3-14。

表 3-14　影响常减压框架吊装的原因确定表

因素	确认结果	确认方法	确认标准	确认人
技术员理论知识弱、施工经验少,不能指导施工	起重技术员由那 ××、郭 ×× 担任,吊装技术、理论知识和施工经验能够指导现场施工	现场验证	《大型设备吊装管理标准》(Q/CNPC–YGS G 326.12—2009)	马 ×× 沙 ××
起重工施工经验少,指挥不当	吊装时,队长马 ×× 负责现场指挥,信号指挥由经验丰富的郝 ×× 负责	现场验证	《起重工安全技术操作规程》(Q/CNPC — YGS Z 365.10—2005)	沙 ××
吊车司机作业技能差,操作失误	400 吨吊车司机都有着较长的工龄且经验丰富,司机操作技能满足吊装需要	现场验证	《吊车司机安全技术操作规程》(Q/CNPC — YGS Z 365.5—2005)	马 ××

续表

因素	确认结果	确认方法	确认标准	确认人
技术交底不详细，起重工和吊车司机对方案不熟悉	严格按照公司相关管理标准和规章制度，及时对起重工和吊车司机进行技术交底，吊车司机和起重工可以做到人人熟悉方案	现场确认	《大型设备吊装管理标准》（Q/CNPC-YGS G 326.12—2009）	沙××
起重工与吊车司机缺乏沟通，配合不协调	经过起重工与吊车司机的沟通，起重工的指挥信号鲜明、准确，吊车司机熟悉信号，并按指挥人员的各种信号进行操作，可以实现信号统一、配合默契	现场确认	《吊装作业安全管理规定》（Q/CNPC-YGS G 334.47—2006）	马×× 沙××
主、副吊车型号选择不当，吊装能力不能满足施工需要	主吊车最大受力 59 吨、作业半径 46 米、负载率 88%，副吊车最大受力 33 吨、作业半径 9 米、负载率 86.8%，主、副吊车均满足施工需要	理论计算	相关标准规范和吊车性能参数表	马×× 陈××
吊车零部件受损或使用年限过长，整体使用性能不能满足吊装需要	主吊车为中油一建 400 吨德马格履带吊车，副吊车为场内 120 吨汽车吊，两台吊车均保养良好，没有损伤和大修经历，吊装能力满足使用要求	现场验证	吊车性能表，吊车大修（运转）记录	沙×× 郝××
绳扣、卡扣等吊装索具存在质量问题	吊装绳扣在使用中会出现磨损、折曲、扭结、断丝或被电击等现象，造成使用性能下降；吊装卡扣在使用中，会出现永久变形和裂纹等缺陷，影响吊装安全	调查分析	现场确认	陈×× 郝××
吊装方法不合理，吊装工艺不科学，可操作性差和施工安全性差	现场场地狭小且障碍物较多，如果吊装方法不合理、吊装工艺不科学或安全防护措施不到位，吊装时将存在非常大的安全风险	调查分析		沙×× 陈××
地基承载力不能满足吊装的需要	经现场勘察，吊装地面为道路地面，地面下土质不明，地基承载力不确定能否满足吊装需要	现场确认	地基取样，做地基承载力实验	马×× 那××
作业场地狭小或有障碍物影响吊装	对框架预制位置和吊车站位进行合理规划，及时清理障碍物，可以满足吊装需要	现场确认		马×× 那××
雷、雨、雾、雪或大风等天气影响吊装	吊装作业在 4 月中旬进行，此时锦州雷、雾和雪等天气较少，吊装及时收集天气信息，选择无风、无雨的天气进行吊装，可以避免天气的影响	调查分析	锦州市气象局	沙×× 马××

八、制定对策

影响常减压框架吊装的原因及对策见表 3-15。

表 3-15　影响常减压框架吊装的原因及对策

原因	对策	目标	措施	责任人	完成时间
地基承载力不能满足吊装的需要	进行地基加固处理	吊装地基承载力满足吊装需要	（1）勘察施工现场。 （2）做地基承载力实验。 （3）制定地基加固方案并实施	马××	吊装前
吊装方法不合理,吊装工艺不科学,可操作性和施工安全性差	选择合理的吊装方法,采取科学的吊装工艺,进行有效的防护	吊装方法合理、吊装工艺科学、防护有效、操作性强、施工安全性高	（1）小组讨论确定合理的吊装方法和科学的吊装工艺。 （2）编制详细的吊装方案,按照公司审批制度进行审批。 （3）按照吊装方案采取有效的防护措施	那××	吊装前
绳扣、卡扣等吊装索具存在质量问题	吊装前对吊装索具进行检查	吊装索具质量合格,满足使用要求	（1）检查钢丝绳扣有无断丝、磨损、折曲、扭结或被电击等现象。 （2）检查卡扣标记是否清晰并易于辨识,表面是否有毛刺、裂纹和永久性变形等缺陷	郝×× 陈××	吊装前
吊装作业人员安全意识淡薄,不遵守操作规程	吊装前进行现场安全技术交底和安全经验分享	提高安全意识、遵守操作规程	（1）吊装前由起重技术员对起重工和吊车司机等参加吊装作业的人员进行安全技术交底。 （2）由陈××现场讲解安全注意事项,就吊装安全事例进行安全经验分享	陈××	2012年4月10日

九、对策实施

QC 小组根据施工顺序的先后,分别实施针对 4 个要因的对策。

（1）对吊装地基进行加固处理。

经做地基承载力实验,地面满足吊装需求,由于吊装区域有 400 毫米高的围墙,需要进行处理:首先将吊车站位区域的井坑用旱砂进行回填,对原有地面进行平整,地面上铺设 500 毫米厚的旱砂,洒水后进行压实并用水准仪找平,任意两处高差不得超过 20 毫米,然后在表面覆盖 40 毫米厚的钢板。施工过程由

QC 小组成员郝 × × 进行现场指导，并监督施工质量。吊装地基加固处理施工见图 3-10。

图 3-10　吊装地基加固处理施工图

活动效果：经过地基加固处理，吊装作业场地坚实、平整，地基承载力满足吊装需要。

（2）选择合理的吊装方案、制定科学的吊装工艺和采取有效的防护措施。

经过 QC 小组的讨论，最终确定本次吊装方案采用 400 吨履带吊车为主吊车，由 120 吨汽车吊车进行配合，主吊车设置 4 个板式吊耳，溜尾设置 2 个板式吊耳，主吊采用 4 根 ϕ52 毫米的钢丝绳扣，溜尾采用 2 根 ϕ40 毫米的钢丝绳扣。按照吊装方案，对吊车的旋转、就位状态进行放样，确保吊装过程安全、顺利（图 3-11）。

图 3-11

图 3-11　常减压框架吊装图

活动效果：实践证明吊装方法合理、吊装工艺科学、防护措施有效。

（3）对吊装索具进行检查。

QC 小组成员陈 ×× 对 4 根 φ 52 毫米主吊车绳扣和 2 根 φ40 毫米副吊车绳扣进行检查，QC 小组成员郝 ×× 对 4 个 35 吨、2 个 25 吨的卡扣进行检查。

检查结果：吊装绳扣没有断丝、磨损、折曲、扭结或被电击等现象，质量合格；吊装卡扣标记清晰且易于辨识，表面没有毛刺、裂纹和永久性变形等缺陷，质量合格。

活动效果：经检查确认，吊装绳扣和卡扣质量合格，满足使用要求。

（4）吊装前进行安全教育和安全经验分享。

为了解决吊装人员安全意识淡薄的问题，吊装前由陈 ×× 现场讲解安全注意事项，就吊装安全事例进行安全经验分享。

活动效果：通过 QC 小组成员的活动，有效地增强了吊装人员的安全意识，确保吊装人员严格执行操作规范。

十、效果检查

目标实现：通过本次 QC 活动，优化了吊装方案，完成了减压框架安全吊装的施工任务，实现了吊装一次成功，无安全事故，增强了 QC 小组成员的质量意识、安全意识、改进意识、参与意识和团队合作的精神，提高了 QC 小组成员发现问题、分析问题和应用 QC 方法解决实际问题的能力和信心，达到预期目的。

技术效益：此次 QC 小组活动，有效地增强了吊装人员的安全意识、技术水平。

经济效益：经过 QC 小组的合理化建议和努力，高质量地完成了减压框架的吊装,缩短了工期,减少了高空作业。

社会效益:通过本次 QC 小组活动,减压框架实现了安全顺利吊装,按时完成了工期计划,受到了业主好评,维护了公司良好的社会形象。

本次吊装施工使用的工艺比较成功,采用了经济可行的吊装方法,在可行性、经济性、安全性之间取得了最佳结合。

评析:本案例通过一个 QC 小组活动,展示了 QC 方法解决问题的详细过程。通过本次 QC 小组活动,增强了 QC 小组成员的质量意识、安全意识、改进意识、参与意识和团队合作的精神,提高了 QC 小组成员发现问题、分析问题和应用 QC 方法解决实际问题的能力和信心。

3. 合理化建议法

合理化建议法又称奖励建议法,是一种规范化的企业内部沟通方法,用于质量管理,旨在鼓励班组人员能够直接参与质量管理,对质量改进提出有效的意见和方法,从而使施工过程质量达到更高的水平。班组长必须掌握合理化建议的内容和实施方法,把好第一道关,以向上级提出合理化建议,达到提高质量的目的。

1)合理化建议实施流程

合理化建议实施流程包括发出通知、提交建议、审查处理、实施、验证反馈、实施奖励六个步骤,具体说明如下:

(1)发出通知。质量管理部门发出实施质量管理合理化建议的通知,并对实施流程、合理化建议内容和奖励办法作出规定和说明,其基本要求如表 3-16 所示。

表 3-16　合理化建议基本要求

序号	主要项目	基本要求
1	建议范围	员工的建议能够明确提升质量水平
2	问题描述	问题描述要具体、准确,尽量用事实和数据描述问题
3	解决方案	解决方案要具体、合理、可实施,避免笼统的方案和单纯的希望和要求
4	效果评估	建议人采用相关工具对方案的实施效果进行合理评估

(2)提交建议。员工根据自身的观察和工作经历,对工作中发现的质量问题或改进质量的想法进行描述,填写并上交合理化建议表。

(3)审查处理。对员工提出的合理化建议进行审查,如不属于合理化建议或是以前提出过的,应立即反馈建议者;如确属于合理化建议,则应向上级提出此项合理化建议。

（4）实施。对采纳的建议，质量管理部门拟定实施计划，报质量主管领导审批后责成相关部门付诸实施。对因各种原因不能实施的建议，相关部门需予以说明。

（5）验证反馈。质量管理部门对实施结果进行验证，并将实施结果反馈给建议人，双方共同评估是否达到预期的效果。

（6）实施奖励。人力资源部门根据质量管理合理化建议的实施效果和相关规定，对建议人给予一定的奖励，以激励员工进行合理化建议的热情。

2）5W2H 法

合理化建议方法的实施，需要企业和员工两方面的努力。员工需要采用一定方法提出好的质量建议，而企业也需要遵循一定方法去寻找好的质量建议。

一般来讲，提出和审查合理化建议，可采用 5W2H 法。5W2H 法是从对象、目的、场所、时间等角度考虑合理化建议的方法，具体内容见表 3-17。

表 3-17　合理化建议方法（5W2H 法）

角度（5W2H）	内容	对策
对象 （What）	目前的质量水平是什么？ 质量问题是什么？	认清质量问题，排除不必要的质量管理办法
目的 （Why）	为什么会出现这样的问题？ 为什么目前的质量管理工具或办法不适应？	
场所 （Where）	质量问题在哪里发生的？ 别处会不会发生这样的质量问题？	改变场所能否解决 质量问题
时间 （When）	质量问题是什么时间发生的？ 其他时间会不会发生这样的质量问题？	改变时间能否解决 质量问题
人 （Who）	质量问题发生在谁身上？ 质量问题为什么发生在他身上？	改变工作主体能否 解决质量问题
方法 （How）	工作原本是如何做的？ 质量是如何控制的？ 应该如何解决质量问题，提高质量？	方法的研究
经费 （How Much）	原本要花费多少钱？ 进行质量改进需要花费多少钱？ 通过质量改进能取得多少经济效益？	选择新的方法

4. 技术革新方法

技术革新方法，是指通过提出并实施具有进步性、可行性和效益性的创新办法和措施,以间接改进施工质量。

1)技术革新法实施步骤

技术革新不是由于某一个人突然的想法就能实现的,而是要以长期的的积累和过硬的工作技能为前提,更需要发挥群众的力量。因此,技术革新的实施可参照合理化建议的实施步骤来进行,具体步骤包括发出技术革新建议通知、提交建议、审查处理、革新技术实施、验证反馈及实施奖励。

【案例 3-8】

用切割机切割内坡口

——某管焊队施工班组小革新

在各类高压加氢装置管道安装中,碳钢、耐热钢、低温钢管道材料在设计和采购过程中国家标准和美国标准交叉出现,管道和管配件的内径不统一,为保证组对质量、焊接质量和无损检测质量,需要在管道内部加工内坡口。使用手工打磨或机械加工速度慢,效果差,成本高,也存在质量隐患。对于要求火焰切割的管道、管件,某管焊队施工班组对现有磁力管道切割机进行改造,改造后的设备由切割机1台、辅助轴2根、十字卡扣1个、万向十字卡扣1个构成,使其能够对管道内坡口加工(图 3-12、图 3-13)。

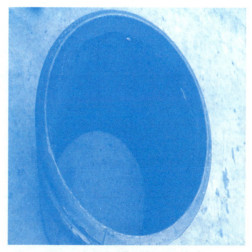

图 3-12　切割机正在切割内坡口　　　　图 3-13　切割机切割后的内坡口

评析:使用改造后的设备,坡口的平面度和光滑度得到了很大的提高,切割质量完全符合焊接要求,安装及拆卸方便,操作简单,大大提高了工作效率,节省了大量的人工和机械台班。

2)4M 检查法

技术革新就是对机器设备、工具、工艺技术等方面所做的改进和革新,可运用 4M 检查法来进行。4M 检查法是从机(Machine)、料(Material)、法(Method)、测(Measurement)四个方面来提出技术革新设想的方法,具体说明如表 3-18 所示。

表 3-18　技术革新方法(4M 检查法)

检查对象	要点
机(Machine)	机具设备是否齐全配套
	机具设备能否满足施工要求
	机具设备的性能是否正常
	设备的安全性是否正常
	因机具设备性能出现的质量问题能否避免
	是否有更合适的替代机具
料(Material)	原材料及手段用料是否有问题
	原材料的领用、退库是否有问题
	原材料的存放是否合理规范
	可否使用更合适的原材料来代替
法(Method)	有没有更简便有效的施工方法
	工序的顺序安排及衔接是否合理
	有没有提升施工质量和效率的方法
	有没有更简便的工作方法
测(Measurement)	检验的器具否达标
	检验的方法是否合理有效
	"三检制"的实施是否有可改进的地方

七、班组质量信息

(一)质量信息管理概述

质量信息是反映企业施工各个环节质量的基本数据、原始记录以及工程投产使用过程中反映处理的各种资料。它是质量管理的耳目,也是一项重要的资源。

1. 质量信息管理的功能

班组的质量管理活动是依靠信息流动来实现的,质量信息在班组施工管理活动中也具有相应的功能。质量信息管理的功能主要体现在以下六个方面:

1)质量决策依据

班组质量信息收集为上级不同层次决策者提供符合要求的质量信息。上级领导通过对质量信息的归纳和分析,可以找出其内在的规律,从而作出正确的决策。

2)质量目标依据

质量信息是制定质量目标的依据,也是考核质量目标是否实现的依据。企业通过对前期的质量信息进行分析,可以了解自身的质量管理水平,从而制定合理的质量目标。同时,通过收集日常质量信息并统计和分析,与质量目标进行对比,从而确定质量目标的实现情况。

3)质量保障依据

质量保障是在班组质量职责实施过程中,经常性地对班组质量职责执行情况进行的评估、核查和改进等工作。对班组质量职责执行情况的检查评估都是依据质量信息来进行的。同时,根据质量信息可以分析班组质量职责执行不到位的情况,从而督促其进行改进。

4)质量考核依据

企业可利用生产过程中的各种质量信息,对班组质量职责执行情况进行检查和考核,并依据考核结果提出奖惩意见。

5)质量改进依据

质量信息是质量改进的依据。班组在进行质量改进之前,需要收集相应的质量信息,了解班组施工现场存在的质量问题,并找出质量问题产生的根本原因,从而制定相应的改进措施,进行现场的质量改进。

6)质量激励依据

由于班组所处的环节是施工质量形成过程的重要组成部分,因此企业需根据班组所承担的质量职责设置相应的质量激励指标,然后根据班组施工的质量情况进行质量激励。无论采取何种形式和何种程度的激励,班组的质量激励都需要根据班组施工的质量信息来确定。

2. 质量信息管理的要求

质量信息管理的作用在于沟通企业内部各部门之间以及外部各方的联系,从而实现保证施工质量的目的,由于质量信息涉及施工生产的全过程,为了保证质量

信息传递反馈渠道通畅,质量信息必须收集全面、处理迅速、分析准确清晰。因此,班组在进行质量信息管理时,要做到以下要求:

（1）信息真实。

班组应以实际施工的质量情况为依据,进行信息的记录收集和报告,如实反映施工质量及其管理的相关信息,保证质量信息真实可靠、内容完整。

（2）信息及时。

班组要能及时、迅速地收集和传递施工过程中产生的质量信息,这种对信息的及时性要求主要包括以下两个方面:

① 及时记录和收集信息。施工现场必须迅速地记录下施工过程中产生的质量情况和问题,并及时收集上来,以便有效地进行利用。

② 及时传递信息。质量信息只有传输到需要者手中才能发挥作用,并且具有强烈的时效性。因此,班组人员需要以最迅速、最有效的手段将有用的信息提供给相关部门和人员,使其成为决策、指挥和控制的依据。

（3）信息准确。

信息不仅要求及时,而且必须准确。只有准确的信息才能使决策者作出正确的判断。为了保证信息准确,班组内的信息收集人员在收集和整理原始材料时,必须坚持实事求是的态度,对原始材料认真加以核实,使其能够准确反映实际情况。

（4）信息全面。

全面性要求班组人员提供的质量信息内容应当尽可能在真实、准确的基础上,做到全面。只有这样,才能保证作出合理决策。

（5）信息规范。

班组收集的质量信息要规范,需要根据规定的要求进行数据收集和传递。班组上报信息时,应规范统一,使用企业统一的质量信息记录表单来记录和收集质量信息,以免信息使用时造成混乱。

（二）质量信息管理的内容

1. 客户质量需求信息

客户质量需求信息是指与企业经营管理相关的客户对施工质量需求的信息。企业应识别、区分客户质量需求信息,并传达到相关工作人员。班组长也需要了解客户的质量需求信息,以便有针对性地提高工程质量。

2. 工程质量设计信息

工程质量设计,就是在工程设计中提出质量要求,确定工程的质量水平。无论何种类型的工程,都要经过质量设计这个过程。而工程质量设计信息,就是在工程质量设计过程中产生的信息。

3. 工程质量检验信息

为了使高层管理者和有关质量管理部门及时掌握施工过程中的质量状况,评价和分析质量体系的有效性,同时也是为了使其能作出正确的质量决策,质量检验人员必须把检验结果,特别是计算所得的指标,用报告形式反馈给管理决策部门和质量管理部门。

班组需要了解工程质量检验信息,对于涉及本班组的相关质量信息,需要及时收集和充分利用。

4. 施工过程工艺数据

施工过程工艺数据主要是施工图纸,是编制施工计划、制订技术措施、安排劳动力计划、安排物资供应计划及资金计划的主要依据。

5. 设备机具性能参数

班组长需了解施工中使用的设备机具性能,主要包括设备机具的整体性能参数及设备材料性能参数。

6. 原材料的质量数据

原材料质量包括原材料外在质量和内在质量两个方面,外在质量可通过划痕、坑疤、碰伤等质量缺陷来反映,内在质量可通过夹渣、气孔等质量缺陷来反映。原材料的质量缺陷最终会降低工程的性能和使用期限,为保证工程质量,班组长需了解原材料质量的缺陷,以便及时发现原材料存在的问题。

(三)质量信息管理的流程

在施工现场质量信息管理的基本流程如下:收集质量信息→整理质量信息→分析质量信息→传递信息资料→反馈质量信息→保存信息资料。

班组作为项目施工的基层单元,在质量信息管理的流程中的主要作用是收集原始质量信息、向上级传递质量信息资料和对反馈的质量信息及时进行处理。

1. 收集原始质量信息

班组在收集原始质量信息时要讲究准确性、全面性、系统性、及时性和经济性。也就是说要考虑质量信息的相关性,系统、全面地收集那些能反映实际质量情况的资料,在讲究效率和效益的同时,还要保证资料的时效性,以免贻误时机而失去利用价值。

2.向上级传递质量信息

班组需要向上级传递质量信息资料,通过这个传递的过程可使质量问题得到妥善处理。质量信息资料传递过程通常从班组现场人员开始。班组现场人员确定施工存在质量问题时,需将质量问题形成信息单发送给质量管理部门,由质量管理部门根据权限进行处理。

3.处理反馈质量信息

质量管理部门应对班组上报的质量信息进行分析,确定责任部门并进行处理,处理完毕之后,质量管理部门再将处理情况反馈给发现问题的班组现场人员。如应由班组进行处理,班组长在接到信息后,应将执行处理结果及时反馈给质量管理部门,由质量管理部门进行确认和监督。如果质量管理部门认为尚未达到要求,则应再次反馈。

第三节　技术管理

一、技术管理的任务

班组技术管理的任务主要是严格遵守和贯彻执行技术标准和工艺规程,按技术操作规程组织施工,按要求使用好施工工具、器具及量具,组织工人学习技术,开展群众性的合理化建议、技术革新等。严格执行技术标准、工艺规程是班组技术管理的重要环节。

二、技术管理的内容

(一)严格遵守和执行各类技术标准

技术标准是工人从事施工和检验质量的技术规定,是衡量施工质量以及各项工作质量的标尺,也是班组长进行技术及质量管理的依据。认真贯彻执行技术标准是建立正常的、健全的技术管理工作秩序的保障,是确保现场施工顺利进行,实行现代化管理,开展技术交流的重要保证。

认真遵守和贯彻执行技术标准,班组长必须要做到:

(1)组织班组成员认真学习各项有关技术标准,理论联系实际,教育职工正确认识严格执行技术标准的重要性,提高严格执行技术标准的自觉性。

(2)把有关技术标准分解落实到每个工作岗位,使班组成员熟悉和掌握本作业岗位的技术标准；做到弄得懂、记得住、用得上；把技术标准当作法规，自觉遵守执行，结合经济责任制加以考核。

（3）加强检验、检测和监督检查，建立和健全"三检"制度，把技术标准贯彻到施工、检验、验收的全过程，保证施工质量达到技术标准规定的要求。

（二）严格按照工艺技术规程组织施工

工艺技术规程是指导产品加工顺序和指导工人进行操作的技术文件，也是组织施工管理的重要依据。工艺技术规程包括工艺卡、工序卡、操作卡、技术检验卡等。工艺技术规程是施工技术工作的行动准则，是组织现代化施工的重要手段。

认真执行工艺技术规程，是班组工人必须履行的职责。班组长应该做到：

（1）要不断提高班组成员对工艺技术规程重要性的认识，要像遵守法律一样严格遵守工艺技术规程。

（2）要认真学习工艺技术规程，班组工人在进行施工前必须熟悉和掌握所施工的项目或工序技术文件中的具体技术要求；对于新进场工人，要经培训并考核合格后才能上岗。

（3）要熟悉施工项目或工序的质量标准，同时还要熟悉与施工项目有关的其他工程项目或工序的工艺要求，保证工序间衔接正常。

（4）要严格执行工艺纪律，所有设计施工图纸、技术文件、技术标准确定之后，未经过项目技术管理部门主管人员同意不得擅自更改；当原工艺出现重大问题时，应按规定上报项目技术管理部门，申请改变确定的工艺，经过项目技术管理部门批准后方可进行施工。

（5）要掌握和熟悉本岗位及工序的质量检查方法，正确使用专用量具、通用量具或测量仪器，认真贯彻"三检"制度。

（6）要检查工艺执行情况及对各环节工艺要求的执行情况，认真并全面进行复查核对，尤其是对隐蔽工程，发现问题要及时处理。

（7）要爱护和保存好施工图纸及相关技术资料，施工完毕后按规定归还或妥善保存。

（8）班组长应严格执行岗位技术责任制。由主管技术员把工艺技术规程和有关要求具体化到岗位，责任到人。

（三）开展群众性技术革新和合理化建议活动

技术革新是对企业现有技术基础的不断改进和升华。通过技术革新，使企业的技术面貌发生改变，从而改造企业施工的技术基础。班组工人最熟悉施工过程和工艺要求,有丰富的实践经验,对施工过程中的薄弱环节十分清楚。所以充分发挥他们的积极性、主动性和创造性,广泛开展群众的合理化建议、技术革新活动,可以加快企业的现代化进程,不断推动生产的发展。具体方法可参照质量管理的合理化建议法和技术革新方法。

开展技术革新和合理化建议活动,主要应做好以下工作:

(1)加强班组技术革新工作的领导,建立以队长、班长为主的革新领导小组,并吸收有技术专长的工人参加。针对施工过程中出现的技术问题,列出革新项目,进行攻关;采纳合理化建议,制定革新方案;负责与项目技术管理部门联系沟通;对每项革新成果作详细记载,做好有关技术资料的整理工作。

(2)广泛开展"五小"活动(小窍门、小建议、小革新、小改造、小发明)。小改革在一定条件下可以积少成多,发展成大改大革,这也是企业技术改革的重要途径。

【案例 3-9】

压缩机主轴盘车抱卡

在大型机组安装过程中,由于工作原因需要对压缩机主轴转动盘车,而许多主轴由于重量过重,或在与压缩机轴瓦的接触中,由于摩擦致使主轴难以转动。某钳工班组发明了压缩机主轴盘车抱卡,首先在压缩机主轴联轴器上选取适合抱卡工作位置,并测量出其直径,再截取一段同直径的粗钢管,将粗钢管沿直径处切割一分为二;然后取四段细圆管,将之焊接在粗钢管四等分处,并与钢管互相垂直,在两部分粗钢管半圆的切割部位,向外沿垂直方向焊接大小适中的钢板,并在钢板上加工出螺栓孔;最后将两半圆抱卡用螺栓连接在主轴联轴器合适部位,连接处用橡胶圈铺垫,以防在盘车过程中磨损联轴器,并在细圆管上套加合适的钢管(加长力矩)配合使用(图 3-14)。

图 3-14　制作的压缩机主轴盘车抱卡

评析：该抱卡具有制作简单、操作方便、效率高的特点,尤其适合大型压缩机组在安装拆检中盘车使用。

（3）要集思广益,实行工人、干部、工程技术人员三结合。工人群众有高度的工作积极性,有改革落后技术的强烈愿望,有丰富的实践经验,但缺少理论知识,需要技术人员、管理干部作指导。班组工人应尊重知识,尊重知识分子,积极主动地取得他们的帮助,使班组的技术革新和合理化建议活动搞得更有成效。

（4）要适当采取激励措施。凡取得成效的技术革新和被采纳的合理化建议,以及重大发明创造,应该按其贡献大小,按有关规定给予一定奖励,以此激发员工的工作积极性和创造性。

（四）认真贯彻执行各项技术管理制度

技术管理制度是施工企业技术管理的一项很重要的基础工作,把整个企业的技术工作科学、系统地组织起来,保证技术工作有计划、有条理地开展并完成技术管理任务。

1. 实行技术责任制

为使整个企业的施工技术活动和谐、有节奏地组织起来,纳入集中统一的轨道,保证企业的各种技术管理工作到位,必须建立技术责任制度。明确各级技术人员的职责范围,充分发挥各级技术人员的作用,不断提高技术管理水平和施工技术水平。班组设置技术人员岗位分管班组技术工作,在班组长领导下处理本班组的施工技术问题。其主要职责如下:组织施工图纸及技术资料的学习;参加施工图纸会审;编制施工技术措施;负责技术交底;处理设计变更和材料代用问题;深入现场指导施工,及时发现问题和解决施工技术问题;编制班组安全技术措施;参加事故调查分析,提出防止事故的技术措施;制定本班组或单项工程的施工方法和施工工艺;推广先进经验;组织技术革新活动;协助班组长签发施工任务单;做好工程量、工期、材料消耗、劳动工时等资料的积累工作;主持本班组质量管理和质量检查验收工作;整理施工技术记录;提出竣工移交技术资料及竣工图;协助班组长编制月、旬作业计划等。

2. 施工图纸会审

施工图纸是施工和验收的主要依据。为了使施工人员充分领会设计意图,熟悉设计内容,正确地按图施工,确保工程质量,避免返工,必须在工程开工前进行图纸会审。对于施工图纸中存在的差错和不合理部分,应在施工之前与项目技术部门联系解决,以保证工程顺利进行。

专业图纸会审,由班组技术员或项目技术负责人主持,设计代表、班组长、施工人员和工人参加,对本班组施工项目或本单位工程图纸进行学习、熟悉和会审。图纸会审的重点是:图纸及说明是否齐全、清楚、明确,有无矛盾之处;施工图与设备和基础的设计是否一致;设计与施工技术方案是否符合施工现场的实际条件;图纸表达深度能否满足施工需要;各专业设计之间是否协调,如设备外形尺寸与基础尺寸,建筑物预留孔洞、预埋件与安装图纸要求、设备与系统连接部位、管线之间相互关系等;实现设计采用的新结构、新材料、新设备、新工艺、新技术的技术可能性和必要性,在施工技术、机具和物资供应上的实施可行性等。施工图经过审查后,将会审中提出的问题以及解决办法,写出详细记录文件,由项目技术负责人联系设计部门另出修改图纸并列入工程档案。

3. 施工技术交底

施工技术交底的目的是使施工人员了解所承担施工工程的特点、施工任务、技术要求、施工工艺、操作方法、质量标准等,做到心中有数。施工技术交底是施工工序的首要环节,必须在工程正式施工以前认真做好,未经技术交底不得施工。

班组施工技术交底,按施工项目,依据工程任务单和上级交底的有关要求拟定提纲,进行交底。内容一般包括:工程交底中的有关要求;施工范围、工程量、工作量和施工进度要求;施工方案措施;操作工艺和保证质量、安全的措施;工艺质量标准和评级办法;技术检验和检查验收要求;增产、节约指标和措施;技术记录内容和要求等。

4. 设计变更及材料代用

施工图设计变更,一般有两个方面:一是由设计单位提出的设计变更;二是由施工单位提出的设计变更,如发现设计图与实际情况不符、施工图所需器材供应确有困难无法解决、或由于施工方面的其他原因需要变更设计的。设计变更应办理签证手续后方可实施。

施工过程所需要的原材料必须在项目物资部门报验合格后方可使用。施工班组对原材料的使用,必须做到:在领、用料时,必须查明原材料的证件,按所需要的规格、质量领料;对特殊材料,如合金钢及新材料,应标明标记,防止在使用时弄错;凡初次采用的材料、特殊新材料、代用材料,需经项目技术管理部门批准后,才能正式使用;材料代用,无论是以大代小,还是以小代大以及同类材料规格的变更等,都应办理审批手续;所代用的材料,应有合格证件,或经检验的技术条件或特性数据,作为工程档案正式文件。

（五）认真填写施工记录

施工记录是通过一定的图、表等形式，按规定要求用数字或文字对施工活动进行最初、最直接的记载。施工记录不仅是工程统计资料的来源，也是施工技术管理的主要基础工作。施工记录来自班组，班组长必须作好施工记录。搞好班组长日记和施工任务单是健全施工记录的关键。

1. 施工记录的作用

施工记录具有"工作查考、科学管理、经验总结、技术交流"的作用。主要为以下两点：一是凭证作用，即对所施工的工程有据可查，是班组进行经济核算和评比竞赛的依据；二是参考作用，即对今后施工及对技术标准、工艺规程、施工定额等修订起着参考的作用。

2. 施工记录的内容

为了满足班组各项管理需要，班组施工记录主要有以下几项：施工任务单中要求的施工项目开、竣工日期，实际施工工程量，人工耗用，材料消耗，机械使用台班等记录；班组考勤记录；设计及图纸变更记录；材料代用记录；质量检查验收及隐蔽工程验收记录；质量、安全、机械、设备事故记录；技术革新和合理化建议的推广和经济效果的记录等。

3. 施工记录的填写要求

施工班组的施工记录填写应做到：按规定的时间填写并上报，以便能指导工作；要求记录数字准确、真实，能真实反映施工情况；要按规定的内容进行填写，不漏项、不缺项，能反映施工过程的全貌。

三、技术管理的步骤

（1）首先，建立技术管理目标。收集有关技术资料，根据现场实际条件进行预测并以预测的结果为基础来确定技术管理目标。

（2）其次，根据建立的技术管理目标，编制各项技术措施，确定施工质量标准，制定工艺操作规程，进行技术交底。

（3）再次，组织现场技术活动，开展技术革新和合理化建议活动。在技术活动中要不断检验，使其达到目标要求；必要时进行调整，根据具体情况，重新编制或修正有关技术措施。

（4）最后，按照技术活动的结果，整理技术资料，进行技术管理总结分析，提出改进意见,逐步提高班组技术管理工作水平。

第四节　成本管理

一、成本管理的基础知识

(一)成本管理的定义

(1)成本管理是企业生产经营过程中各项成本核算、成本分析、成本决策和成本控制等一系列科学管理行为的总称。

(2)成本管理是充分动员和组织班组全体人员,在保证施工生产质量、安全的前提下,对班组生产过程的各个环节进行科学合理的施工作业管理,力求以最少的生产成本投入取得最大的经济效益。

(3)成本管理是班组管理的一个重要组成部分,它要求系统而全面、科学和合理,它对于促进增产节支、加强经济核算、改进企业管理、提高企业整体管理水平具有重大意义。

(二)成本管理的构成

企业为生产一定种类、一定数量的产品而发生的各种生产费用支出的总和就构成了生产成本。

班组成本的构成:所有在施工过程中班组消耗的人工、材料、机械均是班组成本的组成部分,具体见图3-15。

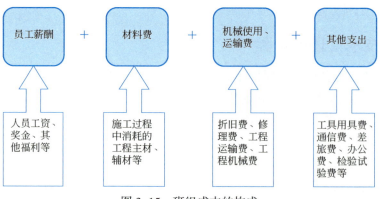

图3-15　班组成本的构成

二、班组成本的内容

(一)班组固定成本

固定成本是指不随着产品产量的变化而变化的费用。

班组固定成本包括员工薪酬、折旧及摊销费用、暖气费等。其中,员工薪酬包含工资、福利费、工会经费、教育经费、社会保险费、养老保险费、医疗保险费、人生意外伤害险费、住房公积金、交通费、误餐费、行车津贴等;折旧及摊销费用包含固定资产折旧费、无形资产折旧费和长期待摊费用摊销。

(二)班组运行成本

运行成本是指随着产品产量的变动而成比例变动的费用。

班组运行成本包括材料费、工程设备费、燃料费、水费、电费、运输费、修理费、现场经费、野外生活费、税金、其他支出。其中,运输费包含工程运输费、施工机械费、生产值班车费用;现场经费包含临时设施费、现场住宿费、现场服务费;其他支出包含通信费、差旅费、办公费、劳动保护费、财产保险费、试验检验费、QHSE费用、工具用具费等。

(三)班组成本的分解

班组成本的分解即对班组施工过程中固定成本与运行成本中各分项消耗明细进行统计,分析各消耗费用在工程成本中所占比例的过程,有利于各环节施工成本的控制。

【案例 3-10】

施工班组成本详解

某工程,计划工期为 30 天,投入人员 20 人,每人每天费用 400 元。自有设备包括林肯电焊机 6 台、拖拉机 1 辆、试压泵 1 台、英格索兰压风机 1 辆,每台设备有折旧费。外雇车辆包括大巴车 1 辆,1500 元/(天·车);五十铃客货 1 辆,380 元/(天·车);12 吨随车吊 1 辆,8.5 元/(吨·小时)。焊接方式采用氩电连焊,施工辅助用料包括 ER50-6 焊丝 50 千克,14.95 元/千克;E5015 焊条 300 千克,5.04 元/千克;氩气 20 瓶,112 元/瓶;氧气 30 瓶,28 元/瓶;乙炔 15 瓶,112 元/瓶;35 号柴油 2000 升,5.38 元/升;0～40 兆帕压力表 4 块,100 元/块;DN25-32 兆帕针形阀 4 个,50 元/个;DN50-18 兆帕进水阀 1 个,50 元/个;洁净水 400 立方米,5 元/立方米。让我们看下此案列中各项费用哪些属于固定成本? 哪些属于运行成本?

解析:（1）案例中固定成本明细及费用汇总（按计划工期30天计算）如下:

人员工资:$20 \times 400 \times 30 = 240000$（元）。

自有设备折旧费:林肯电焊机6台、拖拉机1辆、试压泵1台、英格索兰压风机1辆,合计9台,自有设备的折旧费为$9 \times 30 \times 120 = 32400$（元）。

本案例中固定成本总费用为$240000 + 32400 = 272400$（元）。

（2）案例中运行成本明细及费用汇总（按计划工期30天计算）如下:

机械费为87000元。

其中:

① 大巴车:$1 \times 30 \times 1500 = 45000$（元）。

② 五十铃客货:$1 \times 30 \times 380 = 11400$（元）。

③ 12吨随车吊:$1 \times 30 \times 12 \times 10 \times 8.5 = 30600$（元）（每天按工作10小时计算）。

辅材费为20429.5元。

其中:

① ER50-6焊丝:$50 \times 14.95 = 747.5$（元）。

② E5015焊条:$300 \times 5.04 = 1512$（元）。

③ 氩气:$20 \times 112 = 2240$（元）。

④ 氧气:$30 \times 28 = 840$（元）。

⑤ 乙炔:$15 \times 112 = 1680$（元）。

⑥ 35号柴油:$2000 \times 5.38 = 10760$（元）。

⑦ 压力表:$4 \times 100 = 400$（元）。

⑧ 针形阀:$4 \times 50 = 200$（元）。

⑨ 进水阀:$1 \times 50 = 50$（元）。

⑩ 洁净水:$400 \times 5 = 2000$（元）。

本案例中运行成本总费用为$87000 + 20429.5 = 107429.5$（元）。

通过以上案例数据分析可以看出固定成本与运行成本在工程施工中所占比重。下面用图形来分析本案例中人工费、折旧费、机械费、辅材费等费用在工程施工中所占比重(图3-16)。

由图3-16不难看出,工程施工中固定成本费用占据了工程施工费用较大的比重,而运行成本占据的比重相对较小。因此,班组长在施工组织中要合理调配运行成本和固定成本,例如材料的领用、施工机械的合理组织,随着生产的变化合理调配资源,在能保证工程顺利完成的前提下,合理调配各工序施工中的人力资源,尽量将工程施工成本控制在最佳状态。

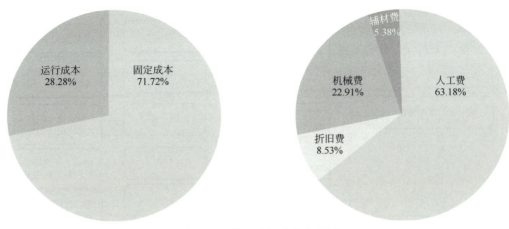

图 3–16　施工班组成本占比图

三、班组成本控制要点

（1）工程开工前资源配置：人员、材料、设备机械及后勤保障的配置要合理。

（2）工程施工中安全的控制：确保安全是最大的成本节约，也是班组成本控制的重中之重；

进度的控制：能够按进度按计划进行，将每日的工作量处在饱和状态；

质量的控制：避免不合格品的出现，减少返修和返工成本，所用材料及设备按要求进行维护和保养，减少维修成本。

（3）工程完工后人员、设备的调配，材料的回收要及时。

（4）配合项目部进行工程的试运行，所需资源的留用要合理。

四、班组成本控制的基本流程

施工过程中班组长对于成本的控制应分别从工程开工前的成本估算、施工中的成本控制及协调、施工后的成本归集、核算等几个方面进行管控，力求以最少生产成本投入取得最大的生产效益。成本管理流程见图 3–17。

（一）施工前的成本估算

预计工程施工中可能发生的采购、人员、施工机械费用。

在施工前班组长依据工程量，制定计划工期，合理组织人员、设备、施工工具、辅助材料等，以此为依据预估工程成本。

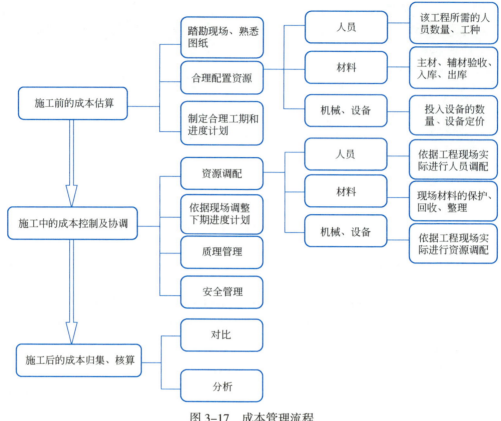

图 3-17 成本管理流程

（二）施工中的成本控制及协调

在施工过程中详细记录施工中所发生的各项费用,随时分析各项成本增加的影响因素。

在工程施工中导致成本增加的影响因素如下:

（1）施工中因设计变更,导致工程返工、新增工程量,致使工期延长,人员、材料、设备等成本增加。

（2）施工中各专业在交叉作业时,为了保障工程安全,施工作业面停滞。

（3）在工序上,上一个工序未能及时完成,导致下一个工序出现窝工现象。

（4）工程施工中增加合同以外的工作量。

（5）施工中出现不可抗拒的因素(如暴雨、强风等)。

（6）现场存在施工材料浪费与丢失的现象,工程完工余料收回不及时。

（7）工期安排不合理。

（8）质量把控不严,导致工程返工。

（9）安全措施不到位,现场发生安全事故。

班组长应合理地组织工程施工工序,调配人员、机械设备,以安全、质量为核心,严格控制工程成本、工期进度。

（三）施工后的成本归集、核算

在施工完成后,对整个工程的成本进行核算,与施工前的成本估算相互比较,找出施工成本控制的不足之处并分析,吸取经验,为今后班组工程施工的成本控制奠定基础,争取利润最大化。

五、施工成本计划

施工成本计划是施工项目成本控制的一个重要环节,是实现班组降低施工成本任务的指导性文件。班组施工成本计划是建立施工班组成本管理责任制,开展成本控制和核算的基础,是在施工工期内降低施工成本所采取的主要措施,也是施工成本计划目标成本的一种形式。编制成本计划的过程也是动员全体班组成员参与成本管理的过程,是挖掘降低成本潜力的过程,是检验施工技术质量管理、工期管理、物资消耗和劳动力消耗管理等是否落实的过程。

施工成本计划应满足以下要求:

（1）合同规定的项目质量和工期要求。

（2）组织对施工成本管理目标的要求。

（3）以经济合理的项目实施方案为基础的要求。

（4）有关定额和市场价格的要求。

施工成本计划编制依据如下:

（1）现场踏勘、熟悉图纸。

（2）确定施工项目使用机械设备的生产能力及其利用情况。

（3）明确施工项目的材料消耗、物资供应、劳动工资及劳动效率等计划资料。

（4）计划期内的物资消耗定额、劳动定额、费用定额等资料。

（5）以往同类项目成本计划的实际执行情况及有关技术经济指标完成情况。

（6）对所收集到的各种资料进行整理分析。

（7）根据有关的设计、施工等计划,按照工程项目应投入的物资、材料、劳动力、机械、能源及各种设施等,结合计划期内各种因素的变化和准备采取的各种增产节约措施,进行反复测算,进而编制出全项目的成本计划控制指标,最终确定目标成本。

六、成本归集

（1）施工现场人员费用的成本归集。合理组织协调施工管理人员和作业人员，严格执行考勤制度，做到考勤真实，按月计取员工工资、奖励薪酬、野外作业费等。

（2）施工现场材料使用的成本归集。材料费用的归集就是在施工过程中定期核对材料入库台账、材料领用台账及余料回收台账，最终按工程实际发生成本计价汇总当期成本。

（3）施工现场施工机械使用、折旧费用的成本归集。

（4）施工现场因质量问题导致成本增加的成本归集。

（5）施工现场由于安全问题导致成本增加的成本归集。

简而言之，真实的施工成本归集是所有为工程服务所消耗的人、材、机等一切费用的叠加。

七、班组成本管理的优化和提升

（一）班组长在成本管理上的职责

1. 提高施工质量

施工质量关系市场维护，班组长要带领班组成员在保证施工工期的前提下努力提高项目施工质量。

2. 提高生产效率

提高生产效率是指在同等施工条件下，班组长在施工生产中掌握施工方法和管理流程，并不断地挖掘班组成员生产积极性，优质高效地完成施工生产任务。

3. 控制浪费

在施工管理过程中，首先要提升每个班组成员的成本节约意识，严格控制材料管理、施工质量管理、安全管理，将成本控制在每个施工环节上。应杜绝在施工过程中出现由于班组成员节约意识薄弱、班组管理松懈而导致的工程成本增加现象。

4. 降本改善

在施工过程中合理配置人员，提高工作时效性，减少返工，增加产品合格率，多做技术革新。增强预算约束化，加强存货管理及物料成本控制，有效控制生产管理费用。

5. 防止事故

安全是施工生产的根本，在施工生产中一定要坚持"安全第一，预防为主"的生产理念,防止工伤和重大事故的发生,包括努力改进机械设备的安全性能,监督职工严格按照作业规程施工,避免违章作业。

(二)班组长在班组资源调配上的龙头作用

班组是企业的细胞,班组长则是细胞的核心。班组长作为"兵头将尾",既是普通劳动者,又是最基层的管理者,肩负着提高施工质量、提高施工生产效率、降低施工成本、防止工伤和重大事故的使命,以及劳务管理、生产管理、辅助上级的职责。其自身素质和管理技能在很大程度上决定了企业的安全生产形势以及施工进度水平。

(1)在施工企业项目管理中,班组长起着承上启下的作用。

一方面班组长是项目管理具体付诸实施的组织者,处于项目管理的终点,可以称之为"将尾";另一方面,班组长在各生产班组中,是项目实施的领导者和带头人,处处要起先锋模范作用,处于各类生产人员的首位,是名副其实的"兵头"。正是这些"兵头将尾"们活跃在生产的最前线,在施工项目管理中起着承上启下的连接作用和骨干作用,才使项目施工有序、高效、优质地进行。

(2)在施工项目生产要素管理中,班组长起着关键作用。

施工项目的生产要素,主要指施工项目的劳动力、材料、机械设备、技术及资金等要素。在各生产班组内部,能否对上述要素适时、适量、合理地进行优化组合与配置,以满足施工需要,关键取决于班组长能否根据工程特点和要求,有效地计划、组织、协调、控制好各生产要素,以达到用最小的投入,获得最大的效益的目的。

(3)在班组内部,班组长起着当家人的作用。

在施工项目管理层中,施工班组是最基层的生产单位,班组长是这个单位的组织者与领导者,他不仅要对项目部负责,还要对班组内的员工负责。班组长要管好班组这个家,既要将项目部的决策、要求等贯彻到班组中去,组织实施,又要将班组内员工的意见、建议和要求向项目部或上级主管部门反映;既要处理项目管理和生产中产生的各种问题,又要使本班组团结得像一家人那样,充分发挥基层班组的战斗力,堪称"里里外外一把手"。

班组长既是承上启下的桥梁,又是员工联系领导的纽带,班组长是生产的直接组织和参与者。因此,班组长综合素质的高低决定着班组成本节约能否最大化。

【案例 3-11】

优化施工顺序好处多

某管道焊接机组在一山区段施工 $\phi 800$ 毫米天然气管线。坡长约 300 米,坡度约18°。此段为石方段,已提前开挖好管沟,受环境限制作业带狭窄。如果按照一般焊接方法,只能按照从坡上向坡下的顺序焊接。这是因为管道焊接为流水线,施工作业带狭窄,机组只能从坡上向坡下焊接。

但按照这种方法施工存在以下问题:焊接速度慢,焊接组对完需要10天工期。沟下焊接存在石头滑落、坍塌等危险。由于是石方段,沟底与管底的空间较小,为反口及防腐等后续工作增加困难。

施工机组经过研究计算,决定首先在坡下开阔地带进行四节一的焊接,然后进行检测与防腐。这样既提高了速度,又保证了安全与质量。经过这一合理的施工方案调整,提前5天完成施工,也为机组的焊接施工节省了成本。

评析:此案例中由于班组长的决策,大大节约了材料成本、能源成本以及人力成本,同时提高了生产效率,充分体现了班组长在班组成本控制方面的重要性。

(三)班组成本管理表格化

班组的成本管理是用表格的形式开展的。在工程施工前对工程成本消耗进行分解,建立班组工程成本消耗台账以及个人工具使用台账,便于及时掌握班组物料消耗状况,以检验成本控制措施的有效性。

建立健全班组各项原始记录、台账,并用数据说话,实行量化管理。通过分析台账数据,在实际消耗与计划消耗之间、班组与班组之间、月与月之间对比分析。及时查找成本失控原因,制定纠偏措施,为今后类似工程吸取教训,狠抓成本过程控制,让班组成本始终处于受控状态。

例如,班组工具领用明细表见表3-19。

表 3-19　班组工具领用明细表

工程名称:　　　　　　　　　　　　　　　　　　　　　　　　编号:

领用人:张三　　　　　　　　　　　　　　　　　　　　　　　单位: 元

序号	日期	材料名称	规格型号	单位	数量	单价	金额	发料人	领用人
1	2016 年 3 月 28 日	铜鼻子	500A	个	25	4.7	117.5	李四	张三
2	2016 年 3 月 28 日	沉淀杯	2656617	个	1	353	353	李四	张三
3	2016 年 3 月 28 日	管钳	200mm	把	1	21	21	李四	张三

续表

序号	日期	材料名称	规格型号	单位	数量	单价	金额	发料人	领用人
4	2016 年 3 月 28 日	CV 转换器控制板	G1642-2	只	1	4273.04	4,273.04	李四	张三
5	2016 年 3 月 28 日	送丝机弹簧	T8236	只	1	15.1	15.1	李四	张三
6	2016 年 3 月 28 日	气焊割嘴	2 号	个	10	8.55	85.5	李四	张三

表格化的目的:表格化管理可以让班组长能够更好地掌握工程运行成本支出与消耗情况。表格对于工程各类材料进出时间与进出数量的对应关系能够表现出直观、简单、一目了然的特性,同时对于不按施工进度和计划发料的状况能够及时预警,便于纠偏。

(四)班组成本组成数据化

班组成本数据化管理是指在日常生产成本管理工作中注重收集、存储与分析各种成本数据。例如,班组机械台班单价见表 3-20。

表 3-20 班组机械台班单价

序号	车型	计量单位	单价	备注
1	液氮车	辆	5629 元 / 小时 待命:162 元 / 小时	不足 4 小时按 4 小时计,不足 8 小时按 8 小时计;为不含税价;待命:按甲方要求停止施工,现场待命时间的费用
2	液氮材料	方	2500 元 / 立方米(含运费)	为不含税价,含过路过桥费
3	液氮罐车	辆	0.8 元 / (吨·千米)	为不含税价,含过路过桥费
4	制氮车	辆	4650 元 / 小时	为不含税价,含过路过桥费
5	五十铃、迪士头	辆	290 元 / (天·车)	100 千米以内(含 100 千米)
6	半挂车、卡车	辆	0.48 元 / (吨·千米) 6.9 元 / (吨·小时)	

续表

序号	车型	计量单位	单价	备注
7	吊车	辆	0.52 元 /（吨·千米）	重车往返
			10 元 /（吨·小时）	工作时间
8	客车（18 座）	辆	745 元 /（天·车）	超出千米结算单价 0.2 元/（座·千米）（含油料、食宿、税）
9	客车（25 座）	辆	1145 元 /（天·车）	超出千米结算单价 0.26 元 /（座·千米）（含油料、食宿、税）

注:实际作业费用计算标准:作业小时 × 作业服务价格。

数据化的目的:这种收集、存储与分析各种成本数据的管理模式,好处就在于班组长可以及时掌握工程基本数据,做到工程施工成本费用铭记于心,随时了解、分析、解决问题,更好、更快地测定出工程成本,为施工决策提供有力的数据基础,也便于在工程成本管理中能够快速地找到班组管理中存在的漏洞,及时纠偏。

(五)班组成本控制日常化

成本是班组对所控制资源的耗费,而这些耗费最终作用在竣工项目上,但起关键作用的耗费主体还是所有员工。为此,班组长的管理理念、引领作用显得尤为重要。只有班组全员树立现代成本控制意识,每名员工都自觉自愿、随时随地地为提高施工水平、节约辅材、降低材耗着想,班组才能实现降本增效。

1.加强宣传,提高认识

充分运用各类宣传工具,进行广泛的宣传动员。让“降本增效”深入人心,培养员工强烈的参与意识和营造一种良好的舆论氛围。让员工清楚班组成本管理是事关企业效益及员工切身利益的大事。同时,组织单位技术、经营、材料等管理人员进行交流、沟通,形成共识,制定工作思路及方法。

2.建立组织,明确责任

建立由班组长负责的班组成本管理网络,明确班组长就是班组的成本管理员。

3.系统培训,明确思路

为使班组成员能对生产成本的构成、班组成本控制的方法有个基本的认识,班组长首先自己需要掌握成本构成,多学习成本知识,并将自己的管理经验分享给班组成员。内容包括班组成本的构成和控制要点,班组成本管理的方法和要求等。

除了邀请企业相关专业人员对班组成员进行培训外,还可以组织成本管理工作做得好的班组长和班组成员授课及进行经验分享。班组长自己也要经常与经验丰富的班组长沟通交流,真正使培训起到学用结合、教学相长的效果。通过培训,使大家明晰成本管理的实际操作思路和控制的要点,并且意识到各自在班组成本管理中的角色。要求所有的班组,按照"干什么、管什么、算什么"的思路,制定详尽的班组成本管理工作计划,内容包括考核项目、考核目标、保障措施、考核办法。制定班组成本管理工作计划重点要做好以下"四化":

（1）考核项目工序化。即要按各施工工序耗用的材料确定各班组的考核项目,明确成本管理工作的重点。

（2）保障措施具体化。即要求各个班组均要结合班组材耗控制的重点,制订具体的降低材料消耗的控制措施。

（3）考核标准定量化。即要按照各道施工工序的历史成本和消耗定额,科学地制定考核目标及考核标准,既要保证目标的先进性,又要保证目标的合理性。

（4）考核责任个体化。即要将成本指标尽可能考核到班组的每个成员。

4. 细化流程,确保有效

班组长在明确了班组成本管理的工作思路后,就要对班组成员建立详细的考核流程,以免使得班组成本管理活动变为轰轰烈烈的"走过场",有奖有罚才能更好激励班组全员共同做好成本管理工作。

5. 措施到位,注重细节

在班组日常管理中,班组长应对成本控制中的人工成本、材料成本、施工机械成本等进行合理有效地控制,具体措施如下:

（1）根据工程规模大小合理分配劳动力资源,避免各工序产生冗余劳动力。

（2）要抓好现场所用的主材、辅材的采购、进场、库管、使用、余料回收等各个环节的管理工作。

（3）施工机械的使用,要结合施工实际进度,合理组织进场和退场,尽量减少机械停工待命时间,对机械加强保养,提高利用效率。

八、班组成本管理的绩效考核模式

本着打破平均主义、奖勤罚懒,调控固定收入、薪酬浮动,效益优先的原则,进行班组绩效考核。依据下达的年度经营考核指标,将指标分解到各班组,每月严格按照考核指标进行考核兑现奖励薪酬,年终按减亏指标进行年终核算。下面分别介绍全成本考核奖励薪酬的兑现方式和运行成本考核奖励薪酬的兑现方式。

（一）全成本考核及兑现

承包班组采用全成本考核方式,其考核及奖励薪酬兑现方式为,当期累计收入减去当期累计成本乘以当期考核分值(假设按照 100%)给予记取。当奖励薪酬大于当期核定的奖励薪酬总额时,按当期核定的奖励薪酬总额兑现。

考核分值可以是项目部对班组的安全、质量、进度及服务态度的综合考评分。

$$奖励薪酬 =(累计收入 - 累计成本)× 考核分值 ×100\%$$

【案例 3-12】

奖励薪酬的计算（一）

×××班组当月收入为 200 万元,当月累计收入为 600 万元,当月成本为 150 万元,当月累计成本为 580 万元,当期考核分值为 65%,当月事业部核定的奖励薪酬总额为 15 万元,试计算当月班组奖励薪酬。

解析:奖励薪酬 =（累计收入 - 累计成本）× 考核分值 ×100%

=（600-580）×65%×100%=13（万元）

答:本月本班组奖励薪酬为 13 万元。

（二）运行成本考核及兑现

非承包班组采用运行成本考核方式,其考核及奖励薪酬兑现方式为,当期累计收入减去当期累计运行成本乘以当期考核分值(假设按照 60%)给予记取。当奖励薪酬大于当期核定的奖励薪酬总额时,按当期核定的奖励薪酬总额兑现。

$$奖励薪酬 =（累计收入 - 累计运行成本）× 考核分值 ×60\%$$

【案例 3-13】

奖励薪酬的计算（二）

×××班组 3 月份当月收入为 200 万元,当月累计收入为 600 万元,当月累计成本为 580 万元,其中运行成本为 261 万元,固定成本为 319 万元,当期考核分值为 65%,当月事业部核定的奖励薪酬总额为 15 万元,试计算当月班组奖励薪酬。

解析:奖励薪酬 =（累计收入 - 累计运行成本）× 考核分值 ×60%

=（600-261）×65%×60%=132.21（万元）

答:本月本班组奖励薪酬为 15 万元。

第五节　进度管理

一、进度管理概述

(一)班组进度管理的概念

班组进度管理就是严格地按照项目的总体进度计划要求,通过人、机、材的调配及劳动定额、质量标准、材料消耗定额等手段的控制,制定自身的进度计划,按照计划进行施工,并不断地根据进度实际进展情况与计划进度进行比对调整,进行进度控制和管理,使施工进度按照有序的轨道进行。

(二)班组长在进度管理中的职责

班组长作为班组进度管理的第一责任人,应自觉履行以下进度管理职责:

(1)根据所在项目的总体进度计划、里程碑事件、关键工序等编制对应的班组进度计划并进行日常管理。

(2)根据施工能力进行作业分配,按照施工进度计划日程要求,发布作业指令。

(3)根据当天的实际施工进度情况结合制定的进度计划,进行作业分析,并查明计划与实际进度出现偏离的原因,及时采取有效措施进行纠偏。

(4)根据程施工特点,合理配置资源,加强现场协调和调度,根据现场工序交接情况、材料及设备到货情况以及环境和气候的变化情况,随时调整班组人员和机械设备等,减少窝工和停工现象。

(5)加强安全质量控制,强化安全质量管理,保证整个施工过程不出现安全事故和质量返工现象。

(6)搞好系统化预制,提高工艺管道的安装效率。将成套的阀组、较成套的管路等提前成批集中预制,尽量减少现场工作量,确保工期目标顺利完成。

二、班组进度计划管理

(一)班组进度计划管理的目标

班组进度计划管理是对班组所承建的施工任务计划目标进行统筹安排和实施、监督、控制、纠偏等一系列管理活动的总称。

班组长作为班组的第一责任人,要对所承建的施工任务进行科学合理的部署安排;编制可行的进度计划并对人、机、材进行综合平衡,在施工中严格执行施工进度计划,且有序地推动施工进度计划;在班组的施工过程中对施工进度计划完成情况进行动态检查、比对、分析和调整,增加对实际施工进度的管控,达到预期的工期目标。

(二)班组进度计划的编制方法

常见的表达工程进度计划的方法有横道图和网络计划图两种形式。其中,网络计划图能够充分揭示各项工作之间的相互制约和相互依赖关系,并能够明确地反映出进度计划中的主要矛盾;同时可以使用计算机软件进行计算、优化和调整,使施工进度计划更加科学,也使得进度计划的编制更能够满足进度控制工作的要求。但是由于需要考虑各工序之间的相互关系,同时施工班组从事的工作程序相对简单,在实际工作中应用得较少。

横道图是一种最直观的工期计划方法。它在国外又被称为甘特(Gantt)图,在工程中广泛应用。横道图用横坐标表示时间,工程活动在图的左侧纵向排列,以活动所对应的横道位置表示活动的起始时间,横道的长短表示持续时间的长短。它实质上是图和表的结合形式。

横道图的优点:它能够清楚地表达活动的开始时间、结束时间和持续时间,一目了然,易于理解,并能够被各层次的人员所掌握和运用。使用方便,制作简单。不仅能够安排工期,而且可以与劳动力计划、材料计划、资金计划相结合。

横道图的缺点:很难表达工程活动之间的逻辑关系。如果一个活动提前或推迟,或延长持续时间,很难分析出它会影响哪些后续的活动。不能表示活动的重要性,如哪些是关键的,哪些活动有推迟或拖延的余地。横道图上所能表达的信息量较少。

(三)班组进度计划编制的原则

(1)必须确保计划编制工作的优先性。必须在第一时间根据项目部提供的总工期要求和自身的施工任务及施工力量,尽早制定施工进度计划。

【案例 3-14】

进度计划的重要性

某油区集油管网焊接施工,项目部对该工程施工班组进行了总体进度计划及关键工序的交底,按照交底要求应先施工中段主管网。但班组所有机具设备及材料前期都安置在上段附属管网的附近,班组长心想如果先施工中段主管网还要搬运机械设备,比较麻烦,还不如直接从上段一次性施工到下段。班组在施工几日后被叫停,要求按总体进度计划的要求进行施工。施工后期由于油区产量调整,集油管网中段主管网被告知要提前投用,施工班组因自身原因导致中段主管网进度滞后,只有调配人员加班加点进行赶工。

评析:案例中班组长没有根据项目的总体进度计划、关键工序交底进行施工,导致后期加大人力、物力进行赶工,不仅浪费了资源,也影响了施工质量。

(2)编制进度计划要考虑全面。必须要把施工的全部管理活动、施工的全过程纳入统一的计划管理。

(3)保证编制进度计划的严肃性、准确性。一定要考虑到外界的约束条件和现实的可能性,要给班组留有余地。

(四)班组进度计划编制中的注意事项

班组在施工中要严格遵守施工特有规律,既有施工工艺及其技术方面的规律,也有施工工序方面的规律。施工工艺及其技术规律,是分项或分部工程所特有的,在管道的焊接过程中,其工艺技术规律是坡口打磨、组对、打底焊接、填充焊接、盖面焊接、试压、防腐,其中任何一道技术程序都不能省略或颠倒,这不仅是施工工艺要求,也是技术规律要求。施工工序规律是在同一场地、不同的空间、同时或前后交错搭接地进行,前面的工作完不成,后面的工作就不能开始,这种前后的顺序就是客观规律所确定的,因此,班组长在组织施工过程前必须科学合理地安排施工工序。

1.施工准备

施工准备的重要性在于它是后续施工活动能够按照施工进度计划执行的必要条件,准备工作没有做到充分、细致就开工,不仅会造成施工过程的混乱而延误工期,也会造成资源的浪费,增加成本的投入。特别是施工面、施工所需主材及班组的人员、机具、设备的就位情况等,均应满足班组开工要求。

2.施工顺序

班组在进行地上与地下管线施工时,应按照先进行设备安装,后工艺;先地下,后地上;先深后浅;先进行重大、关键部位的安装,后进行一般部位的安装的原则组织施工,同时考虑各工序的交叉作业。

【案例 3-15】

为图速度乱指挥,结果返工又费力

某油区转油泵房工艺安装施工,由于转油泵未按时间节点到达现场,要延后 7 天到货,项目部要求施工班组在设备未到的情况下先进行管道的安装和填埋。施工班组班组长提出这样安装不能确保管件的精度,会导致返工,但项目部以赶工为由让施工班组必须施工。7天后,转油泵安装、精度调整、灌浆后,由于与管道间距过大,只能返工,重新进行管道的工艺安装。

评析:本案例在日常工作中很常见,项目部以工期为由让班组违背正常的施工顺序,轻则影响进度造成返工,重则导致质量事故。班长这时候要坚守原则,与项目部多沟通,阐述不按照施工工序施工的严重后果。

3. 保证均衡性和连续性

班组施工作业大多都是露天作业,必然受到气候和季节的影响,春秋季的风、冬季的严寒、夏季的多雨,都不利于班组的正常施工。如果不采取有效的技术措施作为保障,班组施工的均衡性和连续性就得不到保证,工期也就无法保障。

【案例 3-16】

事前考虑不周全,事到临头懊悔迟

北方某油区 4—5 月正是当地的风季,工艺安装班长李某接到 3 千米集油管线的施工任务。他做了施工前的准备工作,落实了人员、设备、材料的情况就赶赴现场进行施工。但到达现场后发现,这个月份当地基本每天都有风,无法正常施工,只能临时制作防护棚,最终导致工期延误了 2 天,使得班组成本增大。

评析:案例中班组长李某在做施工准备时没有考虑当地自然气候条件,没有确保班组施工的均衡性和连续性,最终因自身的原因延误工期。

(五)班组进度计划的实施

为确保班组进度计划的实现,应做好如下工作。

1. 班组进度计划的交底

在计划实施前要进行计划交底工作。施工进度计划的实施是班组全体工作人员的共同行动,要使有关人员都明确各项计划的目标、任务、实施方案和措施,使班组所有人员协调一致,将计划变成班组成员的自觉行动,充分发挥组员的干劲和创造精神。

【案例 3-17】

工期没交底,干活没目标

某油区集油管线工艺安装机组班长丁某接到项目部的总工期要求后,编制了施工计划报项目部审核,项目部审核后将制定好的工期计划下发给了丁某。丁某接到计划后并没有向班组成员进行进度计划交底,班组成员不知道自己所干的工作何时完成,就觉得可以慢慢干不着急,整个班组没有干劲。

评析:丁某作为班组长有责任也有义务让班组每一个成员知道进度计划的目标、任务、实施方案和措施,这样班组才能协调一致,发挥出更大的能量。

2. 施工项目进度计划的实施

做好施工进度记录,填好施工进度统计表,目的是掌握计划实施情况,及时协调各方面关系,采取措施,调节各种矛盾,加强薄弱环节,实现动态平衡,保证能够完成作业计划和实现进度目标。

(六)班组进度计划的检查

在班组工作的实施进程中,为了进行进度控制,班组长在每天施工结束后应检查施工实际进度情况,并做好相应的记录,与计划工期核对,确保实际工期与计划工期相一致。

【案例 3-18】

计划没落实,等于瞎忙活

某长输管道工艺安装三班在管道的施工过程中,班组长并没在每天施工结束后检查施工进度情况,也没有与计划工期相比较。在项目部的周进度会议上,领导对工艺安装三班的实际进度提出质疑,并指出该班组并没有按照计划工期执行,工期延误了2天。

评析:案例中班组长虽然制定了进度计划,但并没有去检查、核实,这样的进度计划起不到任何的效果。

三、班组施工进度的控制

进度控制管理是采用科学的方法确定进度目标,编制进度计划与资源供应计划,进行进度控制,在与质量、费用、安全目标协调的基础上,实现工期目标。由于进度计划实施过程中目标明确,而资源有限,不确定因素、干扰因素多,这些因素有客观的、主观的,随着主客观条件的不断变化,计划也随之改变,因此,在班组施工过程中必须不断掌握计划的实施状况,并将实际情况与计划进行对比分析,必要时采取有效措施,使项目进度按预定的目标进行,确保目标的实现。进度控制管理是动态的、全过程的管理,其主要方法是规划、控制、协调。

(一)影响施工进度的因素

影响建设工程施工进度的不利因素有很多,如人为因素、技术因素、设备因素、材料及构配件因素、机具因素、资金因素、水文地质与气象因素,以及其他自然与社会环境等方面的因素。其中,人为因素是最大的干扰因素。从产生的根源看,有的来源于建设单位及上级主管部门及建设监理;有的来源于勘察设计、施工及材料、设备供应单位;有的来源于政府、建设主管部门、有关协作单位及社会;有的来源于各种自然条件。班组长应该多与各相关方沟通、协商,在自身的进度控制上要考虑全面。

(二)班组施工进度控制的主要措施

1.组织措施

建立进度控制的组织措施,落实人员的任务和职责:确定他们各自的进度目标,建立激励机制,对进度控制人员的工作进行协调和考核,利用激励手段(奖励、惩罚、表扬、批评等方式)督促他们进行进度控制。

【案例 3-19 】

计划任务分清楚,工人干活快又好

工艺一班、工艺二班在某长输管道上 A 标段同时进行管道工艺安装。工艺一班将进度计划分解到个人,规定了每个焊工每天的焊口数,对完成超出当天规定焊口数并探伤合格的焊工进行奖励;工艺二班只规定了当天焊接的总数,没有分解到个人头上,只要当天的工作完成不了,大家都要加班施工完成当天的工作量。这样一个月下来,工艺一班提前 4 天完成工作量,焊接一次合格率达到 98% 以上;工艺二班按期完成工作,但班组成员都很疲惫,基本每天都在加班,焊接一次合格率只达到90%。

评析:案例中工艺一班的班长调动了大家的积极性,让班组成员主动去完成工作,整个班组是积极向上的,而工艺二班整个班组都很被动,班组成员没有个人的目标,虽然有总目标但分工不明确,没有调动班组成员的积极性。

2.技术措施

(1)查看图纸,对图纸不明确之处提出疑问,对不利于班组施工的技术方法提出合理合规的建议。

（2）明确施工方案的科学性、先进行、合理性及防治质量通病的措施。

（3）明确施工中所应采用的先进施工工艺、技术方法、机械设备（及其相关的经济补偿措施）等。

上述措施主要是以提高预控能力、加强主动控制的办法来达到加快施工进度的目的。在班组实施过程中，要将被动控制与主动控制紧密地结合起来，认真分析各种因素对工程进度目标的影响程度，及时将实际进度与计划进度进行对比，制定纠正偏差的方案，并采取赶工措施，使实际进度与计划进度保持一致。

3. 经济措施

进度控制的经济措施，是指用经济的手段对班组工程进度控制进行影响和制约，它有以下几种：

（1）熟知图纸，当出现图纸以外的工作量时，第一时间与项目部进行沟通，办理现场签证，再组织人员施工。

（2）对非自身原因造成的窝工、赶工要进行索赔。

（3）采取奖惩措施，对提前完成工作的个人，可给予物质和经济奖励。

4. 合同措施

进度控制的合同措施是指必须按照合同规定的进度控制目标，采用合同规定的进度控制方法，对施工进度进行控制的措施。

（1）按签订的分包合同进行管理，即在处理工程实施过程中遇到的任何进度问题或其他问题，均应依据合同规定进行处理，不能主观臆断。

（2）合同中对与进度有关的内容作出明确规定，如开工日期、竣工时间、主要事件的完成时间、各类文件的审核时间、主要试验和检验的时间安排等。

5. 信息管理措施

信息管理措施是指在施工进度控制过程中，对工程进度信息进行有效管理，以掌握最新的信息，确保决策的正确性。

（1）严格执行项目部的进度文档管理要求，做好各类进度报告，按时上报。

（2）建立进度信息沟通制度，保证信息渠道畅通。

（3）建立信息管理组织。信息管理包括人工管理信息系统和计算机管理信息系统两种。前者包括信息人员的配备、会议制度的建立、各项基础工作的健全化、信息的鉴定、签证和归档制度等。后者包括人员配备、计算机硬件和软件配置等。

四、班组施工进度的调整

（一）进度偏差分析

进度偏差的表现形式可以分为进度超前、进度正点、进度滞后三种情况。

（1）进度正点属于按期完成相关工作，只需总结进度计划执行过程中好的经验，并按照原计划继续执行即可。

（2）当进度偏差体现为某项工作的实际进度超前时，对一项非关键工作，其实际进度的超前事实上不会对计划工期形成任何影响，但往往可导致资源使用情况发生变化，管理过程中稍有疏忽甚至可能打乱整个原定计划对资源使用所作的合理安排，特别是在有多个平行分包单位施工的情况下，由此而引起的后续工作时间安排的变化往往会给项目管理者的协调工作带来许多麻烦。对计划中的一项关键工作而言，尽管其实施进度提前可引起计划工期的缩短，但基于上述原因，往往同样也会使缩短部分工期的实际效果得不偿失。因此，当进度计划执行过程中产生的进度偏差体现为某项工作的实际进度超前时，若超前幅度不大，此时计划不必调整；当超前幅度过大，则此时计划必须调整。

（3）当进度偏差体现为某项工作的实际进度滞后时，此时可按照以下几种情况进行分析处理：

① 若出现进度偏差的工作为关键工作，则由于工作进度滞后，必然会引起后续工作最早开工时间的延误和整个计划工期的相应延长，因而必须对原定进度计划采取相应调整措施。

② 当出现进度偏差的工作为非关键工作，且工作进度滞后天数已超出其总时差，则由于工作进度延误同样会引起后续工作最早开工时间的延误和整个计划工期的相应延长，因而必须对原定进度计划采取相应调整措施。

③ 若出现进度偏差的工作为非关键工作，且工作进度滞后天数已超出其自由时差而未超出其总时差，则由于工作进度延误只引起后续工作最早开工时间的拖延而对整个计划工期并无影响，因而此时只有在后续工作最早开工时间不宜推后的情况下才考虑对原定进度计划采取相应调整措施。

④ 若出现进度偏差的工作为非关键工作，且工作进度滞后天数未超出其自由时差，则由于工作进度延误对后续工作的最早开工时间和整个计划工期均无影响，因而不必对原总进度采取任何调整措施。

（二）施工进度调整方法

如果进度偏差超过允许范围，特别是关键路线上的关键作业，则要分析产生偏差的原因,产生偏差的地方,以及进度趋势,并预测对完工日期的影响。预测的主要依据是:目前的进度情况、偏差状况、生产率、人力资源、材料到货情况、主要施工机具情况等。在以上分析基础上,向单位和主管领导反馈信息,召开专题会议,针对产生进度偏差的原因,采取措施,并对措施的执行情况、进度的改善情况进行检查,保证班组进度的正点到达。

一般进度计划调整的方法如下:

(1)缩短某些工作的持续时间。这种方法是不改变工作之间的逻辑关系,而是缩短某些工作的持续时间,而使施工进度加快,并保证实现计划工期的方法。这些被压缩持续时间的工作是位于由于实际施工进度的拖延而引起总工期增长的关键线路和某些非关键线路上的工作。同时,这些工作又是可压缩持续时间的工作。

(2)改变某些工作间的逻辑关系。当工程项目实施中产生的进度偏差影响总工期,且有关工作的逻辑关系允许改变时,可以改变关键线路和超过计划工期的非关键线路上的有关工作之间的逻辑关系,达到缩短工期的目的。

(3)资源供应的调整。对于因资源供应发生异常而引起进度计划执行问题,应采用资源优化方法对计划进行调整,或采取应急措施,使其对工期影响最小。

(4)增减施工内容。增减施工内容应做到不打乱原计划的逻辑关系,只对局部逻辑关系进行调整。在增减施工内容以后,应重新计算时间参数,分析对计划工期的影响。当对工期有影响时,应采取调整措施,保证计划工期不变。

(5)增减工程量。增减工程量主要是指改变施工方案、施工方法,从而导致工程量的增加或减少。

(6)改变起止时间。起止时间的改变应在相应的工作时差范围内进行,每次调整必须重新计算时间参数,观察该项调整对整个施工计划的影响。

这里简要介绍一下进度控制的综合分析方法——赢得值法。赢得值法(Earned Value Management, EVM)是一种能全面衡量工程进度、成本状况的整体方法,其基本要素是用货币量代替工程量来测量工程的进度,它不以投入资金的多少来反映工程的进展,而是以资金已经转化为工程成果的量来衡量,是一种完整和有效的工程项目监控指标和方法。其主要参数包括:

(1)已完工作预算费用。已完工作预算费用(Budgeted Cost for Work Performed, BCWP)或赢得值(Earned Value, EV)是指在某一时间已经完成的工作(或部分工作),以批准认可的预算为标准所需要的资金总额,由于业主正是根据这个值为承包人完成的工作量支付相应的费用,也就是承包人获得(挣得)的金额,因此称为赢得值或挣值。

（2）计划工作预算费用。计划工作预算费用（Budgeted Cost for Work Sched-uled，BCWS）或计划费用（Plan Value，PV），即根据进度计划，在某一时刻应该完成的工作，以预算为标准所需要的资金总额。一般来说，除非合同有变更，BCWS 在工程实施过程中应保持不变。

$$计划工作预算费用 = 计划工作量 \times 预算单价$$

（3）已完工作实际费用。已完成工作实际费用（Actual Cost for Work Per-formed，ACWP）或实际成本（Actual Cost，AC），即到某一时刻为止，已完成的工作所实际花费的总金额。

$$已完工作实际费用 = 已完成工作量 \times 实际单价$$

对于进度管理来讲，可以通过以下参数判断进度执行情况，确定进度偏差情况之后，就可以按照前面说的调整措施进行进度计划的调整，从而确保进度计划执行落实。

（1）进度偏差（Schedule Variance，SV）。

$$进度偏差 = 已完工作预算费用 - 计划工作预算费用$$

$$SV = BCWP - BCWS 或 SV = EV - PV$$

当进度偏差为负值时，表示进度延误，即实际进度落后于计划进度；当进度偏差为正值时，表示进度提前，即实际进度快于计划进度。

（2）进度绩效指数 SPI。

$$进度绩效指数 = 已完工作预算费用 / 计划工作预算费用$$

$$SPI = BCWP / BCWS 或 SPI = EV / PV$$

当进度绩效指数小于 1 时，表示进度延误，即实际进度比计划进度落后；当进度绩效指数大于 1 时，表示进度提前，即实际进度比计划进度快。

五、班组进度与质量、成本、安全的关系

工程项目的安全、质量、成本、进度四大目标，两两之间的关系是既对立又统一。在班组的日常施工管理中，安全是保证，质量是保障，进度是关键，成本是价值。安全、质量、进度、成本既是相辅相成的关系，又是相互制约的关系。

（一）进度与成本

进度控制是班组施工中一个动态的不确定的管理过程，是一个极其重要的环节，制约着班组的投资成本，进而影响单位的效益及信誉。一般来说，进度加快就需要增加加快进度的措施成本及规避工程质量问题的成本，反过来成本控制又制

约着工程进度控制,但进度慢,人员、材料、设备运转速度减缓,效率降低,也会增加计划外的投入,导致成本增加。通常情况下,工期的长短及进度安排都会影响施工成本。各工序之间存在着严格承继关系,工期变化将会导致相应费用发生变化,从而影响施工总成本。

(二)进度与质量

班组要处理好质量与进度的关系,首先要做到质量当头。在确保质量的前提下,加快速度,决不能顾此失彼。严格工艺,按程序办事。加强管理,严格标准,对不合格的工序坚决推倒重来,对不合格的原材料坚决不用,宁可速度慢些也要确保工程质量万无一失,决不可怕影响工期而简化程序,对应执行的标准打折扣。

【案例 3-20】

不按程序快赶工,赔了夫人又折兵

某工艺安装班组在北方地区进行管道工艺安装,当地平均气温连续 5 天低于 5℃,属于冬季施工。工艺安装班组所属项目部在 10 天前已进行冬季施工技术交底及施工方案的交底,在焊接过程中班长李某为了节省成本及赶进度,未按照冬季施工技术交底及施工方案进行焊前的预热及焊后的保温,在无损检测中发现多道焊口出现裂纹导致返工,既增加了施工成本,也影响了施工进度。

评析:案例中班长李某出发点是为了节省成本及赶进度,但他违背了施工方案及施工工艺技术要求,最终的结果是不但没有节省成本,也没有加快进度,反而使工程出现了质量问题,成本、进度、质量三大目标都受到影响。

(三)进度与安全

施工的安全警示语"不要抄近道,否则会白跑。不要绕远道,否则会迟到"道出了安全与进度的关系,强调了只有安全,才有进度的理念。安全就像进度的"指路灯",指引着进度顺利到达终点。就施工班组而言,更要点亮安全这盏"明灯",做到安全与进度并进,安全与进度共赢。

安全、质量、进度、成本这四者间存在内在的统一性,它们互相制约、互相影响、互相促进,只有正确处理好四者的关系,才能确保班组生产的顺利进行。

第六节　物资管理

一、物资管理概述

（一）物资管理的定义

物资管理是指企业在生产过程中，对本企业所需物资的采购、使用、储备等行为进行计划、组织和控制。物资管理是企业管理的一个重要环节。物资管理是否科学、合理，直接影响企业的成本控制，关系着企业的生存与发展。在市场经济条件下，我国传统的以"计划配给"为中心的企业物资管理模式逐渐丧失了活力，已经不能适应市场经济发展的要求，创新企业物资管理成为我国企业的一个重要课题。

（二）物资管理的意义

物资管理的目的是通过对物资进行有效管理，以降低企业生产成本，加速资金周转，进而促进企业盈利，提升企业的市场竞争能力。企业的物资管理，包括物资计划制订、物资采购、物资使用和物资储备等几个重要环节，这些环节环环相扣、相互影响，任何一个环节出现问题，都将对企业的物资供应链造成不良影响。因此，在市场异常活跃的今天，物资管理已经成为现代企业管理的重要组成部分，成为企业成本控制的重要手段，企业生产经营活动正常运转的重要保证，企业发展与壮大的重要基础。

二、班组物资管理的职责和目的

（一）班组物资管理的范畴

班组的物资管理主要涉及工程材料的领用、现场保管及安装使用。

工程主材管理主要包含班组所施工工程的用料计划、领用及安装核销、现场临时料场的物资管理、工程完工后剩余物资的退料等。

工程辅助物资管理包含班组施工工具用具的发放及保管登记、班组成员劳保用品的管理、班组设备维修用料上报维修完毕后的核对确认、焊材及设备油料的管理等。

其中油料（柴油、汽油）、焊材（电焊条、焊丝）、工业气体（氧气、乙炔、氩气、液化气）、润滑油（机油、防冻液、液压油）、电焊机、吊车的滤芯（柴油滤芯、空气滤芯）

等批量大、金额多的工程辅材,由需求班组报物资采购部门,由物资采购部门统一采购。

(二)班组长物资管理的职责

(1)开具领料单,负责对领用物料的检查,工艺安装前对物料的种类、数量等进行确认和复核。

(2)控制本班组的物料运作规范管理,严格控制异常消耗,降低成本。

(3)规范班内物料运作方式,文明作业。

(4)所承接的工作量完成后,督促所有工程余料的及时退库或挂库存。

(5)负责组织班组做好班组工器具及辅助材料的日常管理。

(6)按照定置区域的要求合理摆放物料。

(7)按要求做好现场标识管理工作。

(三)班组物资管理的目的

实施班组物资管理就是要班组所用材料有计划、有台账,标识清楚、流向清晰,达到控成本、提效率的目的。

三、班组物资管理的控制要点

(一)班组物资现场验收

(1)现场班组负责对进场物资进行质量和数量验收、标识,并对规定复检的物资取样送检。现场班组负责对复检不合格物资信息的传递,参与处置并保存资料,编制台账。现场班组负责编制进场物资的原始记录、台账、发放记录、统计报表。现场班组负责对自行采购物资的质量控制管理工作。

(2)验收流程是现场材料管理的首要环节,包括验收准备、核对凭证单附件、质量和数量检验、办理验收手续及遗留问题的处理。

(3)材料进场前必须作好各项验收准备,保证验收工作顺利进行,为下步的材料堆放、保管创造良好条件。在材料进场前,根据用料计划、现场平面布置图进行存料场地及设施准备,场地应平整,并按需要建棚建库。对进场露天存放需要苫垫的材料,应做好苫垫材料的准备,确保验收后的材料能妥善保管,避免损坏变质。根据材料计量需要,在材料进场前配齐所需的计量器具,确保验收计量的顺利进行。

(4)核对凭证单附件。办理材料验收首先要认真核对进料凭证单附件,经核对确认是应收的材料后方能办理质量、数量的验收,凡无进料凭证单附件和确认不属于应收的材料,不得办理验收并及时通告供应部门处理。进料凭证单的附件一般包括运输单(小票)、出库单、调拨单,核对凭证单附件应根据材料计划表等核对凭证单附件的名称、规格、数量,其中各种构件、半成品应核对合同编号及加工单位。

(5)质量验收。对进场材料必须认真检验质量,确保验收后的材料符合质量要求,凡不符合质量要求的材料不得验收、发放。

现场材料质量的检验主要通过目测材料外观的质量和检验材质性能证件,必要时送检。一般材料外观检查应依据有关标准检验材料的规格、型号、尺寸、色彩及包装,并应有文字记录。特殊材料、非标加工件的外观检验,应依据加工合同、图纸及翻样资料、样品等会同技术部门进行质量验收,做好质量检验记录。凡企业已经明确必须附有材质证明的材料,在现场依据供方随材料提供的材质证明进行质量验收,并在办理验收手续时,注明材质证明的编号。金属材料(钢材、模板、五金等)外观应无腐蚀,规格、型号统一,包装器材无破损,理化性能技术指标资料完整、齐全,卸货时要轻卸轻放,尽量减少卸货时产生的噪声。焊条、焊剂和焊药应有出厂质量证明书。

(6)数量验收。对进场材料必须认真点数、核重、检尺、办理数量验收,对分批进场的材料要做好分次验收记录。对超过规定磅差范围的应通知供料部门及时处理,对地方材料、水泥及成箱成捆的材料应按照以下规定办理数量验收:对有包装的材料,除按包装件数实行全数检验外,属于重要的、专用的、贵重的及配套性强的,应开箱拆包逐件点数、检尺和核重;属于一般通用的,可进行抽查,抽查率不得低于10%。

(7)验收手续。经质量核对和数量检查无误后,由现场班组立即开具收货凭证,并将凭证单附件附于收货凭证单之后留存记账,装订成册。

(8)验收问题的处理。凡进场的材料如发生质量、数量不符合要求的情况时,应及时通知供货部门,能退货的应及时退货,一时不能退货的,在协商期内应妥善保管,不得丢失和损坏。

【案例 3-21】

现场材料标识很重要

某油田某井区集油、注气工程,需要各类型三通 30 只,到货后由班组材料员唐某负责验收,填写验收清单。材料到货验收合格后,填写入库单入库。由于这些三通使用在不同安装部位,为方便班组施工人员有效区分,班组长小朱要求唐某自制材料料签贴于每个三通上。施工周期一个多月,30只各类型三通全部安装完毕,无一错漏。

评析:班组对材料进行现场验收后,材料标识要细致,这对后续的生产施工很有帮助,可以减少现场错误使用率,减少返工工作量。

(二)班组物资现场保管

经过验收合格的材料要在显眼位置悬挂标识牌,标识还应注明"待检、合格、不合格"字样,以防不合格物资误用。物资按平面布置图堆放,场地应平整。物资入库入棚管理,做到防雨、防潮、防盗,如需露天存放,须上苫下垫,做到防雨、防晒、防浸、防变形。周转物资按品种分别堆放,不用的要及时退场、及时维修,不得随意挪作他用。对价值较高、易损、易坏、易丢的材料应入库保管,必须落实安全保管措施,防止丢失和损坏。

1. 库存场所设置

(1)露天料场。凡风吹、日晒、雨淋和温湿度变化对物资无显著影响的,可存放在露天料场,如生铁锭块、毛坯、钢轨、钢管、铸铁管、中厚钢板、原木、大型粗制配件等。

(2)料棚。凡受日晒、雨淋易变质损坏,而温湿度的变化对其影响不大的,可存入料棚保管,如中型钢材、钢轨配件、优质木材、耐火砖、电缆等。

2. 库存场所摆放要求

为减少库存商品受到库外温湿度影响,料垛、料架都应与库墙保持一定的距离,不允许料垛、料架直接靠墙堆码和摆放。墙间距一般宽度为 0.5 米左右。

3. 库存场所区域划分

(1)料场、料棚、库房中设有合格区,存放的物资为检验合格的物资,需要按照物资的名称、规格型号划分清楚。客观条件无法满足每种物资单独摆放要求的,可以在一个区域使用明显间隔标志(如白线等)进行划分。

(2)料场、料棚、库房中设有待检区域,有明显标识,将检验过程中发现资料缺失、零部件不全、备品备件不齐全、有质量问题可进行修补的物资放入待检区域,并且在《验收单》上做详细记录。

(3)料场、料棚、库房中设有不合格区,将检验过程中定为不合格的物资放入不合格区,并且通知厂家进行退货或者更换处理,填写《不合格品处理单》。

4. 库存场所堆垛要求

（1）科学合理。根据物资的性质不同选择不同的堆码方式，按照商品的不同品种、规格、等级、生产厂商、进货批次等分别堆垛；场地条件存在限制的，使用明显间隔标志（如白线等）进行划分；贯彻先进先出原则；做好下垫上苫，创造良好保管条件。

（2）稳固安全。垛基要坚实牢固，能承受料垛的全部重量；进行必要的加固，增强料垛的整体性和稳定性。

（3）简易方便。剁型尽量简化，容易堆码。料垛排列和料垛本身横竖成线，实行"五五化"堆码，标记料签明显可见。

（4）垛基本身有足够的抗压强度和刚度。为防止地坪被压陷，应扩大垛基同地坪的接触面积，下垫的水泥墩和枕木要有足够的密度。

（5）保证良好的防潮和通风。垛基应为敞开式，有利于通风；露天料场垛基高度在 300 ~ 500 毫米。露天料场的钢材垛基应保持一定的坡度，以利于排水。

（6）为保证垛基上存放的物品不发生变形，露天场地应平整夯实，下垫物应放平摆正，所有下垫物同时受力，且受力均匀。大型设备重心部位应增加下垫物。

（7）物资的堆码方式一般采取平放，使重心最低，最大面积接触地面，易于堆码，稳定牢固。对不宜平放堆码的物资，需竖直立放。

（8）料垛苫盖

料垛苫盖主要是针对露天堆垛的物料，为防雨雪、防风吹日晒、防尘、防散失等，使用苫盖物进行苫盖。一般多使用篷布、油毡、苇席、塑料薄膜等。

（三）物资的发放管理

发放与领用是班组现场材料管理的中心环节，标志着材料从生产储备转向生产消耗，也是管理责任的转移，为确保材料发放与领用方向的正确，必须严格领发依据，明确领发责任，健全领发手续。

四、班组物资标识标准化管理

为建立良好的保管秩序，应对物资料位进行统一的编号。采用"四号定位"，即用库房号、料架（垛）号、料架（垛）层号、料位顺序号四个号数来表示一个货位。采用数字、字母混合表示法，利用数字"1、2、3、4、5、6、7、8、9、0"，字母"A、B、C、D"等进行表示。为区别库房、料棚、料场，定义"K"表示库房，"P"表示料棚，"C"表示料场。为区分料区,可对料区进行编号,用字母所示。为查找物资料位方便,各单位可根据实际情况进行料位编号。

库房、料场、料棚存放物资要做到产品标识清晰、材质不混、名称不错、质量合格、数量准确、规格不串,账、卡、物、资金相符。标识牌上要写明物资的名称、型号、规格,产品自带品名、型号、规格的可免挂标识(图3–18)。

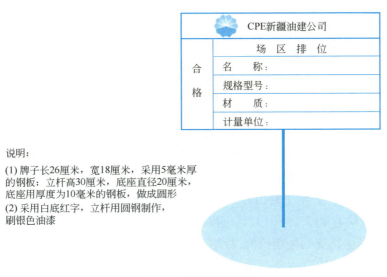

说明:

(1) 牌子长26厘米,宽18厘米,采用5毫米厚的钢板;立杆高30厘米,底座直径20厘米,底座用厚度为10毫米的钢板,做成圆形

(2) 采用白底红字,立杆用圆钢制作,刷银色油漆

图3–18 现场材料标识牌

五、班组物资安全管理

班组物资安全管理主要涉及物料领取后的保管、物料的看护、防火、防盗、防雨以及物料的拉运等。班组对领取的工程主材和辅材有安全管理的职责,要确保物资在使用前的完好性,减少不必要的损失。

班组工程材料的二次拉运和安装是经常发生的,特别是大型的阀类和设备,一定要在确认安全措施落实的情况下进行,防止损伤。

六、剩余物资的管理

在项目结束时,班组长和材料人员对现场库存物资要及时进行分类清点,并根据清点结果编制详细的剩余物资清单,注明物资状况以及剩余物资产生的原因,并上报项目部。班组应根据项目部的处理意见对现场剩余物资进行相应处理,并将处理结果书面反馈至项目部并留底。根据现场剩余物资处理结果进行项目成本转移及归集,特别是物资质量证明资料要齐全,一并移交。

七、班组物资成本及考核管理

(一)班组物资的定量化管理

班组的物资管理关系企业的安全、生产任务的完成和整体经济效益,因此,班组应管好、用好物资材料,做到计划得当、使用合理。

(1)班组物资申请计划应根据《设备检修消耗定额》、日常维护工作实际领用量、已批准的项目与预算,综合平衡班组物资结存量进行编制。

(2)班组编制物资申请计划时,物资编码、项目、名称、规格型号、数量应详细填写,特殊要求在备注栏中说明,必要时附图纸。

(3)建立班组消耗材料台账和班组公用工具台账,并在材料跟踪系统中详细记录班组材料消耗台账中的领料量、经办人、领用量、领用人、材料使用方向、结存量和班组公用工具的领用情况。

(4)班组材料、公用工具由专人负责管理,账、物相符率达100%。

(5)班组结存物资、公用工具应摆放整齐,搞好清洁卫生,加强对结存物资的保管、保养,确保物资的使用价值,杜绝浪费。

(6)存于班组的事故备品由班组进行保管、保养,一旦动用或损坏,要做好记录并在3天内及时上报物资供应部,由物资供应部及时购买补充。

(7)班组应对施工现场的废旧材料、设备、配件等,在项目完工后10天内及时送交物资供应部仓库,并办好移交手续,以作备查。

(二)班组物资消耗控制管理

物资消耗控制分为对直接物资,即原材料和零部件的控制,以及对间接物资,即制造过程中所需要的其他物资的控制。

(1)物资消耗是一个综合的概念,理论上,产品研发部门在设计产品的时候,已经制定了物资用量的标准。但在实践中影响物资消耗的因素还包括:

① 班组人员操作的熟练程度。

② 现场物资存放管理不妥当,例如,标识不清导致错误使用、重复领用等。

③ 物资质量不合格,需要超额领用。

(2)针对上述影响因素制定如下物资消耗控制措施:

① 按工艺标准对班组人员进行岗前或者在岗培训,确保班组人员的操作技能达到工艺设计的要求。制定奖惩机制,促使班组人员对物资消耗管理的态度向积

极方面改变。

② 现场物资存放做到可视化管理：明确物品的名称、规格及用途，并分类标识及用不同颜色进行区分；物品的放置方法能保证顺利地进行先入先出。

③ 班组长加强对到场物资质量的把控：复查到场物资的检验合格率，在使用之前再次确认；现场物资的存放地点按质量要求做好温度、湿度、尘埃、污染物的控制；现场物资质量同样采取可视化管理，区分合格品和不合格品。

（三）班组物资考核管理

班组物资考核管理是为进一步规范班组物资管理，明确职责，发挥考核指标对管理的导向作用，改进和完善班组内部激励和约束机制，推进班组物资管理创新，确保班组全面完成各项经营指标。

（1）物资材料在领用及到场入库前由技术员或班长进行验收，防止发生物资材料不合格或型号不对影响正常使用的情况。

（2）物资材料由专人管理，并建立清楚的入库、出库和消耗台账。

（3）建立行之有效的出入库手续办理制度。

（4）物资材料的保管要按种类分类摆放、储存、保养，并采取防腐、防锈等相关措施。

（5）班组人员在施工中要注意节约物资材料，用不了的或没用上的物资材料一定要拿回后交给保管员，防止浪费现象发生。

（6）班组根据自身生产需求领取工机具，对于年度超支的班组，由财务部门在全体班组成员岗位工资总额中扣除超支金额；反之，对于节支的班组，由物资部门审核结余清单后，结余金额由班组自行支配。

（7）全面推行物资丢失和损坏责任赔偿制度，对于没有标明使用期限的生产物资，由责任人照价全额赔偿；对于施工工具和标明使用期限的生产物资，凡发生丢失、不正当使用损坏现象，根据该物资的考核使用年限标准、实际使用期限和购入价格，按比例由责任人进行有额度的赔偿。

（8）每个月对班组成员的个人工作业绩和个人发生的物资材料费用进行考核，考核结果与个人绩效挂钩，以此促使班组成员在施工中节约物资材料。

八、班组物资管理的数据化和信息化

随着市场竞争越来越激烈，物资管理工作中产生的信息也越来越多，如何有效地对这些信息进行收集、整理和分析，就成为物资管理工作的一个新的课题。显然，传统的手工作业已经远远不能满足工作需求。因此，班组对物资实施信息化管理已势在必行。

物资管理信息化是班组提高管理效率和管理水平的需要,对推动和实现班组承包理念创新、管理创新具有重要意义。

(一)班组物资信息管理系统的功能

(1)物资采购计划的编制、汇总、上报。

(2)物资的入库、出库及票据记账管理。

(3)物资的报表、查询、打印功能。

(二)班组物资信息管理系统的特点

1.自动控制

出库物资的控制:如账面库存为零时,计算机提示该用户此物资已经没有库存了或提示用户支出数量大于库存量,不能支出等。

2.数据报警

根据用户设定,可以产生各类报警。例如,当在库物资低于核定的储备定额时,通过计算机报警通知用户补充该物资的采购计划进行采购,以保证正常生产所需;当高于核定的储备定额时,提醒用户该物资已经超储,无须采购,以免造成超储积压。

3.历史数据存储

自动或手动形成各类历史数据,并且以各种方式供用户查看,如历史趋势、历史报警、趋势分析等。

第七节　资料管理

一、班组资料管理的重要性

班组资料管理是对班组在生产活动过程中和班组组织管理过程中所形成的有关的技术资料、综合台账、生产记录、管理规章制度等进行的填写、收集、整理、保管等活动。同班组质量、安全管理等管理工作一样,班组资料管理也是班组各项管理工作的重要组成部分之一,而且是班组其余各项管理活动开展的基础。

班组资料管理的重要性主要体现在以下几个方面:

（一）做好班组资料管理是现代企业生产管理的基本要求

班组在生产运行过程中必须按照现代企业管理的基本要求开展班组各项活动，真实地记录班组管理情况，准确地填报各类报表记录，及时地反馈各类资料信息，这是现代企业中进行班组管理最基本的要求。

（二）做好班组资料管理是企业对班组进行绩效考核的基础

企业对班组考核最根本的依据是班组上报的各类资料信息，如果班组缺乏资料管理或资料管理不完善，就有可能影响班组的绩效。对于生产经营型班组，这一点尤其重要。

同样，班组对也需要通过考勤表、工作记录单、任务单等来对班组成员的工作绩效进行考核，这也是班组兑现绩效的依据。下面这个案例很好地说明了资料管理对班组每个成员的重要性。

【案例 3-22】

小小签名不简单

小李刚从学校毕业，通过自己优异的成绩和良好的表现顺利通过面试，应聘到了某知名建筑公司上班。报到后经过 3 个月的入职培训教育，小李被分配到施工班组进行第一阶段的生产实习。刚到现场半个多月，小李觉得现场的一切都是那么的新奇有趣，除了那枯燥乏味的每日班前安全讲话。在他看来，每天都是讲些"注意劳动防护、戴好安全帽"之类的老套话，一点意思都没有。因此在班前教育时，就常常走神开小差，心里想着："这么啰唆，净说些没用的，不就是为签个字吗？"有时候为图省事，他还找人代签。班组长老张发现了这个情况就主动找到小李，通过一番推心置腹的谈话，小李终于认清了自己的问题所在。在班组安全讲话记录本上签名的事情虽然很小，可是这小小的签名却代表了我们是否在对自己的生命负责。

（三）做好班组资料管理是提升班组管理水平的重要保障

班组资料是班组管理过程的原始记录，通过对班组资料的整理、分析，可以总结发现班组管理过程中好的做法和经验，找到班组管理过程中存在的不足和问题，并通过积极推广好的做法、有针对性地改进不足，达到提高企业班组管理水平、提高生产效率的目的。再进一步讲，企业通过对班组上报的各类资料的统计分析，可以准确真实地反映出企业最基层单位的基本情况，进而对企业改善经营、提高管理提供可借鉴参考的依据。从这一点上讲，做好班组资料管理对于整个企业都具有非常重要的意义。

二、班组资料管理的内容及分类

班组资料管理的内容很多,不仅包括班组规章制度、各岗位操作规程、安全制度等,还包括员工信息、考勤记录、设备运行情况、维修记录、生产数据、统计报表等。为了更好地了解班组资料管理的内容,做好班组资料管理工作,通常对班组资料进行分类,具体分类方法可以参考以下几种。

(一)按照班组类型不同进行分类

按照工作性质的不同,可以将班组分为生产型班组和非生产型班组,相应的班组资料也可以分为生产型班组资料和非生产型班组资料。其中生产型班组形成的资料又包括班组管理资料和班组生产运行资料,而非生产型班组形成的资料主要是班组管理资料。针对油田地面建设工程施工班组是以从事工程施工、提供服务为主的特征,下面讲的班组资料若无特殊说明均指的是生产型班组资料。

(二)根据资料形成的过程和来源进行分类

班组在生产管理活动过程中,有些资料是随着生产管理活动而产生的,有些是需要进行加工处理的,根据其资料形成的过程和资料来源可以将班组资料分为原始资料和班组管理资料。其中,班组的原始记录、数据是班组现场开展生产活动所形成的真实记录班组活动的相关资料,它是反映班组工作成果的主要体现,是班组实施按劳分配的依据,是企业进行生产经营活动的第一手资料,是企业信息工作的最基本环节和工作基础。班组原始记录主要包括:

(1)产品生产记录,如"三检制"记录、焊接工作记录、焊缝统计表等。

(2)班组劳动和劳动时间利用情况记录,例如班组考勤记录、班组每日工作任务单等。

(3)班组原材料和燃料动力消耗记录,例如焊材领用使用记录、劳保用品发放使用台账、氧气乙炔使用台账等。

(4)班组设备利用记录,如电焊机设备运行记录、设备保养维修记录、设备加油记录等。

(5)班组安全记录,例如班组安全讲话记录、新员工三级教育记录、安全会议记录、作业"五交底"记录、各类作业票证等。

班组的管理资料是班组对生产技术、产品质量、经济活动、安全文明生产、学习生活等方面所制定的各种规则、章程和办法的总称。例如,交接班制度、岗位练兵制度、"三检制"质量管理制度、安全文明生产制度、班组经济责任制度等。

(三)按照管理要素的不同进行分类

按照管理要素"人、机、料、法、环"的不同,班组资料又可分为班组安全管理资料(如班组讲话记录、班组培训记录等)、质量管理资料(如自检资料、工序资料、焊接工艺指导卡)、人事管理资料(如员工考勤表、员工工资发放表等)、班组成本管理资料(如油料使用登记表、辅材领用使用登记表)、设备机具资料(如设备台账、生产运行记录、维修记录、操作规程等)、班组班务活动资料(如班会记录、班组学习培训记录)等。

(四)按照班组建设的要求进行分类

按照班组建设的要求,可以将班组资料分为管理规范、技术资料台账、综合性记录三种类型。

管理规范包括班组应执行的各项管理标准、岗位工作标准或岗位操作规程、班组管理制度以及班组内部管理规定,是班组成员的行为准则和规范。

技术资料台账包括班组应执行的用以指导生产作业的各项技术标准、规程、图纸、作业指导书以及原始记录、专业报表等。例如,焊接工艺卡是班组焊接施工的根本依据,班组成员在施工组对焊接中必须严格落实上面的技术参数和要求,包括对口间隙、坡口角度、错边量、焊接电流、速率、层间清理要求等。

综合性记录包括工作日志、安全活动记录、班务记录等。其中,工作日志由班组长记录班组每天工作开展情况,包括干的什么工作,完成多少,班组成员出勤情况等。安全活动记录按相关规定记录班组安全活动的开展情况,分为每日班前安全讲话、专项安全活动开展及检查情况。班务记录主要记录班务会、民主生活会、班组学习培训、思想文化建设等班组管理工作的开展情况,各项活动可以合并记录。

三、班组资料管理的基本要求

班组现场管理水平是企业的形象、管理水平和精神面貌的综合反映,是体现企业素质及管理水平高低的重要标志。而完整的管理资料和齐全的班组生产资料则是班组顺利完成各项工作的重要保证,因此资料管理是班组建设的基础,做好班组资料管理对于提高班组工作效率、降低运行成本、规范班组建设具有重要的意义。具体来讲,在班组资料管理过程中需要做好以下几个方面的工作。

(一)班组资料管理工作实施"班组长负责制"

班组长对班组的各项工作负有全面管理责任,班组资料管理是石油工程建设企业基层班组的一项非常重要的基础性工作。因此,班组长要高度重视班组资料管理工作,加强班组资料管理工作的计划、落实、检查和验收。

(二)班组资料管理的完整性、真实性、有效性、系统性

做好班组资料管理的前提是要做好相关资料的填写、收集、分析和整理。班组资料管理必须做到完整、真实、有效、系统。

1. 班组资料应具有完整性

所谓班组资料的完整性,是指资料填写是否全面,记录是否完整,描述是否准确,图表是否清晰,资料的收集是否齐全,资料的管理是否有序。齐全的相关数据资料,是做好各项工作的基础。

2. 班组资料管理应具有真实性

所谓真实性是指资料必须如实记录,真实、准确地反映实际情况。真实的资料是顺利完成各项任务的基础,也是企业客观评估其各项经营状况、管理水平的首要前提。真实准确是班组资料管理的关键要素之一。在收集资料时,不能在一开始就只想尽快地完成资料收集工作,这项工作的关键在于求证被收集资料的真实性。为了避免在繁忙的工作中将各种资料混乱、遗漏,资料员应该随时带个小本子仔细观察记录。遇有工艺流程、油料消耗等方面的重要信息,更应立即记录下来。资料记录应全面、真实,尽可能获得第一手资料。第一手资料包括方案、数据、图表等。对于自己不能理解的工作流程要仔细询问,记录中不应带有自己的主观判断。

3. 班组资料管理应具有有效性

有效性有别于真实性。按照哲学的观点事物是变化的,客观事物会随着客观条件的变化而发生变化。所谓有效性,就是指收集的资料是否利用了相关测量方法来取得,以及对收集的资料是否及时进行了分析整理和信息处理。资料的有效性要求将收集的资料根据使用目的进行分析整理,使收集的资料为相关工作服务。

4. 班组资料管理应具有系统性

所谓系统性是指对班组资料的收集、整理、立卷、归档、反馈等环节进行规范化管理。资料整理工作既要把握重点、分清主次,又要注意防止应该收集的资料散失,在实际工作中要注意区分内容、形式、作用等方面都具有很多相似之处的资料。要

把同类并具有内在联系的资料组织在一个文件档案盒中，保持同一个项目的完整性，以便能够快捷了解同一类工作的处理过程及来龙去脉。例如，设备有关的资料，包括设备台账信息、设备运行记录、设备保养记录、设备维修记录、设备调遣记录、设备操作规程等，这样就可以跟踪、了解、掌握每台设备的基本情况。

【案例 3-23】

找错误

下面以班组焊接施工自检、互检记录的填写为例，让我们找找资料填写中存在的问题。相关基本信息：工程名称为 ×× 油区地面建设工程，施工时间为 2015 年 6 月 10 日，天气晴，东南风 3～4 级，温度 22～35℃，管道规格为 DN273 毫米 ×7/20 号无缝钢管，管线编号为 FZ- 管径 - 壁厚 - 材质 - 焊工号，管线坡口为 V 形，管线焊接采用手工电弧焊，焊接材料为 E5015/φ3.2，施工规范参照 GB 50235—2010《工业金属管道工程施工规范》、GB 50184—2011《工业金属管道工程施工质量验收规范》。检查记录填写见表 3-21。

表 3-21　焊接施工自检、互检质量检查记录表

单位工程	×× 油区地面建设工程	天气状况	晴	管线规格	DN273	管线材质	20 号	管线编号	FZ
焊接方法	SMAW	焊接材料	E5015	焊材规格	E5015	坡口形式	V	坡口角度	55°～65°

管材编号	焊口编号	组对检查	焊缝质量检查								检查结论	备注
			外观检查				余高（毫米）	宽度（毫米）	咬边（毫米）	错边（毫米）		
			裂纹	飞溅	夹渣	气孔						
	1 号	合格	无	无	无	无	1.2	11.1～12.4	0.1	0	合格	
	2 号	合格	—	—	—	—	1.0	10.2～12.1	0	0	合格	
	5 号	合格	—	—	—	—	1.4	10.4～11.8	0	1.0	合格	

从表 3-21 中可以发现填写中存在的主要问题如下：

（1）信息填写不完整。例如，天气状况仅填写了晴天，未记录温度、风力等信息，而这对于管道焊接来讲极其重要。

（2）数据填写不准确。在对焊缝外观检查中，2 号、5 号焊缝，资料记录人员为了图方便在外观检查中直接用"/"代表了填写意见"无"，这种填写做法显然不符合资料填写的要求。

当然这张表格中还有一些其他不对的地方，试试看你能找出来吗？

（三）班组资料管理要注意减少资料中的重复度和信息冗余度

班组资料所涉及的资料台账、记录都应有相应的记录表格，明确填写规定和管理要求，方便填写。表格中的信息要充分反馈信息但又不重复啰唆，尤其是统计汇总型资料更要注意尽可能地减少资料中的重复度和信息冗余度。实际工作中，可以使用档案管理中常用的"以我为主"原则来进行，即为了方便本单位生产、工作的需要而设立资料管理的原则。整理资料虽然要花费宝贵的时间和精力，但整理好的资料能够在需要它的时候快速地取出、方便地查询并加以利用。资料不论多少，只有经过认真的整理才能使资料有条有理、井然有序。整理好的资料要及时将相关信息反馈给相关部门，以供其进行管理分析，为经营决策提供参考。

（四）班组资料要分类管理，动态维护

班组资料的种类很多，为了便于管理、方便查询和统计分析，通常需要对班组资料建立分类台账。分类可以按照管理的要素（人员、材料、设备、方法）进行，可以按照资料的形成时间不同（分周、月、季、年）进行，也可以按照个人、工种、专业等进行，具体需要根据所管理的资料具体分析。例如，关于班组人员的资料，可以分为电焊工、管工、气焊工、起重工分别建立其个人台账信息，明确相应的员工基本信息、入职时间、职业等级、取证情况、证书有效期、复审时间等，这样就可以方便掌握员工的基本情况了。同时，资料台账的管理建议尽量使用电子文档，便于修改、查询且避免重复记录。

（五）班组资料管理应做好保密工作

班组各项资料能够直观地反映出企业生产经营的许多信息，部分资料甚至可能涉及企业生产工艺、核心技术等。这些资料一旦泄露或丢失，可能给企业带来严重的影响。因此，班组资料管理必须严格按照集团公司有关保密要求，做好资料存

档保管工作。

四、石油工程建设企业施工班组常用资料

石油工程建设企业施工班组在日常工作中需要形成各种资料,主要从班组建设和竣工资料归档两方面来认识和了解班组管理过程中常见的各种资料。

(一)班组管理方面

从班组管理方面来讲,石油工程建设企业班组管理过程中需要建立或经常涉及的班组资料主要包括以下内容。

1. 班组管理相关资料

这包括班组应执行的各项管理标准、岗位工作标准或岗位操作规程、班组管理制度以及班组内部管理规定,是班组成员的行为准则和规范。主要包括:

(1)岗位工作职责(一岗双责)。岗位工作职责是指一个岗位所要求的需要去完成的工作内容以及应当承担的责任范围。具体对班组来讲,其相应的岗位工作职责主要包括班组长岗位工作职责、各技术工种岗位工作职责(包括电焊工、气焊工、管道安装工、拖拉机操作手、吊管机操作手、起重工、司索工等)、普工岗位工作职责。

(2)岗位安全操作规程。所谓岗位操作规程一般是指有权部门为保证本部门的生产、工作能够安全、稳定、有效运转而制定的,相关人员在操作设备或办理业务时必须遵循的程序或步骤。工程建设施工班组常见的岗位操作规程主要有:电焊工岗位操作规程、气焊工岗位操作规程、起重工岗位操作规程、电工岗位操作规程等。

(3)设备(机具)操作规程。所谓设备操作规程是指对操作工人正确操作设备的有关规定和程序。各类设备的结构不同,操作设备的要求也会有所不同。编制设备操作规程时,应该以制造厂提供的设备说明书的内容要求为主要依据。设备操作规程的内容是根据设备的结构运行特点,以及安全运行等要求,对操作人员在全部操作过程中必须遵守的事项、程序及动作等作出规定。一般设备操作规程应包括以下内容:

① 操作设备前对现场清理和设备状态检查的内容和要求。

② 操作设备必须使用的工器具。

③ 设备运行的主要参数。

④ 常见故障的原因及排除方法。

⑤ 开始的操作程序和注意事项。

⑥ 润滑的方式和要求。

⑦ 点检、维护的具体要求。

⑧ 停止的程序和注意事项。

⑨ 安全防护装置的使用和调整要求。

⑩ 交、接班的具体工作和记录内容。

操作人员应该认真执行设备操作规程,保证设备正常运转,减少故障,防止事故发生。石油工程建设企业施工班组常见设备操作规程主要包括电焊机操作规程、吊管机操作规程、空气压缩机操作规程、试压泵操作规程等。

（4）班前班后会议制度。该制度是为规范班组班前班后会议,引导班组长有效开展班组工作,结合单位实际情况对班组班前班后会议召开的时间、会议内容、参加人员、会议的程序及要求等内容进行具体的明确和要求。

（5）班组交接班制度。交接班是班组之间的一个正常衔接,是上一个班全面详尽地向下一个班交代与传达上班工作状况的一个重要环节,是保证生产秩序和安全状况一项重要制度。

（6）岗位练兵培训学习制度。本制度是为了加强员工技能培训,不断提高各岗位操作人员的操作技能,保证设备的安全运行和工艺指标的正常,对各岗位人员开展技能培训学习、业务提升等进行明确的规定。

其他如班组安全举报制度,员工安全权益维护制度,班组班务活动制度,班组劳动防护用品发放、使用、回收制度,班组生产辅助材料、施工工具领用管理要求等,这里就不再一一列举,具体可根据企业实际情况有选择地建立和完善。

2. 班组技术资料、台账

主要包括班组应执行的用以指导生产作业的各项技术标准、规程、图纸、作业指导书以及班组运行管理过程中需要填报、收集整理的各种原始记录、专业报表等,举例来讲可包括以下内容:

（1）班组人员（特种作业人员）台账:该资料主要记录本班组人员基本情况,记录的信息应至少包括班组人员姓名、岗位（工种）、年龄、性别、技术等级、作业证持证情况及类别、作业证有效期、岗前安全培训情况等,方便班组对人员情况的掌握。

（2）班组设备（特种设备）台账:该资料主要是对班组施工中可能使用的电焊机、拖拉机、吊管机、空气压缩机、试压泵等主要设备的基本信息进行统计记录,这些信息包括设备名称、出厂编号、设备状态、设备操作人员、设备维修保养情况等。

（3）班组计量器具台账：该资料主要是对班组施工中可能用到的相关计量器具进行登记管理，这包括但不限于焊接检测尺、钢卷尺、水平尺等，从而为及时检测产品质量、评定班组工作成果提供帮助。

（4）焊接工艺指导卡：该资料是指导班组焊接施工的指导性文件，班组成员在施工组对焊接中必须严格落实上面的技术参数和要求，包括对口间隙、坡口角度、错边量、焊接电流、速率、层间清理要求等。

（5）设备运行记录：该资料主要反映项目施工过程中各主要设备的运行时间、运转情况、加油记录等基本信息，以便上级部门考核班组机械使用情况、评价设备利用效率。

（6）焊条烘干、发放、使用、回收记录：该记录主要对班组焊接过程中所用到的各类焊材的领用、烘干、使用、回收等情况进行记录。

（7）班组劳动防护用品发放台账：该记录主要是针对班组各工种劳动防护用品的使用、发放情况进行登记、记录。这些劳动防护用品包括劳保服、劳保鞋、安全帽、护目镜、手套、口罩、电焊披肩等。

（8）班组小工具发放台账：该记录主要对班组活动过程中所用到的主要工器具进行登记、记录，包括对口螺丝刀、砂轮机、氧气乙炔表、割枪、回火装置、焊枪、铜鼻子、卡扣等。

（9）产品质量检查相关资料：包括"三检制"资料、组对记录、焊接记录等原始记录。

（10）交班记录或工序交接记录：交班记录已在前面章节讲过，这里主要介绍一下工序交接记录。根据国家相关标准规范的要求，在各主要工序之间必须有工序交接记录，并附施工质量检查验收记录。其具体要求包括：

① 工种之间的交接必须有记录，监理（建设）单位参加。

② 两个施工单位的工序交接必须有记录，监理（建设）单位必须参加。

③ 总包单位与分包单位的交接应有记录，并应有检查验收记录，监理（建设）单位参加。

④ 一个单位施工，同工种、同班组可作内部交接记录，监理（建设）单位可不参加。

⑤ 分项工程之间的交接，子分部工程与分部工程的交接，监理（建设）单位必须参加。

⑥ 分项、分部工程名称，按实际发生的填写。

⑦ 交接记录内容：上道工序工程量范围、质量状况，意见。

3. 班组综合性记录

主要包括工作日志、安全活动记录、班务记录等。

(二)竣工资料归档方面

从竣工资料归档的角度出发,施工班组作为一线班组,其形成的工程相关资料也是体现现场操作过程、质量的最直观、真实的记录。结合《中国石油天然气股份有限公司石油工程建设企业工程(项目)竣工验收手册》(以下简称《竣工验收手册》)、相关监理规范对于工程资料管理填报、报审的有关规定,通过对施工班组的工作内容、性质的分析,石油工程建设企业一线施工班组在做好现场具体工作的同时,应注意收集、填报以下相关资料、记录,及时提供给项目技术人员或自行留存存档。这至少应包括以下资料:

(1)施工人员资质报审表、特殊作业人员登记表、焊工登记表。

(2)原材料/构件/设备进场报审表、质量证明文件粘贴表、原材料自检记录、管件检查验收记录、钢管检查验收记录。

(3)施工机具、设备报审表、设备机具合格证、使用说明书。

(4)工序报审表、焊接工艺规程。

(5)技术交底记录。

(6)坡口加工记录、胀力弯加工记录。

(7)单线图、管道组对自检记录、焊接工作记录、焊缝外观检查记录、无损检测报审表、无损检测复探报审表、焊缝热处理记录。

(8)阀门试压记录、阀门安装自检记录、安全阀调试记录。

(9)管道补偿器安装记录、管道安装记录、隐蔽工程检查记录。

(10)工艺管道吹扫(清洗)记录、管道试压检查记录、管道系统压力试验报告。

(11)工序交接记录。

以上这些资料主要针对石油工程建设企业工艺管道安装施工,相应的表单可以在《竣工验收手册》中查找到,其余自行设计表格。对于设备安装工程、集输管道等专业工程,则需要参照相关标准规范填写相关的垫铁安装记录、设备调平记录、集输管道管沟开挖记录等资料,这里就不一一介绍。

五、班组资料管理的发展趋势

(一)班组资料管理标准化

所谓班组资料管理标准化是以规范班组活动、提升班组管理水平为目标,对班组生产经营活动范围内的重复性事物和概念,在充分贯彻实施相关的国家、行业、地方标准及企业规章制度的前提下,对班组的管理活动、工作开展情况等内容提出明确、规范、统一的标准或要求。着力解决在特定情景或活动中班组资料应该怎么做、如何做、由谁做、什么时候做、做到什么标准等具体内容,最终保障班组资料管理的规范、有序。

(二)班组资料形式多样化

随着计算机、手机、照相机、互联网技术、图像处理技术、数字化管道、模拟动画等工具和新技术的发展,多角度记录班组生产情况、反映班组产品质量,甚至全过程记录和展示班组各项工作的开展情况日益成为班组管理发展的方向之一。例如,在管道施工中借助计算机、照相机等将每一道焊缝的有关图片、焊缝编号、位置、检测报告等信息汇总到一起,建立管道焊缝数据库,从而可真实、全面地记录管道相关信息。

(三)班组资料管理信息化

随着信息化技术发展,尤其是互联网云储存技术的应用,通过"互联网+"可有效推进班组资料管理的效率提升。具体来讲,企业可通过借助数据中心,部署应用云储存技术,建立班组资料信息化管理平台,让互联网与班组资料管理工作进行深度融合,从而可以更好地实现班组建设"强基础、重实效、专业化"的发展要求。

从班组层面上来看,班组资料管理人员只需要在本地终端一次配置即可实现在之后的使用中保持实时同步上传,可节约班组资料管理人员的时间与精力,提高协同作业的能力,真正实现了给班组减负的效果。

从企业部门管理层面,班组资料信息化管理平台为各专业部门了解班组动态、掌握班组情况提供了平台,方便了专业管理部门对各班组的检查、考核,提高了工作的效率。

第四章 海外工程项目班组管理

本章重点介绍海外风俗文化、海外安全与防恐、海外员工心理压力管理以及海外工程属地化用工管理四部分内容。通过本章学习，使学员了解涉及海外工程施工的基本知识；掌握海外不同区域国家的风俗文化，明确学习涉外礼仪的重要性；熟悉海外施工安全的有关内容；掌握安全防恐中的基本动作要领；了解海外员工心理压力管理的相关措施；熟悉有关海外工程属地化用工管理基本知识；了解属地化用工风险规避的方法。

第一节　海外风俗文化

一、学习涉外礼仪的重要性

国际礼仪是国际交往中的一种行为规范。礼仪是个人素质、风度、气质的表现，是每个社会组织群体形象和文明程度的体现，更是一个民族综合素质和国家综合实力的展现。一个公司、企业、个人的一言一行不仅关系公司和个人的形象，而且时时刻刻代表着中国人的形象，决定着他国人对我们国家的评价，因此学习涉外礼仪，了解在不同场合、不同环境应该做什么，不该做什么，怎么做是正确的，对于每一个外派员工都是非常必要的。

海外班组中，组员的语言、技能、工作方法、社会习惯和宗教信仰可能各不相同。这就需要班组长了解当地的风俗习惯，尊重不同的宗教信仰，不搞种族和宗教歧视，团结所有的成员，在工余组织丰富的业余活动（以不违背当地的法律法规、宗教习惯、风俗为准），使班组的每个成员都能够愉快地工作和生活，顺利地完成生产任务。

二、涉外礼仪的基本原则

涉外礼仪的基本原则就是在对外交际中,用以维护自身形象、对交往对象表示尊敬与友好的习惯做法。需遵守的涉外礼仪基本原则如下。

(一)维护国家利益

员工赴海外工作和生活时,由于所在国家和地区的风俗习惯不同、宗教礼仪不同、社会制度不同,可能会遇到各种各样的复杂情况和形形色色的人,无论遇到什么样的情况,都要忠于祖国、忠于公司;维护国家利益和民族尊严,不说不利于祖国和公司的话,不做有损国格和人格的事情。遇到重大突发事件,要第一时间向公司有关部门及甲方报告,并依照下达的指令执行。如来不及请示,可依照公司事先制定的突发情况应急预案的要求执行,事后必须要向公司及甲方汇报,以便妥善处理,避免给国家、公司及个人造成损失。

(二)尊重隐私

在国外工作和生活时,尊重隐私也是重要的礼仪规范。当与初次见面的人交谈时,一定要记住回避涉及个人隐私的话题。具体来说,就是在个人交往中要做到"五不问":一不要问年龄;二不要问婚否;三不要问去向;四要不问收入;五不要问住址。

(三)信守约定

员工在国外工作生活时,不可避免地会与甲方、当地政府人员、当地雇员及其他人员打交道。在交往时,一定要记住信守约定,这是社交活动中最基本和最重要的原则之一。如参加甲方的会议时一定要准时到达,在作业过程中一定要严格按照合同要求及甲方的作业规程执行。承诺别人的事情不能遗忘,必须讲信用,按时做好。

(四)女士优先

Ladies First 即女士优先,是国际礼仪中很重要的原则,其核心是要求男士在任何场合、任何情况下,都要在行动上从各个方面尊重、照顾、帮助、保护妇女。例如,乘坐电梯时,如有女士一定要请女士先上或先下;在乘坐公交车等交通工具时,可主动把座位让给有需要的女士;当与女同事一起出去办事时,可主动帮助其拿重物;与女士一起进餐,可为其拉座椅等。总之,良好的个人素质及绅士风度体现在每一个微小的细节上。

（五）不卑不亢

国际交往中人与人、国与国、甲方与乙方之间应是平等的关系，因此不卑不亢，也是国际礼仪的重要原则。所谓不卑不亢原则，最重要的就是保持人格平等，因为"卑"和"亢"都是置对方或置自身于不平等位置上的交往态度。简而言之，就是在与甲方交往时，要保持诚实和负责任的工作态度，要像为自己做事一样完成甲方要求的工作；同时反对一味阿谀奉承，丧失人格和原则，这样才能够得到甲方的尊敬和赞许。在管理雇员时，要一碗水端平，平等相待，以心换心，不趾高气扬；在工作中要严格要求，在生活中多关心爱护雇员，尊重当地的风俗和宗教信仰，不搞种族歧视。

（六）入乡随俗

在国外工作和生活时，要真正做到尊重交往对象，就必须了解和尊重对方所独有的风俗习惯。做不到这一点，对于交往对象的尊重、友好和敬意，便无从谈起。这就要求，首先，必须充分地了解与交往对象相关的习俗，即在衣食住行、言谈举止、待人接物等方面所特有的讲究与禁忌。其次，必须充分尊重交往对象所特有的种种习俗，既不能少见多怪，妄加非议，也不能以我为尊，我行我素。

（七）爱护环境

在国外作业时，一定要注意遵守当地环境保护的规定，按照公司及甲方的环保标准严格执行，积极配合甲方处理生产及生活废料。

三、涉外礼仪注意事项

不同的国家，风俗习惯差别很大，因此在遵守海外礼仪的基本原则的基础上，还要针对所在国的实际情况，认真学习，区别对待。

（一）着装

随着人类文化水平的不断提高，世界各地、各民族着装的方式、方法，服装的面料、款式、颜色，在不断地更新。但不同类型的服装及不同场合下的着装，又各有特点，并且仍然遵循着一定的方法与要求。

1. 不同场合的着装

外派人员，身居境外，在不同场合的着装，可有以下几种情况：

（1）工作时间着装。无论男士或女士，在工作时间都应根据本岗位的工作特点、安全需要，穿着适合本岗位的工作服装。

（2）外出活动着装。在参观、游览、购物或远足运动等外出活动中，无论男士或女士，均可穿不同颜色和不同样式的便服，例如，夹克衫、猎装、运动服、牛仔服、休闲装等；若穿西服，也可不系领带。

（3）正式场合下的着装

① 庆典着装。如遇重大庆典、正式宴请、国王登基、元首就职、要员接见、首脑团拜、递交国书、授勋仪式等隆重活动，男士宜穿深色西装，女士宜穿旗袍、西服套裙或单色长连衣裙。

② 会议接见拜访着装。在一些较重要的会议或宴会、接见、拜访等活动中，男士宜穿西装，女士宜穿西服套装或套裙、连衣裙。

③ 晚会着装。如出席音乐会、观剧等晚场活动，男士应穿深色西服，女士应穿西服或典雅的长裙，并适当化妆。

④ 葬礼着装。在葬礼或吊唁活动中，男士应穿黑色或深色的西服，女士也要穿深色服装，并内穿暗色衬妆。

⑤ 联谊着装。若出席联欢会、婚礼或到友人家做客，男女皆可穿漂亮的服装。

2. 几种不同场合的着装要求

（1）工作时间。工作时间的着装做到干净整齐、舒适合体、符合安全需要。

（2）外出活动。当外出参加各种活动时，为了便于行动，又不失风度，着装应做到干净整齐、舒适合体、美观大方。

（3）涉外正式场合。在正式场合的着装要做到干净整齐、庄重大方、协调美观。

（二）机场转机

出行前，需确认乘坐航班所属的航空公司有关行李的规定，避免出现超规、超重或携带违禁品等情况。应将证件、机票、现金、贵重物品及随时需要取用的物品放入随身携带的手提箱；将日常用品、换洗衣物、刀具、液体制品等放入托运行李中。如行李超重，需事先准备好现金以备罚款之用（小细节提醒：在准备托运行李时，可在自己的行李上做一些明显的标识或挂一个写有姓名和联系电话的行李牌，以便查找）。

出行时应尽量避免携带大量现金，可使用有国际支付能力的信用卡等，如必须携带大量现金，应做好安全防范措施，出入境时须按出入境规定向海关申报。很多国家服务都有收小费的惯例，出行前应兑换些小面额的外币，以便支付小费之用。

赶飞机时最好提前3个小时抵达机场。如要转机，通常会在航空公司柜台换到第一程及第二程的登机牌,一定要妥善保管两个登机牌,以便到时能够顺利转机。在柜台换登机牌时要注意按顺序排好队,不要大声喧哗,最好由一人负责为大家办理手续,其他人可在附近休息等候,如要抽烟一定要去吸烟区。

如果转机前入驻酒店,一定要将贵重物品存放在酒店保险箱,切勿放在房间行李中。外出一定要结伴而行,不要去偏僻的地方。

(三)日常交往

在日常交往中,无论与甲方人员、当地政府人员,还是当地雇员,都要友好礼貌,真诚相待。与人约见应守时。初次见面应用双手递上印有中文和当地国家文字的名片,主动伸出右手与对方握手并致问候。熟人或朋友见面时,西方人可以拥抱,在中东和非洲可行抱肩礼,在日本及韩国一般行鞠躬礼,在东南亚佛教国家通常双手合十。

作介绍时,一般是先将职位低者介绍给职位高者、将年轻人先介绍给年长者、将男士先介绍给女士、将本公司的人先介绍给外公司的人;握手或交谈时应正视对方;与人同行不要勾肩搭背;不要大声喧哗,不要叉着双手说话;异性之间通常以点头微笑的方式表示问候,也可以握手,但需女士先伸手。不要跷二郎腿或叉开腿,不要露出鞋底对着别人坐。不要在任何公共场合赤膊露背,不要在大庭广众之下换衣服。

有些国家有付小费的习惯,每个国家的具体情况不同,各项服务要付多少小费,还需在到达这个国家时问问当地人员较为妥帖。小费既然为小费,其数额自然不必太大。一般情况下,大致按明码标价的10%作为小费是比较适宜的。如需当面付小费,最忌讳的是用硬币支付。

班组长在与当地雇员的日常工作及交往中,要时刻注意尊重当地的宗教习惯。有些雇员可能信仰基督教,需要定期去教堂做礼拜。有些雇员信仰伊斯兰教,每天都要定时做祷告,斋月期间还会在白天禁食禁水。班组长作为团队的核心管理人员,首先要理解并平等对待他们,不能有歧视的言行。可根据工作实际需要,在保证任务顺利完成的情况下给予适当的照顾。

(四)民族及宗教禁忌

1. 伊斯兰国家主要禁忌

伊斯兰国家人民主要信仰的宗教是伊斯兰教,许多民族禁忌是与宗教息息相关的。主要禁忌如下:

(1)禁止有轻视《古兰经》、宗教旗帜、圣徒的行为;穆斯林做礼拜时,不要大声喧哗、驻足观看或品评。

（2）禁酒。在伊斯兰国家任何情况下都不要饮酒，在去目的国时不要携带酒类入境。

（3）斋月期间，教徒在白天不允许喝水、吃东西。在现场如果雇员中有穆斯林，其他人员要尽量避免在他们面前喝水、吃东西。

（4）禁止在公共场合赤身，裤子不能在脚踝以上，禁止穿背心外出。在阿拉伯国家，如在伊朗等国家，所有妇女外出需戴头巾。

（5）禁止妇女穿显露自己体型的衣服。

（6）禁止凝视妇女，不经允许不能拍照及单独接触；部分国家（如伊朗）不允许男女单独一起活动、乘车。

（7）在伊斯兰教国家及一些佛教国家，禁止爱抚小孩的头部。

（8）禁止在路旁、水源及乘凉之地大小便。

（9）穆斯林认为左手是不洁的，在握手、用餐及接递物品时要用右手，禁用左手。

（10）一些伊斯兰国家允许一夫多妻制，在与当地人交谈时不要品评该习俗或别人的家庭。

（11）通常在阿拉伯国家送礼物时，不要送有动物和星星图案的礼物，不送玩具娃娃，可以买食品或具有中国特色的小礼物，如茶叶、丝绸等。

（12）在伊斯兰国家，许多动物是禁食的。有许多动物，当地人不吃，而且数量较多，价格便宜。基层队的中国厨师要注意，不要食用这些当地人禁食的动物，以免引起宗教或民族矛盾。

【案例 4-1】

都是"馒头"惹的祸

2014 年 1 月某日晚 7:00，一名持枪 OPF（伊拉克石油警察的简称）冲进伊拉克某油田中方营地。声称要惩罚中午在工地侮辱他们"阿拉"（传说中的伊拉克宗教领袖）的中方员工。

经过调查，项目部一名电焊工在午餐时，不小心踩上了掉到地上的一块馒头，该工人的这一行为被现场值班的 OPF 拍了照片。在伊拉克，当地居民信奉他们所有的一切都是"阿拉"所赐，包括粮食。踩踏粮食就是侮辱"阿拉"，侮辱"阿拉"按教规应当受到惩罚，因此出现了上述一幕。

评析：出国前，对所有项目员工进行了伊拉克风俗礼仪以及禁忌方面（不能吃猪肉、不可以喝酒、不可左手递物、严禁对当地女性拍照等)的培训,但还是遗漏了一些细节。为了尽快让所有员工适应当地风俗,应该向当地雇员、翻译、OPF学习当地的一些细节上的禁忌。

2.欧美基督教国家主要禁忌

(1)通常不吃动物内脏、动物的血液、动物的头和脚,不吃无鳞无鳍的鱼(如泥鳅等)。与西方人在一起吃饭时,需要事先弄清楚他们在饮食方面的禁忌,避免发生尴尬。

(2)在欧美及英联邦国家,人们普遍时间观念很强,见面要事先预约并准时赴约。如不能赴约或迟到,应说明情况并表达歉意。

(3)用餐时尽量少发出声音,一般也不过多交谈。切割食物时,注意不要撞击盘子发出声音;吃东西要闭嘴咀嚼,不要发出咂嘴声;喝汤不要发出响动。挥动餐刀、餐叉与别人讲话会被认为是不礼貌的行为。

3.佛教国家主要禁忌

(1)见面或告别时,通常双手合十,以示向对方致敬。

(2)参观佛寺时必须衣冠整洁,进寺时先要脱鞋,严禁穿背心、超短裙进入寺庙。

(3)向当地人递送东西时,比较正式的场合要双手奉上,一般情况下用右手递给对方;忌讳用左手接递,更不能抛东西给别人。绝对不能用手摸对方的头,否则被视为极大侮辱。

第二节　海外安全与防恐

一、海外风险识别与风险管理

石油工程建设企业的海外项目基地大多分布在政治不稳定、经济较落后的敏感地区,而这些地区又是战乱、教派、骚乱和恐怖主义活动猖獗的高风险区域,所以有必要对这些企业的海外项目进行有效的风险识别与管控,才能最大限度地防范恐怖袭击和其他安全事故的发生。

(一)恐怖主义

恐怖主义是实施者对非武装人员有组织地使用暴力或以暴力相威胁,通过将一定的对象置于恐怖之中,来达到某种宗教或政治目的的策略和思想。国际社会中某些组织或个人采取绑架、暗杀、爆炸、空中劫持、扣押人质等恐怖手段,企求实现其宗教或政治目标或某项具体要求的主张。恐怖主义事件主要是由极左翼或极右翼的恐怖主义团体,以及极端的宗教主义、民族主义、种族主义的组织和派别所组织策划的。

1.常见的恐怖袭击手段

暴力及以暴力相威胁是恐怖袭击的手段之一。相当多的恐怖组织都是类军事组织性质,有自己的武装力量。恐怖主义者还可以在不使用枪、弹等武器装备的条件下,实施绑架、暗杀或者爆炸。两者相比,暴力可以比武力更好地涵盖恐怖主义的袭击手段特征。

1)暗杀

这是最古老和最传统的恐怖袭击手段。公元前44年,古罗马统治者尤利乌斯·凯撒(Julius Caesar C)被刺就是历史上的著名事件之一。如今,暗杀仍然是恐怖分子的常用手段。例如,1991年5月,斯里兰卡泰米尔分离主义极端分子暗杀了印度总理拉吉夫·甘地。

2)劫持人质

这种恐怖袭击的形式与暗杀的历史一样。劫持人质事件不仅继续存在而且规模与危害都达到了前所未有的程度。例如1995年,车臣恐怖分子在布琼诺夫斯克占领了一家医院,劫持了1000多名人质,造成了100多名无辜平民死亡,迫使俄政府暂停军事行动与之进行谈判。

3)爆炸

目前,爆炸事件成为发生频率最高、造成破坏和伤亡程度最大的恐怖袭击手段,袭击时使用最多的是自杀性人体炸弹和汽车炸弹。自杀性袭击是恐怖活动中最极端、对公众心理冲击最强烈的表现形式之一。由于其隐蔽性强、杀伤力大、难以防范,加之自杀性袭击者在攻击过程中会死亡,不需要为其准备逃离路线,也不必担心落到警方手中,泄露组织的有关信息,因此,这一手段已经越来越多地被国际恐怖组织所采用。

重大恐怖事件几乎都与自杀性汽车炸弹袭击有关,满载炸药的汽车炸弹往往能造成大量人员伤亡与财产损毁,这种袭击手段一方面破坏性大,另一方面防范难度大,借助汽车的恐怖袭击可突破一般性的防恐措施。如2004年5月3日早晨,巴基斯坦西南部的瓜达尔港附近发生一起汽车爆炸事件,造成经过的中国援建工程师班车被毁,3名中国援建工程师不幸当场罹难,9人受伤。

4）劫持交通工具

这种袭击手段包括劫持飞机、公共汽车乃至轮船。如 2001 年美国的 "9·11"事件中，恐怖分子共劫持了 4 架美国民航客机，并利用这些飞机作为武器撞击纽约世贸中心大楼和华盛顿五角大楼，最终造成 2998 人死亡（不包括 19 名劫机者）。

5）武装袭击

武装袭击是指武装分子向平民、军事单位或政府发动突然的袭击。如 2012 年12 月 4 日，叙利亚反对派武装分子袭击了大马士革一所学校，发射了一枚迫击炮弹，造成 8 名学生和 1 名老师死亡。

2.最易遭受袭击的薄弱环节

（1）上下班途中。驻地与工作场所往往不在同一个地方，而驻地和工作场所一般都保卫严密，恐怖分子无从下手，他们可能会选择在防护相对薄弱的上下班途中发动袭击。

（2）机场、火车站、汽车站。这些地方人员众多，爆炸袭击事件多在这些地方发生，同时也是各种抢劫、偷盗事件高发地。

（3）旅行途中。人们在旅行时往往处于身心放松的状态，警觉性较低，难以发现即将发生的危险。

（4）偏远工作地，野外工区。我国的海外项目一般涉及石油石化、基础建设、电力工程、通信等行业，特别是石油石化行业的业务多处于相对偏僻和人烟稀少的地区，容易遭到恐怖分子袭击。

（5）其他公共场所和敏感地区。宗教活动场所、银行、使馆区、商店、宾馆、游行示威常走的路口等，易遭遇偶发恐怖事件。

【案例 4-2】

机灵的小沙

2014 年 5 月 25 日，伊拉克米桑油田某管道项目施工现场，当地 "刁民" Housin（每天需向他支付一定数量的 "保护费"，才能施工）进入我施工现场要求停止施工，其原因是我方未租赁他家的装载机（我项目部不需装载机）。我方翻译小沙上前交涉无果，我方机组准备继续施工。Housin 见阻工未奏效，从地上捡起一把铁锹准备袭击我方施工人员。小沙拿出相机对其行为进行取证。被村民 Housin 发现，他立即挥舞着铁锹奔向翻译小沙，铁锹刚接触到小沙右臂时，小沙顺势倒地。Housin见状后，立即骑上摩托车逃离现场。当时这种情况真把现场人员吓了一大跳，事后小沙说这是他故意摔倒的，并无大碍。第二天，听 OPF 讲述，当天下午 "刁民" Housin

188

就因"袭击"中国人被当地警方拘留 1 个月。

评析：海外施工同样会遭遇"刁民"，如何破解他们的无论取闹，现场管理人员的协调能力和智慧尤为重要。

【案例 4-3】

认真负责的安全监督员

陈某某是管道公司第七工程部安全监督员。2016 年 4 月 20 日，他带领一个挖掘机组在伊拉克米桑油田进行管沟挖掘工作，突然他发现挖掘机前方有一个可疑物，他叫停了挖掘机，告诉挖掘机操作手关停挖掘机，通知现场所有人员撤离到安全地带。同时，他给业主 HSE 部打电话对现场情况进行了汇报。这时机组人员打算近距离观察可疑物，看是否是炸弹，并且想拍照留念。陈某某严厉地制止了这些工人，并对他们进行了警告。在半小时后，业主 HSE 部来人对现场可疑物进行了移除，在得到 HSE 部许可后，挖掘工作继续进行。工人在吃饭的时候聚在一起说陈某某不近人情，难得发现一次炸弹，都不让拍照留念。陈某某这样做对吗？

评析：在无法确认该疑似爆炸物的潜在危险时，陈某某这么做是正确的。由于疑似爆炸物的危险性是不可控的，非专业人员不能确定该爆炸物的性质，所以潜在危险巨大。在确认发现疑似爆炸物后，应及时疏散作业人员到安全区域，并上报业主 HSE 部门专业人员进行勘察、排除疑似爆炸物，施工人员必须服从指挥，撤离到安全区域，待专业人员排除并确认周围无危险后，方可进入该区域进行作业施工。

（二）危险源辨识与风险管理

识别危险是采取控制措施的前提。工作和生活在海外的员工，由于所处的东道国环境不同于国内，必须提高警惕，及时发现潜在风险，才能采取针对性强的有效措施进行防范。

1. 海外项目的安全风险识别

海外项目的安全风险在这里主要是指社会环境下的政治风险。政治风险是指东道国国内的政治事件以及东道国与第三国政治关系变化给跨国投资企业经济利益带来不利影响的可能性。政治风险在发展中国家和发达国家各有特点，部分发展中国家政局不稳、政权更迭，宗教、民族冲突此起彼伏，甚至爆发内战造成国家分裂，这些都会给海外项目带来风险；而发达国家一般政局稳定，基本上没有这方面的风险。我国企业大部分海外项目存在的政治风险主要表现为以下三种形式。

1）地区冲突与恐怖活动

恐怖主义者为了扩大事端，制造声势，达到某种政治目的，不惜袭击在其境内工作和生活的外国人。如 2004 年 5 月，中国港湾建设集团援建的巴基斯坦瓜达尔港口工地遭到汽车炸弹袭击，3 人死亡，多人受伤。2004 年 6 月，中铁十四局在阿富汗昆都士的施工人员在驻地遇袭，死亡 11 人，重伤 5 人。

2）地方民族分裂势力排外行为

世界上不少国家都存在民族分裂势力，比如巴基斯坦部落地区、阿富汗、埃塞俄比亚等都存在处于割据状态的地方民族分裂势力。他们会把在当地从事工程承包活动的外国承包商视为袭击目标，用以威胁政府，作为与政府讨价还价的筹码。如 2007 年 4 月，中原油田勘探局设在埃塞俄比亚的项目组遭武装分子袭击并抢劫，死亡 9 人。这些事件的肇事方主要是当地的宗教和地方分裂主义者，他们主要针对的还是当地政府，目的只是阻止当地政府利用外国公司在当地开采资源。

3）武装分子绑架勒索

某些国家激进的武装分子通过绑架人质，来获取高额赎金。如 2007 年 1 月，四川通信工程公司 5 名员工在尼日利亚南部的河流州埃莫华地区被武装分子绑架；同月，中国石油驻尼日利亚南部巴耶尔萨州办事处的 9 名工作人员被武装分子绑架。

2. 海外项目社会环境下的安全风险控制措施

（1）对海外项目的立项、投资进行严格安全评估。

重视项目的安全风险评估，对较高政治风险国家的项目进行有序撤离。建立安全风险信息评估制度，通过国际 SOS 组织进行安全风险评估，从驻外使领馆、合作伙伴等多种渠道，收集项目所在国的安全风险信息，进行分析与评估。定期发布安全形势周报和安全预警信息，并发至各海外项目，指导项目公司做好安全预防工作。对有较高安全风险国家的规模小、效益低的项目，除保证海外投资项目服务保障需要外，还要合理制定方案，坚决有序撤离。

企业投资实施前、中、后三个阶段都要做安全风险评估。工程实施前应对当地政局稳定程度、地区投资环境甚至物资运输通道安全状况进行风险评估；工程实施中与中国驻当地使领馆和驻在国治安机构保持密切沟通与合作；工程实施后对工程中的安全保障情况做出详细评价和总结，消除潜在的安全隐患。

（2）对海外项目中标后的安全防范工作进行严格管理。

海外项目的安全防范工作最终是要由各个海外公司、境外施工单位乃至每个员工来实施和完成的。海外公司自身的防范意识、安全管理、人财物的投入对安全工作起着极为重要的作用。这就需要他们做到以下几个方面的工作。

①　认真签订经济合同。进入存在较高安全风险的国家和地区市场时，将安全保障作为专门条款写入合同或正式书面文件，明确甲方有义务采取一切必要措施保护我施工人员的人身安全和正常施工秩序；紧急情况下，甲方有义务提供应急设施和其他必要帮助。

②　遵守当地法律，建立友好合作关系。海外项目要尊重当地的文化、历史、宗教、风俗、价值观，最大限度地减少企业和当地社会的文化冲突，还要积极参加项目所在国和地区的公益活动，与项目当地社区、行业、雇员和谐相处，共同创造社会价值，营造和谐有利的社会发展环境。

③　为海外施工人员投保海外人身意外保险、紧急救援。一旦出现意外，确保有充足的资金保障，及时解决人员医疗救助费用，这也可以减少企业的巨额负担。在一些高危地区的工程项目，要多寻找几家保险公司，尽可能选择可将恐怖主义等安全问题作为可承保风险的保险公司，谈好相应的保险条件。

④　加大安全防恐培训力度。邀请防恐安全专家讲述国际安全形势和防恐知识，提高项目人员的安全意识和防恐意识。在项目人员出国前的 HSE 培训上，针对项目所在国家和地区的防恐安全形势进行培训，使员工明确所在国的安全形势和需要注意的安全事项。

⑤　建立完整、系统的安全防护制度和措施，并大力落实制度的监督、检查体系，及时敏锐地发现异常情况，积极采取有效的防范措施。在工程开工前便与工程所在国的政府或军方取得密切联系，务必得到对方在安全保障上的承诺，包括必要时派兵保护的承诺。海外项目必须在施工现场和驻地构筑围墙或防护墙，并在入口设立检查岗哨，严格凭证件出入，杜绝闲杂人等进入项目现场。

⑥　配备足够的通信和报警、监视设备。每个海外项目部要保证每台车辆均配置车载报话机或每个班组配备一部卫星电话，始终保持基地和现场人员的联系；并且要安装报警和监视系统，遇有突发事件能及时发布预警信息，利用高科技手段来提高项目的安全保卫等级。

⑦　海外项目还要与我驻所在国大使馆保持密切联系，与所在国相关机构和人员做好沟通，及时掌握所在国和项目周边安全形势，并与在同一国家或地区的其他中资企业交流信息，互相学习和借鉴好的安全防范措施。

⑧　推进用工属地化进程。通过属地化用工，发挥外籍员工语言精通、熟知当地风俗习惯和法律法规等优势。用工属地化不仅有利于降低成本，还能有效地防范安全风险。另外，用工属地化为当地提供了大量的劳动就业机会，为承包商与当地建立良好的合作关系提供了有利条件。

⑨ 加强防恐应急管理体系建设,防止突发事件发生。要把加强防恐应急体系建设作为一项严肃的政治任务部署,定期组织对海外项目人员进行应对突发事件的自保和自救培训及演练,确保突发事件现场处置及时有效,提高自保和自救能力,要详细到每个人的应急背包中必须配备的逃生物品的种类和数量都有严格规定。

【案例 4-4】

海外安保

2015 年,某单位对哈萨克斯坦让那若尔油田五号气举扩建工程进行项目施工,项目厂区都有正式围墙进行隔离,也配置了当地保安。保安进驻项目施工现场前,进行了各项制度培训、交底和安全协议的签订工作。

项目施工的过程中,每天下班前,进入现场的工程材料、施工设备、机具的安全状态向保安进行交接,第二天施工前,由项目安全员带领各施工班组长对保安值班安全状态确认验收。在项目施工正处高峰期的一天早上,两个安装班长被眼前的一幕惊呆了,两个班组房门锁被撬,班组房内的 8 台逆变焊机及其手线和地线、角向磨光机等丢失。

评析:在海外项目施工,为保证项目工期和项目施工进度,项目财产安全非常重要。项目运行前,要请当地正规、有实力和信誉度强的保安公司对项目财产进行安全监护,根据当地法律法规签订安全协议合同。保安进驻施工现场后,不能一味地依赖保安,中方人员也要不定时对保安工作进行监管和巡查。

二、个人安全防护技能

在海外工作,遇到的危险状况可能十分复杂,为了确保自身安全,不仅要求海外工作人员严格遵守相关规定,同时在突遇危险情况时,也要具备基本的个人安全防护技能。

(一)国际手语概述

手语就是以约定俗成的各种姿势(或辅助表情)模拟形象,构成一定的意义,以互相交际和交流思想,是一种实用性较强、较隐蔽的联络方法。其特点在于无须任何设备和电源、不易被窃听和干扰、不存在延误现象。手语已成为特殊环境下交流的一项基本技能。作为随时随地都有可能与犯罪分子打遭遇战的海外工作人员,熟练掌握国际通用手语的含义并能运用自如,不仅可以提高救援效果,而且可以最大限度地保护自身的安全,减少不必要的伤亡。下面介绍一些国际通用手语的表示方法。

1. 人物和物品

(1)成人(图4-1):手臂向身体一侧伸直,手臂约与肩同高,手呈掌状,掌心向下。

图4-1　成人

(2)小孩(图4-2):手臂向身体一侧伸出,手肘弯曲,掌心向下,手掌约与腰间同高。

图4-2　小孩

(3)男性(图4-3):手掌在同侧面颊上下移动两下,寓意是男性的胡须。

图4-3　男性

（4）女性（图4-4）：手呈爪状,掌心向内,置于同侧胸膛,寓意是女性的胸部。

图4-4　女性

（5）人质（图4-5）：手呈八字掌,置于颈部。

图4-5　人质

（6）我（图4-6）：食指伸直,指向自己的面部。

图4-6　我

（7）你（图4-7）：食指伸直，指向目标的胸部。

图4-7　你

（8）绑匪／犯罪嫌疑人（图4-8）：拇指和食指抓住另一只手（持枪或握拳状）的手腕部位，其余三指并拢伸直。

图4-8　绑匪／犯罪嫌疑人

（9）短枪（图4-9）：食指和拇指伸直，呈90°，掌心向前，约与头部同高，也可以用食指指向自己的枪套或手中握持的手枪来示意。

图4-9　短枪

（10）长枪（图4-10）：高举手臂，掌心向前，食指和拇指伸直，呈90°，也可以用食指指向自己手持的步枪来示意。

图4-10　长枪

（11）爆炸物（图4-11）：大臂贴于身体一侧，与小臂呈90°，掌心向上，手指分开呈爪状，而后有节奏地五指捏拢和分开。

图4-11　爆炸物

（12）匕首（图4-12）：拇指、食指和中指并拢伸直，其余两指握拢，手贴于腰间。

图4-12　匕首

（13）汽车（图4-13）：手握空心拳，小臂与大臂呈90°，掌心向前，做左右圆弧动作。

图4-13　汽车

（14）狗（图4-14）：大臂贴于身体一侧，与小臂呈90°，掌心向上，手指分开呈爪状。

图4-14　狗

（15）门（图4-15）：食指由下方向上、向左、再向下，逆时针做开口矩形的动作，寓意门口的形状。

图4-15　门

（16）窗户（图4-16）：食指由下方向上、向右、向下、再向左,顺时针做闭合矩形的动作,寓意窗户的形状。

图4-16　窗户

2. 数字

（1）如图4-17所示,就是数字0～9的手语表示方法。

（2）两位以上数字的表示,可以用单手从高位数到低位数依次表示。例如,表示35,应先表示数字3,收成拳状,再表示数字5,期间手臂不用放下。

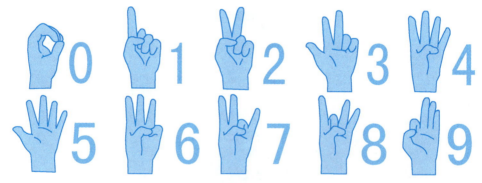

图4-17　数字0～9的手语表示

3. 动作告知

（1）看见（图4-18）：五指并拢,捏握帽檐,若未戴帽时将手掌水平置于眉毛上方。

图 4-18　看见

（2）听见（图 4-19）:五指并拢,自然弯曲,贴于耳后。

图 4-19　听见

（3）那里 / 这里（图 4-20）:用食指指向目标。

图 4-20　那里 / 这里

（4）掩护（图4-21）：手握拳，置于脑后。

图4-21　掩护

（5）救命（图4-22）：两臂伸直高于头顶，手呈掌状，做交叉运动。

图4-22　救命

（6）集合（图4-23）：手做握拳状，高举过头顶，食指垂直向上竖起，缓慢地做画圈动作。

图4-23　集合

（7）安静（图 4-24）:做握拳手势,竖起食指,垂直置于唇上。

图 4-24　安静

（8）杀害（图 4-25）:小臂抬平,手呈掌状,掌心向下,置于颈部,从颈部划过。

图 4-25　杀害

（9）劫持 / 绑架（图 4-26）:手握拳置于腰后。

图 4-26　劫持 / 绑架

（10）转弯（图4-27）：食指呈L形，其余四指卷握，小臂抬平，端于腰间，按照指向的方向转动身体（左转弯用右手表示，右转弯用左手表示）。

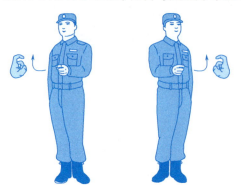

图 4-27　转弯

（11）趴下（图4-28）：手臂向身体一侧伸直，掌心向下摆动至腰间高度，同时屈膝。

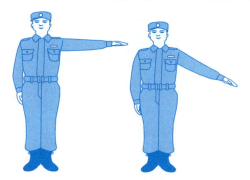

图 4-28　趴下

（12）蹲下（图4-29）：手臂向身体一侧伸直，掌心向下摆动至腰间高度。

图 4-29　蹲下

（13）前进（图4-30）:举起手臂,屈曲手肘,手呈立掌,向前做劈砍动作。

图4-30　前进

（14）撤退（图4-31）:手臂自然下垂,手呈掌状,大臂保持静止,小臂向前做前挑动作。

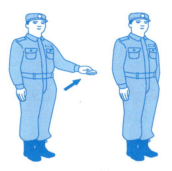

图4-31　撤退

4.简单句子组合

手语的句子是通过一个个的单词组合起来表达意思的。例如,"救命,我是人质"的表达,如图4-32所示。

图4-32　救命,我是人质

（二）应急逃生方法

1.逃脱时机

（1）在被绑架初期,脱身的机会较多,这时可以观察周围环境,看看是否有可利用的、能引起外界注意的东西,乘绑匪不注意时放火、放水、抛掷东西等,以引起外界注意。

（2）在被绑架的过程中,要尽量记住沿途的地方、路名,观察有无邮筒、电话亭,以便以后有机会可以利用。同时,尽可能拖延时间,寻找各种借口给绑匪制造困难,例如,说自己肚子疼等。若嘴被堵上可扭动身体,或作出各种反常的行为,以引起外界的注意。

（3）到了目的地后,可降低反抗程度,学会保护自己,表面佯装害怕或已经被驯服,而这时绑匪也从最初的百般小心变得大意起来,这样就可以寻找新的逃脱机会。

（4）绑匪之间的关系恶化,无暇顾及自己时,在不会被发现的情况下伺机逃脱。

2.逃脱方式

逃脱方式有很多种,例如,寻找合适时机逃脱、强硬逃脱、通过躲避隐藏逃脱等。关键是被绑架者要结合实际环境,包括自然环境和个人身体状况,寻找适合自己的逃脱方式。如果被歹徒绑架,在没有别人帮助的情况下,一定要先确保自己生命安全,再伺机逃脱。

（1）故意破坏。如果被带入商店或建筑物,要向收银员或他人呼救,可试图毁坏物品、踢倒陈列商品等,以引起他人的注意,并尽可能去抓住最可能接近的人。

（2）高声喊叫。如果被陌生人带走,要大声叫喊以引起别人的注意。如果被带入公众场所,如购物广场等,要赖着不走、不停地扭动身体、伸展手臂、踢歹徒的腿并大声叫喊。

（3）创造机会逃脱。如果一辆车在附近停下,一定要尽快离车远一点,并向车行驶的反方向奔跑;如果被困在汽车的前座,要将仪表盘下的电线拔出,以破坏汽车的制动或将小东西塞入点火开关;如果被关在公寓楼或房子里,可试着去开所有的门和窗,以寻找逃逸的出路,并尽可能制造紧急状况,如破坏窗户、开启警报等;如果被锁到车后备厢,要将车尾灯向外推并使电线掉在外面;如果被诱拐进汽车,要跳到车后座并从后门逃出;如果在停车场被绑架,一定要尽力逃跑,敲击汽车以启动车的警报系统,如果可能的话,钻到停着的车下面。

3. 自救与逃脱的禁忌

自救和脱逃都应注意方式方法,稍有不慎就有可能失去逃生的最好时机。要把握好这些逃生机会,就需要注意如下几点禁忌:

(1)慌张。人一旦慌张,就会不知所措,也就把握不了随时可能出现的时机。因此,无论出现什么情况,使自己保持冷静极为重要。

(2)大声吵闹。与绑匪争执、大声吵闹易激怒绑匪,可能会危及自己的生命安全。

(3)盲目出逃。出逃前,一定要规划好最佳的出逃路线和方式,并选择恰当的机会,只有这样才不至于丧失来之不易的机会。

三、旅程和交通安全

在海外工作的职工都有这样的切身体会,旅行和交通是防恐的薄弱环节。无论是从国内到国外,还是在东道国任意两个目的地之间往返时,都是事故率较高的阶段。

(一)旅程安全

1. 白天出行

(1)不要和陌生人说话。海外社会情况复杂,尽量避免与陌生人交流或与陌生人结伴同行。驾车出行遇到搭便车等请求时应委婉拒绝,并与陌生人保持一定的距离,切勿熄火交谈。

(2)切勿携带大量现金。携带数额较大的现金容易成为不法分子侵害的目标,在海外已经发生过多起针对我国公民的抢劫事件,重要原因是消费习惯不同。我国公民在海外活动习惯使用现金,研究表明,当货币摆在人的面前时对人的诱惑要远远超过其他物品。因此,在可以刷卡的地方应尽量刷卡消费,或者到达目的地后再取款使用。

(3)随时观察周围是否有可疑人员跟踪或注意。路途中要有意识地从后视镜中观察周围的人和物,将危险的可能性降至最低。如果遇到可疑人员跟踪,应向人多处走,或者迅速拨打电话向当地警方求助。

(4)走路时要走在人行道中间,朝汽车行驶相反的方向走,若有人驾车搭讪,可朝与其驾车相反的方向迅速撤离。

(5)远离偏僻的街巷,不独自到偏远地区。

2.夜间出行

（1）挑选灯光明亮且行车较多的街道行走。灯光明亮的街道，一般为车流量和人流量较多的干道，当地警方会在这些道路安排较为严密的安全巡逻，如遇突发事件，能够得到及时的帮助。

（2）女性夜间出行不要穿过于暴露的衣服。女性穿着暴露，易引发犯罪分子的犯罪冲动，这种冲动往往要强于基于理性考虑基础之上的财物抢劫。也要尽量避免穿高跟鞋，因为高跟鞋走路容易引起他人注意，且遇歹徒时不易逃生。

（3）陌生人问路，不要带路；向陌生人问路，不要让对方带路。夜间行路，难以看清他人的面部表情和体貌特征，容易丧失像白天一样利用面相对他人作出基本判断的能力。因此，夜间与陌生人交谈十分危险，避免给人带路，能够减少被坏人从背后袭击的概率。不让陌生人带路，能够避免落入他人圈套。遇到不得不向人问路的情况时，不要轻易相信一人所言，最好向附近的商店、超市、加油站等固定场所打听路线。

（4）勿搭乘陌生人便车。尤其是在较为偏僻的街区，轻易搭乘陌生人的便车，一旦陌生人心生歹念，逃生的可能性便会大大降低。若车辆在中途发生故障，在市区可以请求当地交通部门或者公司的帮助；在野外，可以先与当地交通部门或公司联系，然后将自己反锁于车内等候帮助。

（5）尽量避免深夜独行。尤其要避免长期有规律的夜间独行，这样容易被犯罪分子摸清状况，可能发生危险情况。

（6）路遇抢劫不要做无谓反抗。海外发生的大部分抢劫和绑架的目的都是为了获取钱财，因此，不幸遭遇此类犯罪时，为了人身安全，不要惊慌失措，先要与犯罪分子保持合作，尽量满足其钱财要求，等候获释或警方解救。

（7）在到达家门口之前备妥钥匙，以最短时间进屋，并随时观察是否有人跟踪或藏匿在住处附近角落。若有可疑现象，切勿进屋，要立即通知警方。

【案例 4-5】

拒绝上车的员工

2013 年，在伊拉克哈法亚油田项目部，一名员工在从巴士拉机场向哈法亚油田进行陆路转运时，发生了拒绝上车的事件。

评析：停车场停了很多一模一样的防弹车，这名人员不清楚上哪辆车，担心上错车而发生意外，进而拒绝上车。此次事件发生后开展了以下工作：一是向每位动迁人员发放了机场接机人员信息卡(包括照片、姓名、联系电话等),以解决动迁人员在陌生的场地不清楚咨询谁的事件发生。二是向每位动迁人员当面做详细说明,并发放《转机注意事项》等详细资料,以作为动迁过程中的指导。

(二)驾乘车安全注意事项

1.驾驶车辆

(1)开车时须系安全带,上车后应立即锁车门。如果在路上遇到汽车轮胎漏气等情况,把车开到人多的地方再停下更换备胎。

(2)勿接受陌生人搭乘便车的要求,勿理会陌生人召唤随便下车,车上一定要准备一些防身的器物。加油要到熟悉、安全的加油站。要将车停在有管理员的停车场,平时须注意车辆的保养。

(3)每次出行之前,应彻底检查汽车全部机件及轮胎,要事先研究清楚目的地的情况及行车路线。路况、地形复杂的路线是恐怖分子埋伏的绝好地带,特别是深山密林之中的道路,应尽量避行。对于劫持和恐怖事件频繁的路段也应避行。

(4)遇到公路警察拦车查问,应听从警察的指令,不可与警察在言行上有冲突,以免造成不必要的麻烦。

(5)喝酒、心神不宁、疲倦、精神不济、情绪不稳定或无驾照禁止开车。

(6)海外国家社会情况复杂难料,要求海外工作人员随时保持高度警惕。闹市地区鱼龙混杂,稍不留意就会被别有用心者注意,引起不必要的麻烦。因此,我驻外中资机构人员应尽量避免出现在闹市地区。若必须前往,最好选用与当地经济发展水平相适应的车辆,穿着打扮避免引起旁人注意,低调行事,办完事情立即离开。

(7)车内不要存放贵重物品,离车时关好门窗。路遇堵车、红灯时,避免被陌生人吸引注意力而导致车内物品被窃。

(8)应携带完好的通信设备和维修工具。海外生活中往往遇到一些突发状况,由于语言文化的差异,一旦遭遇突发状况,会带来很大麻烦,甚至危及生命。因此,在驾车外出时要携带足够的维修工具和通信设备,如扳手、燃油、灭火器、手机、GPS 导航仪和指南针等,以便随时获取救援。

(9)遵守当地交通法规,维护我驻海外企业的形象,避免因交通事故恶化与当地居民的关系,恶化企业舆论环境。如果遭遇车祸等不测,应本着负责的态度妥善加以解决,切勿盲目逃避责任。

【案例 4-6】

安全带的作用

伊拉克地区四月份气温已经近 40℃,天气炎热增大了爆胎事件发生的概率,尤其是外出施工频次较高,为了保障行车安全,避免事故发生,对车辆外出要加以管控。

一天,电气工程师姜鹏像往常一样外出作业,在中午回程行至 CPF1 附近时,车辆左后轮突然爆胎,所幸车速较慢,且司机采取了紧急措施,老姜在安全带的保护下,并未受伤。停车后老姜下车查看车况并拍照记录。

评析:爆胎事件发生后,司机处理得当,所幸未造成任何伤害。后经仔细分析,除了天气炎热的因素外,轮胎老化、路况较差等均对事件的发生产生了影响。项目组针对爆胎事件紧急召开了专项会议,认真讨论后,制定了控制车胎气压等安全措施,每日出车前由专人检查落实情况。

【案例 4-7】

安全出行

伊拉克哈法亚油田当地十月份以后,空气湿度大,时有出现能见度不足 20 米的大雾天气。

一天早上起了能见度 50 米左右的雾气,因施工需要拉运一些工程材料去 CPF1,车辆调度孙某某在交代当地司机 ALI 出车任务时,项目副经理张某对孙某某说:"先别急着出车,等雾散一散,路况好了再出车不迟,工作耽误了不怕,安全才是最重要的。"最后等到 9:00 多,雾气基本消散后,调度老孙才安排出车。

评析:按照业主及甲方的相关规定,雾天行车需要开雾灯,减速慢行,保持车距。当视线过差的时候,应停止驾车。

2. 公共交通

在安全风险高的国家,应避免乘坐公共交通工具。在安全风险低的国家乘坐公共交通工具应注意如下事项:

(1)出门前事先记好路线及转车地点,并随身携带地图。地图是急需之用,不要在车厢或街道上张开地图研究,避免暴露自己对当地情况不熟悉的弱点。候车时勿太靠近边缘。勿乘坐空车厢,中段车厢通常有随车警察,这里相对最安全。车厢出入口旁的位子较易被歹徒下手,尽量远离。尽量不要太早或太晚搭乘地铁。

如不得已,可考虑搭计程车,并记下车牌号。

（2）在安全风险高的国家,应避免乘坐公交车。在安全风险低的国家可以乘坐公交车。

（3）出租车若没有计价器,先谈好价钱再出发。

（4）如果不懂当地语言,也无法与司机沟通时,请工作人员帮忙,写下目的地地址,让司机确认后再出发。

（5）要搭乘有公司标识、出租车标识和计价表的车辆,并询问出租车的一般价格(有些国家和地区没有专门的出租车,可以租乘家庭轿车,价格可以商讨)。

（6）在一些落后国家(地区),出租车往往车况较差,但也要避免乘坐三轮车、摩托车。

（7）尽量坐在出租车后座,特别是女性。

（8）上车后立即检查车门是否可以正常开启。

（9）如果是预订宾馆派出的特别车辆或者出租车接站,需问清牌照号和司机名字。

（10）不要和司机过多交谈。

（11）设法得到司机的名片或者车辆登记信息。

（12）如果有人高举约定公司标示牌接站,应该多询问几个关于公司的问题,确认他们是公司派出的。

（13）付款时不要露出大量现金。

（14）如果感觉司机不友好,立即要求在最近的公共汽车站停车,结账下车。

（三）安全应对军警检查

在离军警检查站实际检查点几十米的地方,通常会设置提示牌。为了防止前方来车高速冲过,同时还会架设一些障碍物,通常会设置成 Z 形或者 S 形。在通过检查站时应注意:

（1）准备好护照、工作证、行车证等待检证件,缩短通关检查时间。

（2）接近检查站时减速慢行,如果接近黄昏或在夜晚时,打开驾驶室内的照明灯,以便让远处的军警看清车内情况。

（3）在路过检查站时,如果检查的军警没有特别的提示,车辆可以缓缓经过。若军警示意停车,应立即靠边停车,接受检查。

（4）在路上遇到当地警察拦截检查时,应立即停下,双手放在警察可以看到的地方,切忌试图逃跑或双手乱动。请警察出示证件明确其身份后,配合检查和询问。

（5）如果检查遇到麻烦,态度要缓和,积极与公司联系,有必要的话,与使(领)

馆联系,寻求帮助。

【案例 4-8】

地域不清的解决办法

2015 年,伊拉克项目安保人员在进行应急撤离路线的勘查,在勘查过程中途经一检查点,检查点检查了安保澄清资料。因乘坐的安保车辆只允许在米桑省内活动,同时伊拉克各省地域面积小,油田又在省的边境处,乘车人员并不清楚车辆是否开出了允许的活动范围,很担心……。

评析:案例中一是涉及类似勘查任务(并非为常规活动区域),一定要带上翻译和地图并在地图上提前规划好活动区域,以应对突发事件的发生。二是到检查点时,要提醒司机提前减速接受检查。三是军警检查时,一定要按军警指令执行,不要做出任何突然行动,避免让对方感到安全受到威胁,而采取过激行为。四是即便被检查出问题,也不要慌张,在问题清楚后与主管领导汇报,寻求解决。

【案例 4-9】

睿智的技术员

技术员李某某已经是第三次因工作需要入境伊拉克了,这次来伊拉克特意在国内买了二两好茶叶,准备给在现场忙碌的兄弟们尝尝,还随行李箱帮项目组带了几个因公需要而在伊拉克当地买不到的配电箱零件。在伊拉克出关检查时,军警要求开箱检查,翻到配电箱零件后,就要没收,由于小李比较熟悉当地人的习惯作风,因此并未执意要回,而是拿出了一包自己买的茶叶,指着茶叶对军警说:"MADE IN CHINA, GOOD!"并示意要给军警,军警拿过茶叶后还回了配电箱零件。

评析:在与当地警察乃至当地人打交道时,由于语言不通,彼此并不熟悉对方的意图,沟通不畅很容易产生误会并导致冲突。因此,要尽量友善,睿智地解决与当地人之间的小问题。

(四)宾馆或住所安全

(1)勿轻易开门。若为陌生人来访,即便有约在先,也应要求来访者亮明身份。若有陌生人在屋内做维修工作,最好有自己朋友陪伴。

(2)外出或夜间就寝前,应检查门窗是否关好,养成随身带钥匙、出门立即锁门的习惯。

（3）重要证件应留下复印件,证件号码、信用卡号码都应另外记录下来。一般信用卡公司都有处理遗失卡片的部门,最好将电话号码抄下来,若不慎遗失,立刻打电话挂失。

（4）如果要外出,可请邻居代为巡视房屋或告知宾馆前台,减少盗窃者闯入房间的机会。

第三节　海外员工心理压力管理

随着中国走出去战略的不断深入,石油石化企业在海外承接的项目数量越来越多。很多项目位于条件恶劣、政局动荡的国家和地区,这给员工的心理带来了很大的压力,员工的心理健康问题也越来越突出。如何管理海外员工心理压力,保持他们的心理健康,成了企业亟须解决的问题。

一、心理压力

(一)海外员工面临的主要压力源

1.工作压力

由于很多国家政局不稳定,战争、绑架、恐怖袭击等时有发生,这给员工心理带来了很大压力,也就是说工作本身的危险性、特殊性、复杂性是压力的主要来源。工作中文化障碍多,由于外国与中国的文化、风俗习惯等的不同,造成其工作方式与国内存在很大差异。中方员工与外方员工有着不同的语言、习惯和宗教信仰等,在相互合作中容易产生障碍或误解。这种情况下,缺乏良好的认识和沟通,影响工作开展。

2.责任太多

海外员工远离亲人,不但要承受工作责任压力,还要承担婚姻、家庭、子女教养、老人照顾等的压力,这些也是压力的主要来源。

3.环境压力

工作环境相对封闭,生活单调。海外工程项目一般都是野外作业比较多,自然环境恶劣,远离城镇等生活区,环境相对封闭。后勤生活保障难度比较大,食宿条件比较差。有的地方信息闭塞,通信不方便,影响了员工与外界的信息交流。每天工作完毕后,业余生活非常单调。长此以往,员工容易心情郁闷,少言寡语,工作积极性降低,缺少工作热情和生活乐趣,影响身心健康。

4.健康问题

长期的紧张、压力大,会给员工带来失眠、神经衰弱、高血压、糖尿病、胃肠疾病、皮肤病等疾病的困扰,进一步增加了心理压力。

5.孤独问题

长时间在海外工作,孤独寂寞是最难以打发的,它会使员工产生职业倦怠,工作效率下降。海外项目中方人员一般数量比较少,有时工作地点还比较分散,容易使员工感到孤独寂寞。如果员工产生不良情绪后,由于工作地点处于海外,远离家人朋友,无法及时找到合适人选进行倾诉排遣,就会导致员工孤独寂寞感增强。

6.婚姻家庭

海外员工海外工作持续时间长。员工派驻海外持续工作时间短则三个月长则一年,才能回国休假一次。海外长时间持续紧张工作,员工的身体和精神无法得到充分休息和放松,同时影响了员工与家人朋友的沟通,员工与家人长期分隔两地,容易造成隔阂和误解。海外员工最常见的家庭矛盾关系有以下两种:

一是婚姻家庭关系。年轻员工由于长期派驻海外,回国休假时间短,没有时间照顾配偶。员工建立家庭后,长期派驻海外,无法照顾家人,导致夫妻矛盾增多。由于夫妻双方长期不在一起共同生活,缺少共同的话题。夫妻双方由于通信条件的限制,导致沟通不畅,矛盾增多。

二是亲子关系。由于海外员工长期驻外,无法陪伴孩子成长。在家庭生活中与孩子的交流少,容易造成亲子关系紧张等问题。有的员工为了弥补没有照顾孩子的愧疚,容易满足孩子在物质上的所有要求,产生溺爱,对孩子成长不利。

7.性问题等

性压抑的问题也是压力的主要来源,长期性压抑能使人产生心理和生理上的变化。甚至有些人在一段时间里会出现性格改变,有时会无端生气,对工作失去信心,遇事不冷静,动辄发火。在生理方面,则会出现头痛失眠、厌食反胃、心悸、全身不适、关节酸痛、四肢乏力等症状。解决策略如下:

(1)性转移。

所谓性转移,是指通过学习、工作、文体活动、男女交往等多种合理的途径,使生理能量得到正当的释放和有效的转移。转移之所以有利于解除性压抑,主要有两个方面的原因:其一,性心理卫生学的研究表明,一般日常生活压力与性驱动呈互相关系,生活压力越重,性驱动则越低。其二,两性交往其实也是满足性欲望的一种方式,交往双方都可以从中减缓性紧张。两性交往也有利于彼此了解自己的

"另一半",有利于互相取长补短,有利于自己的家庭幸福。

（2）性升华。

性升华是指当性欲在环境限制下难以发泄时,当事者使其转化为另外一种积极的、建设性的欲望,使其在创造性的活动中得以发泄。性心理卫生学的研究表明,性欲转化为其他欲望或被其他欲望替代不但是可能的,而且是确实可行的。总而言之,性升华可使性欲转化为进取的动力,成为工作热情和创造性源泉,它可把满足性心理需求和社会公众利益最大限度地统一起来,因而不失为解除性压抑的最佳方法。

（二）压力认知及心理压力对健康的危害

1. 如何认识压力

压力并非单一事件导致。塞耶博士说:"并非事件本身,而是你对事件的认知会造成不同。"两个人对同样刺激的反应,一人可能根本不在意,而另一人却觉得压力很大。

一般来讲,大部分人的压力危机在四周到六周内可以解决,但有一些人的压力危机就很难解决,如果没有有效的应对方法,可能引发心理疾病,甚至还会出现自杀的念头,甚至可能实施自杀的行为。

有些人能够度过压力危机,而且还学会了应对压力危机的方法,经历了灾难、磨难以后抗灾难的能力更强。

有些人度过压力危机后留下的心理创伤可能会影响今后的生活。例如,汶川地震发生以后,出现所谓的 PTSD,就是压力或创伤后应激反应心理障碍。

2. 心理压力对健康的危害

长期的压力如果不能得到很好的疏解,对健康的危害是非常严重的。态度不佳,欲睡,生产力落后,心理剧烈的震荡,心理时常恍惚等都是压力潜在的征兆。还会出现无法解释的沮丧感,紧张的笑,抖脚,希望找个地方躲起来,噩梦,焦虑,反社会的行为;觉得生命没有意义,无方向或目标;憎恨他人,不信任他人,对性或亲热的举动失去兴趣,人格丧失,对通常不觉得怎么样的小事感到沮丧;出现身体某部位疼痛,头疼,月经失调,时常上厕所,紧张的抽筋,心跳加速等现象。

科学家研究发现,当人处在压力之下时,其免疫系统的力量不足以抵御传染病的侵袭,身体制造抗体激素变得困难。更容易受到癌症的袭击,如肺癌、血癌、各种皮肤癌等。

二、海外员工的心理健康现状

(一)影响海外员工心理健康的因素

石油工程建设企业的海外项目由于种种原因,大多集中在政局动荡、军事冲突时有发生、气候条件恶劣、沙尘暴频发的国家或地区。加上远离家庭和亲人,联系方式不畅,娱乐活动缺乏,与外界交流困难,饮食习惯不同,生活单调枯燥,外出活动受限这些因素,使得海外员工心理状态普遍不佳。位于政局动荡、冲突严重地区的项目员工更是常处于应激状态,易造成精神疲惫、心情低落,甚至发生焦虑、强迫、抑郁、敌对、妄想、躁狂等心理障碍甚至心理疾病,致使工作效率低下,发生事故的可能性增加,员工的身心健康受到威胁。

【案例 4-10】

1. 不安定的施工环境

某企业北非项目组的员工在休息期间,子弹从耳边飞过,事后此员工精神处于高度紧张状态,性情大变,易怒、烦躁,工作难以集中精力,夜里睡眠过程中多梦,常常惊醒等。

2. 不该看到的情景

某项目员工,亲眼看见了工友被枪杀,回国后长期存在心理问题,整夜失眠,入睡了也容易惊醒,总是回忆起工友被枪杀的场景,白天情绪不振,一直影响正常的生活和工作。

评析:这两个案例都是员工受到不良精神刺激后出现的应激反应,这种应激反应有时会持续很久远,对正常工作生活的影响也较大,需要进行心理疏导,必要时也需要适当的药物治疗。

从位于伊朗、埃及、叙利亚等国家的海外项目出现的病例看,抑郁、偏执等都有出现,尤其是在项目工作时间较长,不能及时回国轮休的员工,出现与室友争吵、冷战、发生肢体冲突的情况,甚至出现刺伤、刺死工友的极端情况。

(二)如何去识别员工的心理问题

一是一个人直接表露自己处于痛苦、抑郁、无望或者无价值感中。

二是情绪不稳定,容易流泪、抑郁,注意力不集中,也容易被激怒或者过分依赖。

从人际交往方面可以看到,明显不愿意和别人交往,有点逃避别人,显得孤僻、孤单,无缘无故地生气、跟人作对,酒精甚至毒品的食用量增加,还可能会用一些药物,过度依赖这些药物,行为紊乱或者古怪。

三是一个人的心理状态也会通过一些行为表现出来,例如睡眠、饮食等。如入睡困难、睡眠不实、多梦、易醒、早醒以及食欲差、厌食、暴食等,都是出现心理问题的先兆。

识别典型的抑郁症有一个简便的方法,即一个人的抑郁情绪持续两周以上,同时伴有下述 9 项症状中的任何 4 项以上:

(1)兴趣丧失或无愉快感。

(2)精力减退或持续疲乏。

(3)活动减少或动作迟滞。

(4)过分自责或内疚。

(5)联想困难或注意力不能集中。

(6)反复出现轻生的想法或行为。

(7)失眠或早醒。

(8)体重降低、食欲下降或亢进。

(9)性欲下降。

【案例 4-11】

抑郁的员工

某企业员工,平时性格就比较内向,不太擅长与人交往。出国劳务后,由于不能很好适应当地工作环境,逐渐开始出现失眠现象,有时早醒,整天没有胃口,人也变得日渐消瘦。日间精神不振,总觉得乏累,什么都不喜欢,每天懒洋洋的,总喜欢独处、躺着,就是高兴不起来,甚至觉得生活没有意思。由于不能适应国外生活而回国治疗。

评析:这位员工是一位典型的由于不能适应国外生活,精神压力过大,又不能很好地进行自我调理、减压的抑郁症患者,需要进行抗抑郁的药物治疗。

三、心理压力管理

面对各种压力,许多人都选择了默默忍受。遇到烦恼需要调节时,只能靠自己开导自己,超过五分之一的人闷在心里。这种忍受其实是强压,反而会对心理造成更大的伤害。

压力管理小贴士："10 出压力法"。

（1）说出压力。

就是通过找一位知心好友或心理咨询师来排解内心的烦恼,调整心态。

（2）写出压力。

就是通过写作,如日记、散文、诗歌等来调整心态,积极生活。

（3）动出压力。

就是通过某项体育运动,如跑步、打球、打太极等来调整心态。

（4）唱出压力。

就是通过唱歌,如卡拉 OK 等,来排解内心的烦恼,以调整心态。

（5）笑出压力。

就是通过讲笑话、调侃、聊天等来排解内心的烦恼,以调整心态。

（6）泡出压力。

就是通过泡澡,如在自家或洗浴中心等,来排解烦恼,调整心态。

（7）养出压力。

就是通过养小宠物、花草来排解烦恼,调整心态

（8）帮出压力。

就是通过帮助他人,如从事某项公益活动,来排解内烦恼,调整心态。

（9）坐出压力。

就是通过坐禅、内观、静思、冥想活动来排解烦恼,调整心态。

（10）游出压力。

就是通过旅游来排解烦恼,调整心态,积极生活。

另外,想念家人怎么办? 与家人保持联系,如利用电话、网络等。尽快适应国外生活,把生活安排得丰富多彩,排遣孤独寂寞。把精力用于工作学习上,让自己没有时间想家。多交朋友,建立新的人际关系。

一旦发现患有心理疾病怎么办? 要在生活方式、生活环境方面进行调整,如增加体育运动、多与人交往、培养积极的兴趣和爱好等。必要时回国后可以找专业心理医生进行心理治疗,也可以通过药物治疗,如抗抑郁药、抗焦虑药、抗精神病药。

四、如何预防海外员工心理疾病的发生

出国前充分了解可能遇到的困难,做好足够的心理准备。若出国前已经有过心理疾病病史或人格不健全,尽量不要出国,或调整恢复后出国。出国后多与其他队员交流沟通,及时疏泄不良情绪,多参加集体活动,多交朋友,培养积极的兴趣和

爱好。一旦有了问题及时同心理专家联系,尽早治疗。

(一)出国员工初选

海外项目心理健康管理应从出国员工的初选开始,初选就是为了挑选适合海外项目短期或长期工作的员工,从基础上减少心理障碍的发生,提高工作效率,这对于员工健康维护、减少企业发展阻力具有重要意义。基本的心理健康测验包括SCL-90、BDI贝克抑郁问卷、焦虑量表、孤独量表等。如果需要,企业应根据行业和项目特点,设置和修订量表,以使测评结果尽可能真实。

(二)构建网络平台

企业可以配备一些必要的硬件和软件条件,实行远程的心理健康管理,以网络交流为手段,为海外员工的心理健康管理提供硬件支持。

(三)运用员工帮助计划(EAP)

员工帮助计划(EAP),是由组织为其成员设置的一项系统的、长期的援助和福利计划,包括职业压力和心理健康评估、职业心理健康宣传教育、工作环境再设计与改善、员工和管理者培训及其心理咨询等内容。通过专业人员对组织的诊断、建议和对组织成员及其家属的专业指导、培训和咨询,帮助解决组织成员及其家属的心理和行为问题,以维护组织成员的心理健康,提高其工作效率,并改善组织的管理和形象。

中国石油海外员工帮助计划网址:http://www.soluxeint.com。

(四)现场管理

海外项目的特殊性,造成了海外项目员工心理健康管理难度系数大,相对配备的医疗资源也少,这也是企业难以对员工心理状态做出及时评估、疏导、治疗的主要原因。所以现场管理显得尤为重要,从预防和早期发现到介入、干预、治疗,让现场管理形成员工心理健康管理的第一道防线。

(1)使员工接受并适应新环境,全力保障员工的人身安全与身心健康。为所有在外员工办理意外伤害保险,建立现场医务室,确保员工一旦出现事故能够做到立即处理,减少员工心理负担。

(2)重视员工的生活管理,使员工能感受到家的温暖与关怀。项目组应尽量提高员工生活质量,安排合理的轮休制度,避免员工工作时处于心理煎熬状态。

(3)了解员工的业余爱好,活跃员工业余文化生活。项目现场要在允许的情况下设置运动场地、电视观看室等设备设施。通过各种文娱活动使员工忘记疲劳和身处异乡的孤独感。

（4）鼓励员工之间进行更多的交流，管理者对情绪低落的员工及时进行抚慰，了解真实情况，及时采取应对措施。对于在节日期间仍然留守的员工，应体谅员工思亲心理，组织活动，使远离家乡的员工也能感受到节日的快乐等。

（5）普及心理健康知识。为员工定期举办心理学相关讲座，普及心理健康知识。提高员工心理健康意识，注意员工的情绪变化，注重员工的心理调节。

因为海外项目的特殊性，海外项目员工心理健康管理已经成为当前各大石油石化公司亟须解决的问题。结合行业特点、项目特点、员工素质、人力物力、公司文化等多个方面，加强现场管理，实现对员工心理健康的动态监测、评估、治疗，是做好海外项目员工心理健康管理工作的重中之重。

第四节　海外工程属地化用工管理

一、属地化用工与管理

海外工程属地化用工，是指海外工程项目在施工生产和经营管理的过程中，按照当地国的法律法规和惯例，通过招聘、选拔、培养，使用当地国或第三国人力资源，与中国员工共同完成施工生产和经营管理的用工形式。

海外工程属地化用工的管理，是指在海外工程的施工生产和经营活动中，对当地国或第三国人力资源进行招聘、选拔、培养、使用、考核，在与中国员工共同完成项目施工生产任务的过程中所采取的一系列管理方法和措施。

二、班组属地化用工的目的与意义

（一）班组属地化用工的目的

在项目施工生产过程中，按照属地国用工的管理规定，合理地、按比例地使用属地国的劳动力资源，配置到工人班组中，一是可以合理规避经营管理风险，有利于工程项目正常有序运转；二是有效降低经营管理成本，有利于提高工程项目经济效益；三是履行企业的社会责任，有利于企业在当地国的持续长远发展；四是积极融入当地国文化，有利于实现企业与当地国社会的协调发展。

（二）班组属地化用工的意义

（1）石油化工项目建设是一个复杂产品实现的过程，在一些技术含量低、难度不高的工作岗位,可以用当地雇员代替中方员工,以控制项目成本、规避风险。

（2）属地化雇员具有先天的语言优势和相同的文化传统,比中方人员更善于与当地居民、地方政府、业主、监理等进行有效沟通和交流,利于及时解决项目实施过程中遇到的问题,促进人员交流融合和各项工作的开展。

（3）当地政府希望国际工程承包商能够履行社会责任,为本地培养一批熟练的技术工人和管理人员,增加就业机会,提高当地人均收入水平,促进当地经济社会的发展,树立良好的企业形象,推动市场开发。

三、班组属地化用工的基本原则

（一）法律法规及宗教信仰

1. 熟知属地国法律法规

各国法律法规纷繁复杂,科目众多,从调整双方劳资关系的法律到各项社保法令,从立法部门颁布的法律到各部门的法规,即便要收集全众多的法律法规也需煞费苦心。但知晓用工国的法律法规可谓规范属地化用工的前提,只有知法,才能守法,才可能谈得上运用法律,才能摆脱属地化用工管理初期的"无知者无畏",遭遇问题后的沮丧和畏首畏尾的问题。

2. 尊重属地国的宗教信仰

文化的差异是属地化用工管理的最大困难,因此海外项目在属地化用工管理过程中要特别注重去理解当地文化,适应当地文化。

目前,石油化工项目大多在经济、文化比较落后的国家,而且绝大部分信仰伊斯兰教,文化受伊斯兰教文化影响较深。

主要表现在:

（1）宗教信仰普及率高,并且对宗教的崇尚达到了空前的程度,不容任何人违背、侮辱及践踏。

（2）生活懒散,对物质追求不高。

（3）崇尚权利,承包单位稍有违反工作条例及相关劳动法,就会导致规模不等的罢工。

【案例 4-12】

不解风俗的老班长

老刘是一位有着 23 年施工经验的老班长,工作认真负责,技术全面,初次参与

国际项目的他依旧积极向上,尽管面对80%的当地人及孟加拉国组员,依旧保质保量地完成各项上级下达的施工任务。

一天上午,在现场,刚接到紧急任务的他发现班组里的几个当地人和孟加拉国人集体失踪了,于是急忙找来班副,"人都哪去了,为什么不干活!"一脸无奈的班副说:"他们过来哇啦哇啦地说了一堆就走了,我这英语水平也没听太明白,也没拦住。"异常气愤的老刘在班副的带领下找到了正在祷告的当地人和孟加拉国人,一顿批评训斥后把组员带了回去。

下午刚上班不久,正在看图纸的老刘一回头发现组里的当地人和孟加拉国人又不见了,这下老刘可真火了,"这活还干不干,这帮人还想不想干了,"来到了祷告的地方老刘大发雷霆,比比画画地一通臭骂。这时正在祷告的当地人和孟加拉国人都围了过来,你一言我一语地吵了起来,随后其他组的当地人和孟加拉国人也都围了过来,不明情况的中国人也围了过来,大战一触即发,在急忙赶来的项目领导的调节下双方才罢手。一经了解,原来老刘不知道现在正值穆斯林的"拉马丹"斋月,老刘也及时向这些穆斯林员工道了歉,一场由于宗教原因可能引发的争斗才免于爆发。

评析:本案例中的老刘在施工进驻前没有充分了解当地国的宗教礼仪,也没有在当地国斋月期间合理安排用工,制定适应性的作息时间制度,导致矛盾激化。可以采取如下措施:

一是为属地国员工提供固定场所,在规定时间统一进行祷告,祷告期间不打扰,不安排工作。

二是间休时间适当延长,让属地国员工充分休息和祷告。

三是祷告结束后组织正常工作。

(二)合同化管理

1. 增强合同意识

中国人历来缺乏合同意识,认为留下书面的东西易受制于人,但殊不知建立关系前的一目了然远胜于之后的锱铢必较。

工程建设企业的工程大多是不可延续的,根据劳动法,项目有权签订固定期限的劳动合同,但各国法律又规定了固定期限的劳动合同必须以书面方式签订,有些项目管理人员缺乏合同意识,或是其他方面的原因,疏于与劳动者签署合同,从而使劳动关系被认定为无固定期限。于是劳动合同终止产生困难,非法雇佣的情况增多,导致频繁涉诉,用工成本增加。

【案例 4-13】

对当地法律掌握不清的后果

某驻阿尔及利亚项目,通过当地劳动就业处招聘阿尔及利亚员工 50 人,经过体检、技能考核等环节,承诺月工资 25000 第纳尔,并根据当地法律为每位阿尔及利亚员工缴纳社保。一个月试用期过后,通过项目技能评价体系,35 人合格,15 人被淘汰。结果问题出现了,这 15 人向当地劳动稽查处投诉,该项目与阿尔及利亚员工没有签订用工合同,涉嫌非法解雇。

评析:根据阿尔及利亚劳动法,项目有权签订固定期限的劳动合同,但法律又规定了固定期限的合同必须以书面方式签订。本案例中的某驻阿尔及利亚项目缺乏合同意识,尽管与劳动者签署了合同,但是合同中没有对试用期期间考核不合格后被淘汰并自动终止合同作详细说明,导致被投诉,从而使得劳动关系被认定为无固定期限,于是劳动合同的终止产生困难。

2. 注重书面主张权利

在属地化用工管理过程中,我方时常疏于主张权利,单方面认为以和为贵,不愿书面主张,往往是对方出击后,才被动防御。而当地工人的维权、诉讼意识特别强,原本是因工人无故旷工的解雇,却由于企业无劳动合同或未进行书面催告而戏剧性地成了无理由野蛮辞退,法院认定的事实只能是法律事实,需要有证据支持,疏于书面主张权利的结果就是有苦难诉。

3. 增强留存证据意识

从招聘时提供的简历,到双方签订的劳动合同,到管理过程中的警告、催告等一系列书面材料,都是今后产生纠纷后能还原事实的证据,可是有些管理人员缺乏证据的留存意识,发生争议后,才发现两手空空,徒有道理。

(三)综合管理

1. 制定有针对性的管理制度

在制度建设方面,根据当地的法律法规和惯例,健全属地化员工的各项管理制度,合理配置人力资源,使属地用工合法化、规范化、制度化。例如,《项目属地用工管理办法》《项目属地工招聘管理办法》《项目属地工薪酬制度》《关于规范属地用工解聘工作流程》等。

2. 严格控制员工的选聘工作

由于工程建设项目需要员工种类繁多,并且当地员工技能水平较低,在招聘员工的时候,与当地劳务公司商定招、用工流程,项目部向劳务公司提出需要用工的岗位、需求量及工作要求,由劳务公司负责对员工进行招聘、身份核查(有无犯罪记录)、体检、处理劳务纠纷以及员工解聘等过程管理,项目部则负责员工选拔录用、各项培训、缴纳社保和税收、业绩考核和现场用工的管理等。员工进出和管理由项目部和劳务公司共同进行,这种招、用工模式不仅规范了用工流程,令项目管理更加流畅,而且降低了因人员流失造成部分岗位空缺带来的影响,为整个项目施工生产的顺利进行提供了有力保障。

3. 充分尊重当地文化和风俗习惯,促进沟通与融合

在属地化员工管理过程中,社会观念、语言和两国文化的差异致使我方人员与当地社会的交流和融合相对困难。因此,项目筹备初期就必须组织开展 2～3 次对中方员工的外事培训工作,着重了解当地的国情、法律、风俗习惯和如何适应当地文化。组织员工学习《实用英语 900 句》,并提倡采用简单或约定的用语、手势进行交流,实现一个眼神、一个手势就能明白对方的意图,减少误会和矛盾。

【案例 4-14】

肢体语言的效应

哈萨克斯坦 45 号自备电站项目,项目规模大,吊装作业任务重。起重班班长李刚,一人带一个组(配几名当地员工)。这边装了那边卸,有时候忙得连喝水的工夫都没有,怎样才能把活干好的同时又不让自己那么累,那就只有在这几名哈萨克斯坦员工的身上想办法。最开始李班长只能通过肢体语言——手语与当地员工沟通,到后来李班长已经能说一口流利的哈萨克语。他的一个眼神、一个动作、一个口令,在中方人员还在纳闷的时候,那些当地员工已经将钢丝绳、吊带、卡扣等一个一个都准备好了,大大提高了工作效率。

评析:属地化用工管理难度是非常巨大的,当地员工技术水平较低又制约属地化的进程。对于工程建设项目来说,中方希望员工能够迅速顶岗。在当地培养了一批固定的施工人员,同时自己员工的能力也得到了提高。

四、班组属地化用工的技巧与方法

(一)班组配置

在现场管理上,项目一般推行小承包、计件及劳务化的分配模式,提高劳务人

员工效。注重班组搭建,构建金字塔结构管理体系。根据当地员工的技能水平和劳动态度等方面,属地化用工现场施工班组配置方式可归纳为以下几种形式:

(1)班组全体为中国员工。基于外派的中国员工的技能水平较高,组织纪律性强,工效高,沟通顺畅等因素,一般现场进度非常紧张、质量要求极为严格的工作可尽量分配给此类班组来完成,定会事半功倍。

(2)班组中中国员工和当地员工各占一半。此类班组一般从事现场重点、难点的作业。

(3)班组中中国员工为班组长和副班组长,其他由40%的第三国员工,60%的当地员工组成。此类班组可从事现场大多数的常规作业。

(4)班组中中国员工为班组长和副班组长,其他由当地员工组成。此类班组可从事一些技能水平要求不高的作业。

(二)班组管理机制

1.班组绩效考核

加强考勤管理,实行劳务工人电子打卡和班组长考勤表记录双向管理,将电子打卡进行全员覆盖,出台迟到早退、代打漏打的扣分制度,班组长要全程参与所属员工工资制度的制定。建立淘汰机制,定期从劳动技能、劳动态度、劳动纪律等方面进行动态评价,主动淘汰不合格的人员。特别注重把有一定技能水平,但为人牢骚满腹、经常煽动人员闹事的人淘汰出局,保持员工队伍的纯洁性。

【案例4-15】

员工的绩效管理

防腐班组是由6位从事专业防腐的中方员工和30位当地员工组成,王某是防腐班班长。面对项目多、工期紧、任务重的情况,当地员工工作激情不高,技能较差,与中方员工工作配合不力,再加上当地员工每天除了吃3顿正餐外,在施工现场每天都有喝4次茶水的习惯。王班长很是着急。王班长意识到,工作思路和工作方法必须转变,只有提高当地员工的工作绩效,才能完成如此之大的防腐工作量。于是他把30位当地员工分成3个小组,每组选出工作能力突出、有威望的人当小组长,每天给小组下达防腐工作量,小组长又给每位组员分摊具体的工作量。工作方法改变后,当地员工每天都能如数完成防腐任务。

评析:如何对属地员工合理利用,提高他们的绩效,又要尊重他们的风俗习惯,要有正确的工作思路和工作方法。

2. 班组质量管理

班组的质量管理是重点,也是项目管理的重点和难点。班组长要与项目质量工程师相互配合,每天监管班组的施工质量,发现问题,及时处理,质量问题未解决之前,不能进行下道工序施工。这需要班组长责任心强,具有丰富的专业经验,在施工中发现质量问题,勇于向质量工程师及项目主管领导反映并提出合理化建议,使班组的施工质量随时处于可控状态。

3. 班组安全管理

班组的安全管理也是一个重点。必须服从项目的安全管理体系,遵守项目成立的"专业安全工程师—专职安全员—兼职安全员"的控制体系。班组安全要与班组成员的工资拨付挂钩,做到有守必奖,有违必罚,从"要班组安全"向"班组自己要安全"转变,使每位班组成员知道,在施工过程中必须遵守安全规定,否则施工班组和个人就不会有效益。

五、属地化用工的风险与风险规避

1. 属地化用工的风险

（1）项目所在国的政治风险包括以下三个方面：

① 国家用工政策的变更。

② 与中国政府的关系。

③ 战争、动乱。

（2）项目所在国的法律风险包括以下三个方面：

① 合同为非标准／通用格式。

② 合同规定含有"霸王条款"。

③ 对用工及加班有限制。

（3）项目所在国的社会风险包括以下五个方面：

① 宗教禁忌。

② 文化差异。

③ 种族、派系冲突。

④ 政府腐败,办事效率低下。

⑤ 劳动者素质低下,技能水平较低 。

2. 属地化用工的风险规避方法

（1）充分了解项目所在国国情及相关政策。

（2）充分尊重项目所在国的宗教信仰、人文文化。

（3）充分理解和完善劳动合同。

（4）依法管理，建立健全属地化员工管理制度。

（5）倡导中外员工平等，加强沟通，建立和谐雇佣关系。

（6）加强绩效考核和技能培训。

第五章　班组思想政治工作与文化建设

　　本章主要介绍班组思想政治工作的概念、内容、职责和班组思想政治工作的原则和方法，介绍基于中国石油企业文化建设框架下的石油工程建设企业班组如何开展班组文化建设活动，以良好的班组文化建设助推班组绩效的提升。通过学习，使班组长对思想政治工作和文化建设有更深层的认知；通过贴近工作实际的案例为班组长提供实物参照，提高班组长面对现实问题解决问题的能力。

第一节　班组思想政治工作

一、班组思想政治工作的概念与内容

（一）思想政治工作的概念

　　思想政治工作是思想政治教育工作的简称。它是指社会或社会群体用一定的思想观念、政治观点、道德规范对其成员施加有目的、有计划、有组织的影响，使他们形成具有一定社会所要求的思想政治品德的社会实践活动。思想政治工作受社会经济、政治、文化的制约和影响，为一定社会的经济、政治、文化服务。

　　班组中的思想政治工作，是特指依靠班组自身积极因素解决班组员工在日常工作和社会活动中所产生的各种矛盾，协调相互关系，进行自我教育，提高思想觉悟的全部工作总和。班组思想政治工作是企业基层思想政治工作的重要组成部分。搞好思想政治工作，能有效地调动班组员工的内在积极性，不断提升个体的认知发展、道德人格、心理健康等。

(二)思想政治工作的内容

班组的思想政治工作要把出发点、立足点放在保证生产经营的完成上,只有做到抓生产从思想入手,抓思想从生产出发,才能真正做到思想政治工作与生产经营相结合。

班组的思想政治工作应当包含以下几方面内容:

(1)政治素质:包括坚定的社会主义、共产主义信念,民主、法制观念,全心全意为人民服务的立场,爱国主义、集体主义精神,廉洁自律的作风等。

(2)思想素质:包括辩证法思维方式,唯物史观,能正确处理个人与社会、个人与集体、个人与他人的关系,有正确的世界观、人生价值标准、职业规划等。

(3)业务素质:包括过硬的专业技术,完善的岗位技能,善于学习、提问,有较强的竞争意识,有上进心、争先创优意识、担当意识等。

(4)其他素质:主要指符合中国特色社会主义核心价值观的各项思想品德,如实事求是、开拓创新、独立自主、团结奋斗、批评与自我批评等。

二、班组思想政治工作的对象与职责

(一)班组思想政治工作的对象

班组思想政治工作的广泛对象是全体班组员工。重点对象应是班组党员,只有充分发挥好班组党员的先锋模范作用,以党员带动普通群众,才能使班组思想工作的开展事半功倍。主要对象应是青年,这是由青年的特殊生理和心理特征决定的,青年作为社会主义现代化事业的建设者、班组发展的中坚力量,只有正视并做好青年的政治思想工作,才能建设一支战斗力强、素质硬、作风好的青年队伍,从而带动班组的整体思想政治素质的提升。

(二)班组思想政治工作的职责

在新形势下,班组的思想政治工作职责得到进一步凸显,只有将思想政治工作落到实处、沉到底,做到进车间、入班组、到人头,才能真正发挥其实效性。

班组的思想政治工作的职责包括:

(1)必须坚持服从经济中心的原则,围绕生产经营,发挥促进和保证作用,即有利于生产经营,提高经济效益。

(2)必须坚持以人为本的原则,围绕职工关心的热点、难点和焦点问题开展工作,即有利于调动职工的积极性和创造性。

(3)必须围绕培育优秀员工队伍开展工作,发挥好教育引导作用,即有利于提高员工的整体素质。

（三）班组长在思想政治工作中的职责及作用

1.班组长在思想政治工作中的职责

班组长开展思想政治工作是我国企业的优良传统,现代企业管理应该继承这个好传统,进一步发挥班组长在开展思想政治工作中的"领头羊"作用。其主要职责包括:

（1）密切联系员工,把握好员工的思想脉搏,准确判断员工的心理、情绪、愿望和要求。

（2）因势利导,根据员工不同的思想政治水平,采取不同方式,激发他们投身企业改革发展的热情与活力。

（3）把思想政治工作的主旋律渗透在日常生产经营活动之中,避免思想政治工作的"假大空"和"高大上"。

2.班组长在思想政治工作中的作用

思想政治工作,是班组建设的一项经常性的基础工作。班组长作为班组最高领导者,对加强班组思想政治工作具有不可推卸的责任和无可替代的作用。

（1）直接从事生产作业,带头完成生产任务。班组长只有在学习、工作中时刻严格要求自己,率先垂范,任劳任怨,埋头苦干,有困难抢在前,不计个人得失,才能感召、引导和教育员工。这是做好班组思想政治工作的前提。

（2）指挥班组生产活动,组织落实班组管理工作。在日常工作管理中,班组长要将开展思想政治工作作为了解班组员工思想动态、推进班组科学发展、提升班组整体战斗力的有效手段。这是做好班组思想政治工作的关键。

（3）班组长是企业"两个文明建设"的组织者和实施者,起着把党的方针政策和企业的决策、计划变为员工实际行动的桥梁作用。班组长应当主动承担起政策宣讲员、业务指导员、意见征集员等角色,把上层的想法准确、生动地传达给基层,把基层的声音快速、合理地反映给上层,从而进一步加强双方的沟通了解。这是做好班组思想政治工作的基础。

三、班组思想政治工作的作用与方法

（一）班组思想政治工作的作用

（1）保证企业坚持党的领导,坚持正确的政治方向。

加强班组思想政治工作,有助于坚持正确的政治方向。历史证明,只有中国共产党才能救中国,也只有中国共产党才能带领人民走向富裕,带领国家走向富强,只有中国共产党才能发展中国。牢牢把握"始终坚持中国共产党的领导"这个思想政治工作的灵魂,是开展所有工作的首要前提。只有坚持这个前提,在面对改革、发展中的问题和矛盾的时候,才能有明辨是非善恶的能力,才能看清事物的本质和规律,才能找到解决问题的根源和正确道路。只有坚持正确政治方向的领导干部,才能在大是大非和重大问题前立场坚定、态度明确,始终与党中央保持一致;才会创新方式方法,时刻不忘教育引导干部职工坚定理想信念,服务群众,投入工作。也只有这样,企业前行的道路才会越走越宽。

（2）充分调动职工的积极性,提高企业经济效益。

近年来,思想政治工作对于企业的作用越来越凸显,并与其经济效益的关联越来越紧密,并呈现相互促进的趋势。通过不断创新现有的思想政治工作的理论内容,并紧密地用于企业职工的思想政治工作中去,已经成为帮助企业发展的有效手段。在企业中,良好的职业道德素养、高水准的职业技能、优质的服务理念和态度、爱岗敬业的职业精神等,都是通过思想政治工作的有效介入,逐步形成的。而在此基础上,良好的班组风气也逐渐形成,并深入到每一位班组成员当中。而职工的这些素质、班组的这些风气有效地构建起来并成了班组的不竭动力,成了企业的无形资产,从而提升了企业的经济效益。

（3）协调班组内的人际关系,解决矛盾冲突纠纷。

班组成员来自五湖四海,有着不同的成长背景和阅历,自然会形成多样化的人际关系,形成班组内外的经济活动与人们交往的关系。加强思想政治工作,可以有效增进班组成员相互理解,使班组成为团结和谐的集体。社会主义市场经济的建立和发展,新与旧、先进与落后、奉献与索取等多种观念交叉碰撞,个人、集体和国家三者的利益关系与矛盾,都必然通过各种形式和渠道反映到班组中来。班组不仅要善于调整内部成员之间的关系,还要协调班组与车间、科室以及社会的关系。如果这些关系不理顺,观念不澄清,矛盾不解决,情绪不稳定,就不能有效地发挥人作为生产第一要素的主观能动作用。调整班组人际关系应是班组思想政治工作的重要内容,通过教育和活动,增强集体意识,在班组形成新型的人际关系。一个班组的人际关系和谐,凝聚力就强,组员思想就稳定,班风就正,精神面貌和完成各项工作就好。

（4）提高员工素质,增强主人翁意识。

班组不仅要出产品,更要出人才;不仅要创造物质财富,也要创造精神财富。从这个意义上说,班组也负有提高职工素质和职业道德的重任。在市场经济的冲击下,为避免拜金、利己等思想对职工思想的腐蚀,加强班组思想政治工作的建设尤为必要。企业深化改革带来的利益调整,在职工的思想上、心态上和道德准则上也会引起种种新的矛盾、困惑和诉求,给职工队伍带来新的思想冲击。要使班组职工适应新的形势,提高思想道德的境界,离不开强有力的思想政治工作。只有通过思想政治工作去启发、教育、引导职工转变观念,克服旧思想、旧意识的约束,战胜各种冲击和挑战,消除困惑和疑虑,才能建设一支纯洁、健康、积极向上的职工队伍。

（5）加强班组思想政治工作,确保完成各项任务。

班组处在生产的第一线,是出产品、出质量以及出效益的劳动集体。而产品、质量、效益都是班组成员劳动创造出来的,生产本身就是人的活动。在生产过程中,由于主观或客观的原因,如劳动积极性、职业道德、工时定额、协作分工、奖金分配等方面的原因,经常会出现各种矛盾和思想波动,直接影响生产任务的完成。这就需要在生产过程中,针对职工的思想问题,用细致入微的思想政治工作解决职工在生产劳动中产生的矛盾和问题,做好生产、管理过程中的组织协调和说服教育工作,消除不利于生产任务完成的人为障碍,调动职工的生产积极性和工作热情,引导大家心往一处想,劲往一处使,共同为完成生产任务而努力。

（二）班组思想政治工作的方法

1. 日常政治学习和系统理论教育

围绕班组的人员组成特点开展多样的思想政治工作活动。一是选树宣传先进典型,用身边的先进事例激发员工自觉效仿和学习;二是开展主题鲜明的教育学习活动,通过夜学夜议、讨论会、座谈会等形式,采取听、看、评、思等环节,在学习教育中做到以理服人、以情动人;三是开展思想政治工作与解疑释惑相结合的工作,通过与员工的谈话谈心,让他们知晓大事、发表意见、倾吐心声。

【案例 5-1】

从落后到榜首的逆袭

某作业站人员少、任务重,建站初期只有 36 人,由于调动只剩下 28 人,多数还是缺乏经验的新手,业务开展受到了很大的影响。为了调动工作热情,让他们能够迅速成长起来,站长号召班组长通过定期评选出优秀"岗位明星"的办法,营造出人人争当岗位明星的积极氛围。在全厂员工星级评定中,这个站 12 名员工达到三星以上,名列全厂同类班站榜首。

评析： 在任何的一个组织和企业中,模范员工一方面都具有很强的工作能力,另一方面榜样员工能够在自己周围形成良好的氛围,可以使其他员工更加明白努力工作是不会付诸东流的,促使其他人主动地努力工作。班组长要善于发现典型,培养典型,宣传典型,奖励典型,同时宣传榜样员工以后还要对其进行培训和锻炼,不断提高这些榜样员工的自身素质,扩大他们对其他员工的影响力。

2.班前动员、现场疏导、班后总结

班组思想政治工作因班组工作的特殊环境而使其具有了一定特殊性,班组长只有将思想政治工作与其他各项工作紧密结合,抓住结合点,找准切入点,把思想政治工作渗透到生产建设一线中去,与生产建设工作一起部署,一起检查,才能提高思想政治工作的实效性,易于班员接受。

【案例 5-2】

口号的魅力

老冯最近很伤脑筋,班组成员每天无精打采,工作效率极低,而且几次还差点出事故,要不是老冯经验丰富,发现及时,说不定会造成重大的财产损失和人员伤亡。虽然老冯在每周的总结会上也一再强调,工作中要精神高度集中,不可开小差,要时刻保持警惕,小心细致,但是情况还是没有改善。

老冯决定去求助自己的老伙计老黄。老黄生性幽默,善于开导人,而且点子极多。老冯倒了一番苦水后,老黄沉思一会儿,还真给了老冯一个锦囊。

第二天早班集合完队伍,老冯提出,班组成员齐呼安全生产口号 3 次,然后才能施工作业:安全生产规章制度条条记心里;遵章守纪平稳操作保护好自己;快乐工作幸福生活要好好珍惜! 小小几句口号,还真起了作用,大家不但提起了精神,还更注意安全生产了。

评析： 安全事故往往是思想上麻痹大意造成的,而造成麻痹大意的原因简单归结起来有两个:一是对工作兴趣不高,做事开小差;二是不知道发生安全事故所带来的后果的严重程度。呼喊安全口号其实无形中起到了对症下药的作用。一是齐呼口号本来就是振作士气、提高注意力的有效手段;二是把安全生产要求变成口号,让班组成员反复高呼,也提高了他们安全生产的意识。

3.检查督促提醒和重点帮教转化

班组长要通过思想政治工作,统一认识、凝聚人心、调动员工积极性,把思想、道德、观念等无形的东西融入日常生产建设中去。发挥其对标检查作用,督促员工自我反思,查漏补缺;发挥帮扶整改作用,对待后进员工,要找到其症结所在,对症下药。同时,突出"情"和"活"的作用,突出"情"字就是要从尊重人、关心人、理解人的角度出发,要有"人情味",用温暖的话语、诚挚的感情、亲切的关怀、热情的帮助去感动职工;突出"活"字,就是要掌握职工思想动态规律,做到有的放矢,有针对性地采取相应的方法并做好经常性的思想政治工作,哪里存在问题就做到哪里,既要做好 8 小时以内的思想政治工作,又要做好 8 小时以外的思想政治工作,不仅贯穿于生产经营的全过程,还要贯穿于职工生活的全过程。

【案例 5-3】

<h2 style="text-align:center">小王的转变</h2>

在工程测量队任务重、时间紧、人手不足的时候,班组长却发现小王最近不太对劲。了解后才明白是因为他参加工作不久,还没有适应工作强度而有些小情绪,影响到了工作的完成质量和速度。可班组长并没有在人前指出和批评,而是在发现测量结果有问题时,提醒、指导小王及时将出现的错误改正过来,并私下与小王谈心,告诉他:"现在正是工作压力最重的时候,作为年轻人,你的专业素质和水平都是我信得过的,我相信你能调整好自己,完成工作。"此后,班组长也时时关注着小王的情况,发现问题耐心指导,发现进步及时鼓励,渐渐地,小王适应了岗位,成为一名优秀的测量队员。

评析:在工作中经常会出现员工有情绪而影响到工作的情况,特别是员工初入岗位和工作压力比较大的时候。如果不及时处理好,就会影响到整体工作进度。案例中的小王就是因为初入岗位,不适应工作强度而产生了情绪,班组长发现问题后,先是提醒小王,避免工作失误,再是与他谈心,委婉地提醒小王,在平时的工作中,给予实在的帮助和鼓励,让小王树立了信心,更快地适应了自己的工作岗位。

4. 职工自我教育和营造氛围

随着新形势的不断发展,班组开展思想政治工作也应当由"被动式"向"主动式"过渡。要想真正发挥出思想政治工作的巨大潜力,并不能依靠班组长一味地灌输,而是应当引导班组员工从被动接受到自我反省、自我教育。有时,氛围的营造往往比直接的学习教育更具效果,也更易于在潜移默化中改变班组员工的思想。

【案例 5-4】

班前 10 分钟，小动作大收获

水气车间利用"班前 10 分钟"，由班组每位成员对下一班接班同岗位人员一问一答的办法，提升班组人员对岗位知识的掌握程度。同时根据班组特点，开展一人一事的教育，根据组员的文化水平，结合工作实际，要求组员针对某一问题谈自己的感受，写出书面材料，在班组的学习会上进行交流。这样既有助于提高组员的文化理论水平，又丰富了班组的政治文化生活。在总厂职工技能大赛中，该车间获技能比赛一等奖。

评析：要注重班组的政治理论学习并不断在形式上进行创新。学习要注重形式的灵活多样，要将继承和创新相结合。班组长要对过去好的经验和办法，继续发扬，同时要在实践中不断探索创新，在拓宽领域消除盲区、变换视角提高水平、寓教于乐上下功夫。

5. 关心职工生活，解决实际问题，倡导互帮互助

日常工作中，职工往往存在着一系列具体问题需要解决，这些具体问题与职工大量的思想问题连在一起，单靠开开会、谈谈话，甚至用不痛不痒的官话、套话、空话去做所谓的思想政治工作，反而会使职工产生强烈的逆反心理。因此，要想思想政治工作更接地气，必须设身处地为职工着想，从帮助解决其实际难题入手，时刻关心职工的生活、工作状态，引导职工互帮互助。

【案例 5-5】

小林的转变

煅烧车间的小林最近工作状态不好，班组长老李了解到，小林的母亲最近生病住院，要做手术，小林的生活和经济压力都很大。了解到这个情况后，老李组织同事一起去医院看望小林的母亲，并与工会沟通后发起一个捐款活动。年底，总厂党委还送去了慰问金和慰问品，希望能尽可能帮助他。组织的关怀，让小林本人在岗位上工作更加踏实认真，任劳任怨。

评析：班组长要全面掌握职工生活工作情况，积极为职工排忧解难，切实做好关心关注职工生活的有关工作，才能使职工切实感受到集体的关心和温暖。职工才会真正把班组当成家。当职工切身感受到自己在班组中的位置，把自身利益与班组利益结合起来，才能增强班组凝聚力和向心力。

四、班组思想政治工作制度

思想政治工作要常抓不懈,持之以恒,关键在于将思想政治工作常态化,建立健全思想政治工作基本制度,以制度推进规范化。常见的思想政治工作制度主要有以下七种。

(一)政治学习制度

政治学习是开展思想政治工作的基础,加强政治学习对提高班组思想政治觉悟和综合素质有着独特而显著的作用。因此,班组应制定符合自身实情的政治学习制度,明确学习内容,定期组织员工开展集中学习,发扬理论联系实际的学风,做到学习与生产相结合,通过学习提高觉悟、振奋精神,从而增强效益。

(二)日常宣传制度

思想政治工作与宣传工作息息相关,只要灵活运用各类宣传手段,就能使思想政治工作事半功倍。日常宣传以团结、稳定、鼓劲、正面宣传为主,达到以先进典型鼓舞人、以政策理论武装人、以高尚的精神塑造人等效果。

(三)思想分析制度

班组长必须深入生产工作一线进行调查研究,定期分析员工的思想动态,及时掌握班组中存在的消极因素,避免其对班组的整体工作氛围造成严重影响。同时,要充分发挥班组的集体力量,定期召开思想动态分析会,采取批评与自我批评、民主测评等方式,掌握班组员工的思想变化情况,及时消除不利因素。特别是在企业遇到重大改革或发生重大事情时,及时对员工进行思想分析,有利于更好地开展工作。

(四)一人一事制度

一人一事制度的关键在于如何区别对待、对症下药、因势利导,讲究的是思想疏导、以情感人、以理服人。在思想政治工作具体开展过程中,班组长要针对员工不同的个人经历、不同的文化水平和思想素养,坚持"一把钥匙开一把锁"的原则,具体问题具体分析、具体情况具体对待,有的放矢地做好教育引导,及时解决员工各类思想问题和实际难题,在包容多样中让员工感受到集体和他人给予的尊重与关爱。

(五)帮促转化制度

开展思想政治工作的目的并不在于发现问题,而是在于如何整改问题。对于发现存在问题或不足的员工,应当采取和风细雨、润物无声的方式,避免被帮促转化对象的尴尬和抵触心理。按照被帮促转化对象的实际情况,深入研究分析造成其现状的原因,采取较易被其接受的形式,制定针对性、操作性、实效性强的措施,潜移默化地完成帮促转化任务。

(六)民主管理制度

发展班组民主,能进一步提升员工间的互相信任、互相协作,集中智慧,挖掘潜能,是促进班组可持续发展的重要保证。实行班组民主管理制度,就是要以个人服从班组,少数服从多数,班组服从项目部和公司为原则,一方面避免班组长权力过于集中而导致的不公平现象;另一方面也不断增强员工的主人翁意识,激发其积极性、主动性和创造性。

(七)文体活动制度

适宜的文体活动是开展思想政治工作的有效手段之一。要发挥班组工会小组的作用,组织喜闻乐见的文体活动,进一步增强团队凝聚力,激发员工工作热情,提高班组整体工作效率,进而形成班组独特的文化氛围。班组长应充分借助组织文体活动的契机,培养员工的沟通协调、策划安排、分工协作等综合能力。

第二节　班组文化建设

一、中国石油企业文化建设

石油工程建设企业的班组文化建设,离不开中国石油企业文化和企业精神,而弘扬大庆精神、铁人精神在中国石油企业文化建设中占据着核心地位。

(一)大庆精神的基本内涵

基本内涵:为国争光、为民族争气的爱国主义精神;独立自主、自力更生的艰苦创业精神;讲究科学、"三老四严"的求实精神;胸怀全局、为国分忧的奉献精神。概括地说就是"爱国、创业、求实、奉献"。大庆精神始终伴随着大庆油田的开发建设而不断丰富完善。

(二)铁人精神的基本内涵

铁人精神是大庆精神的典型化体现和人格化浓缩。主要包括:为国分忧、为民族争气的爱国主义精神;宁肯少活二十年,拼命也要拿下大油田的忘我精神;有条件要上,没有条件创造条件也要上的艰苦奋斗精神;干工作要为油田负责一辈子,经得起子孙万代检验的认真负责精神;不计名利,埋头苦干的无私奉献精神

（三）中国石油企业文化建设的核心要素

（1）企业宗旨——奉献能源、创造和谐。奉献能源,就是坚持资源、市场、国际化战略,打造绿色、国际、可持续的中国石油,充分利用两种资源、两个市场,保障国家能源安全,保障油气市场平稳供应,为社会提供优质安全清洁的油气产品与服务。创造和谐,就是创建资源节约型、环境友好型企业,创造能源与环境的和谐;履行社会责任,促进经济发展,创造企业与社会的和谐;践行以人为本,实现企业与个人同步发展,创造企业与员工的和谐。

（2）企业精神——爱国、创业、求实、奉献。中国石油企业精神就是以"爱国、创业、求实、奉献"为主要内涵的大庆精神。爱国,就是为国争光、为民族争气的爱国主义精神;创业,就是独立自主、自力更生的艰苦创业精神;求实,就是讲求科学、"三老四严"的求实精神;奉献,就是胸怀全局、为国分忧的奉献精神。大庆精神的核心是爱国,本质是"我为祖国献石油",精髓是艰苦奋斗,基本要求是"三老四严、四个一样"。铁人精神是大庆精神的人格化、具体化。两者一般同时表述为"大庆精神铁人精神"。

（3）企业核心价值观——我为祖国献石油。牢记石油报国的崇高使命,始终与祖国同呼吸共命运,承担起保障国家能源安全的重任。胸怀报国之志,恪尽兴油之责,爱岗敬业,艰苦奋斗,拼搏奉献。

（4）企业核心经营管理理念——诚信、创新、业绩、和谐、安全。诚信,就是立诚守信,言真行实;创新,就是与时俱进,开拓创新;业绩,就是业绩至上,创造卓越;和谐,就是团结协作,营造和谐;安全,就是以人为本,安全第一。诚信是基石,创新是动力,业绩是目标,和谐是保障,安全是前提。企业核心价值观和企业核心经营管理理念在集团公司价值体系建设中逐步统一。

（5）企业标识。标识图样为"宝石花"（图5-1）,色泽为红色和黄色,取中国国旗基本色并体现石油和天然气的行业特点。标识整体呈圆形,寓意中国石油全球化、国际化的发展战略。十等分的花瓣图形,象征中国石油多项主营业务的集合。红色基底凸显方形一角,不仅体现中国石油的基础深厚,而且寓意中国石油无限的凝聚力与创造力。外观呈花朵状,体现中国石油注重环境,创造能源与环境和谐的社会责任。标识的中心似太阳初升,光芒四射,象征着中国石油朝气蓬勃,前程似锦。按照有关规定,规范管理、使用标识。

图 5-1　中国石油企业标识

（6）司旗、司徽、司歌。司旗由企业标识和"中国石油"字样组成,底色为淡蓝色(图 5-2)。司徽为企业标识图形的徽章。按照有关规定,规范管理、使用司旗、司徽。司歌《我为祖国献石油》,是一首讴歌石油工人的歌曲,展现了石油工人气壮山河的豪迈气概,反映了石油人的价值追求。奏唱司歌列为企业重要活动、重要会议、重大仪式议程。

图 5-2　中国石油司旗

二、班组文化建设的地位、意义及内容

班组文化,是以班组为主体,在同一的企业文化理念指导下形成的基层文化。

（一）班组文化建设的地位

班组是企业组织结构中最基本的单位,而班组文化作为一种基层文化,是企业文化的重要组成部分,体现了企业文化在基层的落实落地。如果说企业文化是主文化,那么班组文化则是企业中的次文化或亚文化,是企业文化的具体化、系统化和现实化。国内外著名企业的成功经验证明,优秀的班组文化是建设优秀企业的基石。只有建设良好的班组文化,才能更好地发挥企业文化在企业建设发展中的重要作用。

(二)班组文化建设的意义

班组文化建设对企业发展有着重要的意义,只有建设良好的班组文化,才能够激发整个企业的创新活力。班组文化建设的重要意义主要体现在以下几个方面:

(1)班组文化建设有助于增强内部凝聚力。班组文化体现了班组成员在长期工作实践中所形成的共同价值观和行为规范,建设班组文化有助于统一员工的思想认识,提高员工对企业的认同感,增强内部凝聚力,从而提高整个企业的工作效率。

(2)班组文化建设有助于形成先进的管理模式。各个班组在工作实践中会根据实际情况摸索出一套特有的管理规律,并在实践过程中不断地改进和发展,形成符合实际情况的先进管理模式。例如,在全国提倡的"五型班组"就是班组在长期实践中摸索形成的。

(3)班组文化建设有助于打造班组品牌和风格。优秀的班组文化可以使班组内部形成良好的行为规范和准则,从而形成自己的特色,彰显班组成员的文化个性和精神面貌。

(三)班组文化建设的内容

(1)班组精神建设。班组精神是班组的工作宗旨、价值观念、道德规范的综合,体现着班组的凝聚力和向心力,是班组文化建设的核心内容。班组精神有引导、规范和塑造作用,在内能够充分调动班组内每个成员的积极性和创造性;在外则可以塑造良好的班组形象,提升信誉度,赢得其他班组、上级的信赖。

(2)班组管理制度建设。班组管理是整个企业管理体系的基础和最终落脚点,具体体现在班组制度、班组行为和班组工作成果等方面。班组应在工作实践中,不断探索以人为本的管理制度,将外在的规章制度内化为班组成员的良好习惯。

(3)班组形象建设。班组形象由班组的工作质量、服务水平、工作环境、精神风貌等方面构成。要围绕树"中国石油良好形象",开展班组形象建设。建设良好的班组形象有助于形成良好的工作作风,培养优良的工作能力。

(4)班组文化活动建设。丰富多彩的班组文化活动既可以增进班组成员之间的情感,促进交流,增强凝聚力,又有助于营造积极的文化氛围,提高员工积极性,进一步提升工作质量和工作效率。

三、班组文化建设的途径和方法

(一)创建"六个一"班组

1.建立一个机制(抓好班组管理文化建设——以人为本)

21 世纪最大的竞争是人才的竞争。掌握了人才,在竞争中便占据了最佳的优势。随着人才流动的自由化,很多企业都面临着人才流失的现实,如何吸引并留住人才,成为困扰企业的一大难题。

"以人为本"概念的提出为企业管理指明了方向。员工工作的目的不仅仅在于赚钱生活,此外还有良好的工作环境、和谐的人际关系以及对实现自身价值的追求。企业文化更应加强"以人为本"层面建设,以"以人为本"的企业文化管理模式赋予企业对人才更大的吸引力,使得为之工作的员工心情舒畅,从而更容易发挥能力,实现个人对价值的追求,为企业创造更多价值。

【案例 5-6】

班员就是家里人

某项目部铆三班班组管理非常好,这与班组管理文化建设是分不开的,以下是几个班员的心里话。

张三:"我来到三班才发现,在这个班上班,有在家的感觉,班员融洽、默契,无论是多重多苦的活都一起努力地完成。我家人生病那段时间,工作时总是没办法集中精神,还好工友们提醒、安慰我,才没出岔子。我能渡过那个难关,最感谢班里的工友们。"

柯四:"这个班组就是一个家。去年我孩子高考,班组长跟工友们商量让我晚来半个小时,给孩子做了饭再来上班。大家都支持,后来孩子考得挺好,我也很感谢大家。"

王五:"如果有一天我因工作需要离开这个班,我肯定会哭,班里每个人都不但教我技术,还教会我做人,我一辈子忘不了。"

评析:"以人为本"是科学发展观的核心,也是班组管理文化建设的核心。只有真正做到为职工着想,让职工没有后顾之忧,让职工没有心理负担,这才是真正的"以人为本"。只有班组长对待班员像家人一样,才会让班员感受到温暖,每个班员心里都有班组这个家,集团、企业的大家才会更加健康稳步地发展。

2. 完善一套制度（抓好班组制度文化建设——制度至上）

班组要结合自身的特点制定一系列规章制度。这些制度要在对本班组的各项工作进行深入、细致、有针对性的研究之后，通过集体的智慧来制定，所制定的制度应切实可行、非常细化、具有可操作性。要建立健全生产责任制，明确班组成员在工作中的具体任务、责任和权利；做到一岗一责，以便使生产工作事事有人管、人人有专责、办事有标准、工作有检查，把与生产有关的各项工作同班组成员联系、协调起来，形成严密高效的管理责任系统，从而保障班组的正常生产。班组内部要不断完善岗位操作规程等类似"两书一表"的岗位说明，并将此作为日常班组考核的重要内容之一。若违反，必须严格按照班组考核要求扣罚。真正做到经常检查，奖罚分明。

生产工作应以科学技术、规章制度和实践经验为依据，达到安全好、质量高、效益佳的生产目标。班组作业标准化、制度化有利于把企业各项安全要求细化、内化、优化，把人的行为限制在动作标准之中，从根本上控制违章作业，特别是习惯性违章作业，保证班组人员上标准岗、干标准活、交标准班，从而制约了侥幸心理、危险蛮干的不良现象。在工作中不断努力完善制度，用制度来管人，用制度来培育人，把制度真正落实到岗位。

【案例 5-7】

我们是制度的创造者，也是执行者

朱晓莲和班组长高佳丽在班组所有职工的支持下，制定了两套与本班组实际情况相匹配的制度，自从制度执行开始以来，不仅效率提高了，管理也更加有效了。

"班务会议周周开"制度。班组每周必须召开一次班务会，总结上周工作，解决现有问题，布置本周任务。班务会必须留下记录，以备监督检查。

"管理台账月月查"制度。台账反映管理轨迹，针对不少企业班组建设台账经常出现"平时不重视，临时应急编"的现状，班组基础管理台账（安全、质量、文明施工、物资设备等）必须每月检查一次。检查分为班组自查和项目部督查两种。班组必须每月自查，并记录检查结果。项目部由党支部牵头，工会、团支部参与，各科室负责人组成检查小组，每季度进行一次全面大检查。

自从这两个制度在班组里展开以来，班组里以前很多"说不清"的情况，现在能说清了；以前"理不明"的事情，现在理明白了。

评析：企业管理离不开制度，要想建立效率高、收益好的现代化企业，必须要有一套符合自身特点和发展道路的制度作保障。班组也是一样，要想评上优、得先进，就必须有一套适合本班组的制度,并且严格执行制度。朱晓莲和班组长高佳丽既是制度的创造者,又和班组里所有的职工一样,是制度的执行者。这样才能做到真正地践行制度。

3.选好一名班组长(抓好班组榜样文化建设——自我超越)

班组长自身素质的高低直接影响班组的管理,这就要求班组长必须要有高度的事业心和责任感,既要会生产、精技术、能安全、善管理,又要有一套灵活的工作方法。作为班组的第一责任人,班组长平时不仅要注意学习知识技能,要结合自己的岗位特点,通过不断学习,以他人之长补自己之短,而且还要带头严格执行各项规章制度,只有这样才能被班组员工所尊重、信任。

打铁还需自身硬,班组管理是一门学问,班组长在管理中会遇到一些难题,如何解决需要在不断的实践之中进行探索。在管理中如果方法不当,不但起不到良好的效果,反而弄巧成拙。班组长如何形成一套自己的方法,需要自己下工夫。在此过程中都要以人为本,以企业的核心价值观为主,以维护班组职工的切身利益、维护班组的长远发展为出发点和立足点,影响和带动班组员工,努力学技术、学业务,提高整体素质,克服在工作过程中图省劲、怕麻烦的行为。

【案例 5-8】

我要求大家向我看齐

老王算得上是个"资深"班组长了,这20多年来,他参与过三套大型装置施工,参加了两套分子筛脱蜡装置建设和开车。这么多年,他始终是埋头做事,任劳任怨。

俗话说,班组长是"兵头将尾"。可老张从来不这么想,他一直说,不能把自己当成"官"去"管"班,只能当"头"来"带"班。要求别人做到的,自己首先要做到。他的口头禅就是"我要求大家向我看齐",所以他在工作时间从不抽烟,在岗位上从不打盹,没有迟到早退一次,没有违章违纪一次。

倒过班的人都知道,白天休息不好,夜班就打不起精神。那一年,老王的母亲病重,他连续几天陪床护理。上夜班时,到了后半夜,特别难熬。大家心疼他,说:"老王,你太累了,睡一会儿吧!"他为了不打盹,就到室外前前后后、塔上塔下来回巡检。回到操作室也不坐着,坚持站着操作,凭着自己的意志完成了夜班生产。

还有一次夜班,检修巡检时发现空冷装置氢气泄漏,如果不及时排除,就可能出现大问题。但由于能见度低,泄漏位置不好找,一不小心就可能发生闪爆。老王闻讯立即赶到现场,对大家说:"里头情况我熟悉,我上去! 我要是10分钟不出来,你们就用绳子把我拉出来。"凭着多年经验,他很快找到漏点,切换空冷器,避免了一起重大事故。

评析:当班组长不容易,当一个合格的班组长更不容易。班长的表率作用,是建设过硬班组的重要条件。老王当这个班组长20多年了,他能一如既往地严格要求自己,没有丝毫的放松和懈怠,这几乎是"难上加难"了,但是他就这样坚持下来了,没有因为母亲病重误过一个夜班,没有因为有潜在事故而退缩。他这个"头"带得好,他用自己20多年的行动践行着一个班组长应尽的责任和义务,这既是为岗位无私付出的过程,也是不断实现自我超越的过程。

4. 建设一个堡垒(抓好班组协同管理——大局意识)

要抓好协同管理,首先,必须从员工的行为养成抓起,要教育引导员工树立起不等不靠不推不拖的理念,引导员工认识到:只有每个班组抓好质量、抓好风险管理、抓好业绩考核和对标管理,才能全面提升公司的整体效益,提高战胜危机的信心。其次,要通过抓好班组人员的素质和技能培训,定期不定期地举办各种素质、技能培训班及技能考试或技术比武,从而培养人才、发现人才。再次,建立人人参与的考评机制,将班组建设工作分解、落实到班组的每个成员身上,实行责任考核制,使班组建设事事有标准、事事有人管、事事有监督、事事有考核,调动职工参与的积极性,从而提高班组建设水平。只有各个班组都能建好协同管理这个堡垒,才能健康、稳定、和谐发展。

【案例 5-9】

协同管理攻克难关

随着千万吨炼油工程改扩建步步深入,加上乙烯、炼油部分装置大修、物资到货和配送物资,已经掀起了一个又一个"小高潮"。作为项目的物资管理调度班,如何发挥调度这个核心作用,积极带领班员认真学习业务知识,贯彻公司提出"节约一分钱,管理到精细"的口号,发挥全班职工的聪明才智,用心工作,敢于面向困难,知难而上,真正成为一个敢打硬仗的团队;如何做到合理安排每一天的工作,既要安全保供,又要在安排中节约成本,这就是班组长杨树超最近绞尽脑汁思考的难题。

有一次,一天到库物资就20多车。为了保证不出岔子,杨班长提前做了很多工作。首先,他邀请有20多年库房工作的老李来给大家作入库区教育;其次,安排了6个骨干,两个人一组,从早上8:00到晚上6:00,3组轮换监察到库车辆;再次,又安排了几名细心的女工盘点物资和设备。为了做好各项工作,他亲自到各库区与保管员及装卸车人员沟通、协调;为了及早卸完,他不断来回走好几次了解卸车进度,不断地提醒作业人员注意安全卸车,确保了当天卸车任务顺利完成。

评析:班组工作要整体高效,班组员工之间能否协调、统一配合是前提。一个团结和谐的班组,才具有凝聚力、向心力和战斗力,才能较好地完成各项工作任务。所以作为班组长要努力去营造和谐的班组氛围,使班组员工快乐工作。班组员工之间要协调工作,首先要明确并遵守企业规章制度所规定的职责范围,其次还要有主动精神,做到专业分工明确又彼此协调统一。

5. 激活一个细胞(抓好班组创新文化建设——创新培植)

企业基层班组文化建设的创新,是企业在长期的生产、经营、管理实践中所创造和形成的、具有本企业特点和特色的一种内在的核心文化力。

班组文化在日常生产中最突出的表现就是创新,班组要把学习创新方法、拓展创新思路、掌握创新技能作为班组文化建设的重点内容,在营造学习和创新氛围上、在创新形式上,要重视班组成员的首创精神,使班组成为改进工作方法、钻研业务技术、提高工作效率、创造经济效益的阵地,使每个班组成员成为创新创效的积极分子和活跃分子,为班组文化创新带来突破性的进展。同时,围绕实现生产、安全、质量、节能减排、降本增效和经济技术创新指标,在班组内部进行分解,突出重点和难点,把重点和难点变成班组成员的主攻点,通过组织开展专项劳动竞赛、合理化建议、小改小革等活动,发掘蕴藏在班组成员中的积极性和创造力,为班组成员提供比技能、学业务、赶先进、帮后进、超目标、展示聪明才智、体现班组团队精神和班组文化的舞台,促进班组整体创新能力的提升,为企业培养创新型技能人才奠定良好的基础。

【案例 5-10】

我们的动力是创新

班组是否具有创造力,关系到班组的生存发展。某机施班组就是通过学习新工艺、开展合理化建议等活动,不断保持班组的创新能力。

该机施班组织"机施大讲坛",先后举办了《盾构液压知识讲座》《汉服文化知识讲座》《百老德育讲师团风采讲座》等一系列活动,邀请了企业自己的机施能手做讲师,也邀请了国内专家名人来上课,不断宣讲新观念、新知识、新工艺,使班组职工始终保持吐故纳新的状态。班组的这一举动大大激发了职工们投身创新攻关活动的积极性。在"合理化建议"征集活动中,班组职工踊跃参与,形成的文字资料得到了汇编出版,有些篇目已经在不同的权威杂志上发表,得到行业人员的普遍好评。

　　评析：创新是企业发展的原动力，只有不断地创新，才能逐渐改善技术，提高效率，让企业朝着更远的方向发展和前进。目前，各种观念正在不断更新、各种工艺正在不断更新、各种知识正在不断更新，要创新首先要学会吸纳新观念、新知识、新工艺。机施班的"机施大讲堂"办得风生水起，"合理化建议"也不断深入，这种创新的氛围让职工们个个愿意开动脑筋，个个愿意尝试新技术，这正是技术更新的沃土，也是企业中最难能可贵的精神。

　　6. 形成一种文化（抓好班组特色文化建设——促管理提升）

　　班组文化是企业文化不可分割的重要组成部分。班组文化对于陶冶员工性情，规范员工核心价值观取向，激发员工的工作热情和创造潜能，具有非常重要的作用。因此，抓好班组文化建设，提升班组文化的向心力、引领力，成为企业和班组面临的一项长期任务。众所周知，一个企业所辖不少班组，鉴于各班组承担的工作任务、员工的岗位职责不同，所处的地域、工作环境和生活条件就会各异。不同的现实情况对班组员工的思想情绪、精神状态产生不同的影响。所以，班组应在不违背企业文化总体要求的前提下，根据各自的不同特色、不同情况确立班组文化建设的核心内容、构成体系、活动载体、任务目标等，决不能搞大包围、一刀切。员工是构成班组的主体，是完成生产工作任务的第一要素，他们在不同环境、条件下反映出的不同心态、不同表现对生产工作任务的完成产生直接的影响。班组文化的功能作用就是教育引导员工战胜自我，忠诚企业，凝心聚智，无私奉献。班组文化建设只有顺应员工的思想状况、心理特色和实际需要，员工才能够产生认同感。员工有了认同感，班组文化建设才会根基牢、底气足。

　　在班组内形成特有文化氛围，可以有效地帮助增强班组成员荣誉感、责任感，提升班组团队凝聚力，为员工打造学习的园地、工作的舞台、情感的港湾、成长的平台。

【案例 5-11】

有特色活动才会有干劲儿

　　李明刚是车间主任，他本人是个文艺爱好者，他自担任车间主任以来，就将这股文艺风带进了班组里。他先是调查统计职工的业余爱好，经过宣传发动，根据本人意愿，在各班组组织各种微型兴趣小组，例如，书法、绘画、篮球、足球、写作、游戏、象棋、摄影等，举办了"微型文体沙龙"，受到了大家的一致好评。后来李主任又利用晚餐时间，搞起了"职工主题晚餐会"，让这些员工的个人爱好作为每次晚餐的主题活动进行展示。

职工中其实各种人才都有,需要挖掘,他们也希望有平台、有机会展示。"微型文体沙龙"之后,职工兴趣异常浓厚,篮球、乒乓球、足球这些活动已成常规。四班组的摄影小组加入了很多人,一班组的几个年轻的员工还自发组织起了"汉服秀"活动,还特意邀请四班组的摄影小组帮忙拍摄。八班组的书画爱好者也是人才济济,从食堂厨师到机动车驾驶员到物料管理员,都踊跃加入。驾驶员朱国强师傅已经放下画笔几十年了,如今重新捡起来,下班之余一有空就去钻研。工会现在专门开辟了一个小小的书画角,中午休息时,会员们就自动聚到这里切磋。

在李主任的帮助下,车间里的每个班组都有了自己的特色文化,业余文化生活越来越丰富,大家干活儿也更有乐趣了。

评析:班组是否有特色关系班组是否有朝气,班组是否有朝气有关系班组是否有干劲儿,班组是否有干劲儿关系班组是否有生产力。特色活动能够调动班组职工的积极性,也能给班组带来好的劳动氛围。李主任不仅是个文艺爱好者,还很善于调动积极性,这也正是特色文化小组的价值所在。

(二)创建"五型"班组

1. 学习型(抓好班组学习文化建设——终身学习)

班组是石油企业培育人才的重要基地,也是员工自身才华展示和自我价值实现的重要平台。因而在竞争激烈的市场环境中,只有致力于高素质、高水平班组的建设,才能更好地在市场中站稳脚跟。因而在加强国内外市场拓展过程中,作为石油企业应致力于学习型班组的建设,全面促进班组成员专业技术水平和科学文化素质的提升,以学习力强化自身的竞争实力。这就需要将促进员工综合素质水平的提升作为首要目标,健全职工学时培训制,并在此基础上加强岗位大练兵活动的开展,搭建评比"擂台",在班组内形成争优创先的良好学习氛围。致力于班组成员学习热情的激发,使其主动积极地参与到理论与技术的学习、知识与本能的提升、注重实践操作和管理的活动中来,做到学中干、学中乐。注重经验的传授,掌握关键技术知识,方能学以致用,促进员工素质向技能型转变,提高班组的整体素质。

【案例 5-12】

爱较劲的老大姐

李秀芬是班里的老员工,因为家庭负担重,原来的她,只是满足于完成日常工作。近几年,因为车间经常组织各类培训,员工技能不断提高。作为老大姐,李秀芬坐不住了。"参加工作没几年的人都会的技术我还不会，丢人"，抱着这样的想法，她和年轻人较上劲儿了，一起学习理论，投入实际操作。去年，李秀芬参加了公司技术技能竞赛。通过竞赛，她不仅提升了自己的业务水平，而且工作的干劲儿更足了。为了进一步提高技能，李秀芬不顾资历和工龄，虚心向班里的技师求教，还经常去"蹭课"，与年轻的工友一起学习。因为李秀芬的实际操作经验丰富，学起新技术来很顺手，很快就成了技师的"副手"，她便帮助技师一起带学徒，在教的过程中学。她还将自己在多年工作中总结出来的操作经验毫无保留地传授给年轻的工友，有什么不懂的，也及时向身边的人请教。就这样，没过多久，李素芬的技术在班组里是数一数二的了。在集团举办的职业技能大赛中，李素芬取得了好成绩。

评析：俗话说得好，活到老，学到老。在科技迅猛发展的今天，技术的革新能为企业带来更大的效益，同时也考验着员工们的学习能力。有很多老员工，有丰富的实际操作经验，但往往对新技术不感兴趣，觉得自己再过几年就退休了，学了新技术也没什么用。但是李素芬可没这么想，她这个"爱较劲"的"毛病"正是建设"学习型"班组最需要的品质之一，只有所有的员工都"爱较劲"，爱跟新技术"较劲"，爱跟其他队友"较劲"，才能在班组中营造学技术、钻业务、提技能的氛围。

2. 和谐型（抓好班组和谐文化建设——沟通理解）

和谐是建设中国特色社会主义的核心价值观之一，工作离不开和谐，班组生活更离不开和谐。在五型班组建设中，应致力于和谐创建活动的创新，并将其作为五型班组建设的支撑点，才能更好地促进班组建设整体活力。班组要善于利用和谐的氛围吸引、教育、引导、鼓舞员工，激发其创造性和积极性，从而营造和谐的企业文化和氛围。

【案例 5-13】

班组就是和谐的家

公司职工们提起铆105班，最多的评价就是："他们班亲得跟一家人似的。"没错，这个班千方百计凝聚和激励员工，激发员工的团队意识、竞争意识和参与意识，增强他们的集体荣誉感和凝聚力。

班长小傅记得，有一次上班，35人的班组有5个人同时因故请假，剩下的人能顶得下来吗？班长不免有些担心。这时，几名员工找到班长，主动要求顶空缺的岗位，一下子打消了班长的顾虑。这样的行为，没有和谐融洽的关系，是很难做到的。

遇到班员家里有婚丧嫁娶的情况,其他员工都会主动帮忙。几年前,班组成员小韩的母亲病重要做手术,当时小韩刚参加工作,家里一下子拿不出那么多钱。同事们听说了,自发地组织了募捐,筹集了6000余元,为小韩一家分忧解难。为了锻炼员工,班长在安排工作时,采取了"不同人不同要求"的方法,让员工发挥特长,取长补短。在遇到难的、重的活的时候,班长尽量让更多的员工参与,培养员工的合作意识。同时,这个班还支持和鼓励员工积极参加公司组织的各种活动,在活动中增进员工感情。

评析:"和谐"不仅仅是个口号,更是一种氛围,一股力量,一份温暖。这个班的和谐氛围不是一两天造就的,而是班组长和员工、员工和员工之间在平时的工作生活中,相互理解、相互关心、相互体谅,一点一滴积累成的。班组就是员工的另一个家。在这样的气氛下工作,谁能不舒心,谁能不安心,谁能不宽心呢?

3. 安全型(抓好班组安全文化建设——本质安全)

在五型班组建设中,加强安全文化建设是建设安全型班组的关键所在,因此在石油企业中应致力于良好企业安全文化的建设,执行集团公司反违章六条禁令、HSE 管理九项原则,切实做好安全管理工作,并在生产经营过程中始终将安全文化建设贯穿全程,通过对现有的管理制度的完善和长效机制的建立,确保各项制度和责任得到及时高效的落实。

【案例 5-14】

把隐患扼杀在摇篮里

橡胶干燥岗作为橡胶车间的一个重要岗位,在日常生产中起到了至关重要的作用。

上个月,江班长一如往常地经过一线提升机去检查一线油料的情况,这是作为班组长的一项最基本的日常工作,这次竟突然发现一线排污通道存在安全隐患。他发现这个排污通道长久失修,通道四周围护栏已损坏,在劳动强度较大的情况下,排污的操作人员很可能连人带物被拖入通道,造成不可估量的后果,应该给这个安全隐患加个"保护伞",以免发生安全事故。

于是江班长找到梁主管,说:"一线排污通道存在安全隐患,需要进行整改,建议给通道加一个比较稳固的框架,并且在通道上方加一个防护盖,方便在排污的时候打开,在平时不使用的情况下可以关闭,应该能起到比较好的作用。"梁主管一听,很高兴,说:"这不失为一个好的处理方法,这样吧,我去找材料,你去测量好通道相关的尺寸,便于制作框架。"

江班长觉得,仅仅是加一个框架,恐怕还不够,他就和梁主管商量:"这个框架既要有实际用处,也要美观,不能出现低标准的情况,建议在做好框架后,用红色的油漆上色,可以起到提醒作用。"随后,江班长就开始分配工作了,在保证岗位操作人员的情况下,抽出人力制作框架,并没有影响生产,框架也很快就安装好了。

评析:班组是企业的基本构成单元,它好比大厦的根基,根基不牢固,大厦就会有倒塌的危险,所以班组安全管理工作的好坏直接决定了安全生产的状况。可以说班组是企业各种事故的主要"发源地"。只有班组的安全工作搞好了,事故频率降低了,企业的各项安全管理措施才能落到实处,安全管理才能收到实效。

事故的发生往往十分突然,只有把握住其中每一个环节,才可以避免事故发生。血的教训警示我们:必须时刻警惕抓安全,用严谨、认真的态度来对待每一项工作,聚精会神,专心致志,投入感情去做,才能干好工作,降低生产事故的发生率,打造安全生产有保证的生产班组。

4.清洁型(抓好班组环保文化建设——文明施工)

清洁型班组建设是整个五型班组建设的重要组成部分,主要是在加强施工生产的同时致力于良好工作环境的营造。这就需要做好生产现场的清洁工作,注重环保教育的开展,强化职工的环保意识,做到物料堆放有标识、整齐,工完、料净、场地清。在生产生活中,要时常强调清洁总动员,把"绿色基层站队班"创建任务分解到班组,使班组做到文明生产、清洁生产,增强员工的环保责任感;加强职工环保知识教育,增强员工环保意识和技能;提升职工清洁素养,促进职工个人行为习惯的养成;班组还应按时进行物料回收,确保容器、设备、环境等内外清洁,真正做到将清洁进行到底。

【案例5-15】

将清洁进行到底

为进一步强化班组及周边环境污染的预防和控制,某班组做得很好。在污染控制工作方面,该班组从源头抓起。出于生产需要,各类危险污染源班组各岗位都涉及。生产过程中,该班组各岗位都能做到积极配合项目部,完成污染控制检查,确保生产的同时,做到环境无污染,确保了"三废"稳定达标排放。

技术上的清洁只是一方面,难能可贵的是,该班组做到了将清洁进行到底。工作期间,该班组规定,员工的衣着、行为必须规范,时刻保持班组环境卫生整洁舒适,认真做好班组区域卫生。此外,班组还经常组织员工积极开展安全清洁生产竞赛活动,提高员工环保清洁意识。例如,8月份雨季安全清洁生产竞赛;10月份"促装置平稳运行、促节日安全清洁生产"专项劳动竞赛。

评析:该班组牢固树立环保意识和清洁发展理念,严格执行环境保护的要求,执行集团公司有关清洁生产管理制度,并以"现场清洁、设备清洁、工器具清洁、资料清洁、仪容清洁"为标准,将清洁生产贯穿于班组生产的每个环节、每个步骤,做到"工完、料净、场地清",实现全过程文明生产、清洁生产。

5.节约型(抓好班组节俭文化建设——减少浪费)

在节约型班组建设中,节约从细微环节体现,做到一度电、一滴水、一个零件,都不浪费。在生产生活中,应广泛开展主题实践活动,开展班组成本核算,养成良好的节约习惯,增强成本控制意识,培养严、细、实的工作作风,不断提高班组的工作效率和质量;还应促进技术革新,降本促生产。

【案例 5-16】

节约不分大小事

某项目部仪表三班的节约氛围一直很浓厚。班组成员几乎个个都是"节约能手"。班组成员特别注意工器具的维护保养,严格按照公司和项目部设备管理规定养护设备。班长小秦说:"设备的使用寿命长了,维修费用降下来了,就相当于赚钱了。"在平时的工作中,员工严格做到轻拿轻放工器具,特别是量具,让规范的行为成为自觉习惯。

与此同时,员工也不放弃"算小账,算细账,点滴之处见节约"的做法。日常用的劳保手套,即使有了破损,只要不影响作业,每名员工都会自觉地一直使用,舍不得更换。员工还养成了将旧的工作服撕成擦布使用的习惯,许多年了,这个班组几乎没有领过清洁用的毛巾。此外,在日常工作中,班组成员还时刻注意节水节电,做到人走灯灭,严格控制空调温度,做到人走机停。

在实际工作中,仪表三班的成员能认真做好本职工作,将安装调试过程做精做细,避免返工,防止增加不必要的生产成本。他们还根据工作经验,发明了电缆敷设机,节约了大量人工成本,并荣获了公司创新奖。

评析:技术上的节约是节约的根本和关键。在日常的工作中,仪表三班组采取的原则是"大事小事一起抓,抓大不放小"。在班组长小秦的带领下,整个班组都十分注意生产过程中的每一个环节,"算小账,算细账,点滴之处见节约",做到了真正意义上的"能省则省"。积少可以成多,小节约也可以省出大成果。

(三)发挥群团工作在班组文化建设中的助推作用

1.发挥工会组织优势

发挥群团的独特优势。首先,发挥组织优势。群团是按照民主集中制的原则进行组织的,有着自上而下、覆盖面广、严密完整的组织体系。因此,在企业文化建设中,群团组织能够最大限度地团结广大职工,建立广泛的群众基础。其次,发挥工作优势。群团组织长期以来坚持服务大局、服务企业、服务群众,有着开展群众性活动的丰富经验。此外,群团组织在企业成员中有着较强的影响力和号召力,在广大成员心中是一个维护职工权益、勇于开拓创新的团队。因此,在班组文化建设中应积极发挥群团组织开展活动的能力,广泛开展劳动竞赛、技术比武、岗位练兵、道德讲堂、读书会等文化活动,激发成员的文化创造力。再次,发挥人才优势。从班组到整个企业开展具有广泛参与性的文化活动,凝聚企业人才,为企业的发展不断输入强劲的人才动力。

2.充分发挥群团组织思想引领作用

班组文化需要全体成员的认知和认可,随着新文化、新观念的出现,企业成员的思想也发生了新的变化。群团组织要充分发挥思想引领作用,在职工中展开深入广泛的思想理念宣传教育,确保班组成员的道德观念和行为规范能够沿着正确的道路发展。

3.发挥工会组织"职工之家"的作用

时代的发展,多元价值观的出现,使部分班组成员在工作中出现了不思进取、急功近利等消极的情绪,这些问题无疑会破坏班组文化乃至整个企业文化的建设。群团组织应深入了解成员的精神动态,积极解决他们所面临的问题,团结、激励成员,建设成积极探索、勇于创新、业绩优良的班组文化。

4.发挥工会宣传教育文化阵地的优势

企业员工的价值取向和文化需求越来越多样化,传统形式的文化活动已经不能满足员工的需要。因此,群团组织应该通过组织丰富多样、形式灵活、内容创新的文化活动,充分发挥团结和凝聚作用,增强班组成员的凝聚力,提升他们对于企业的归属感和认同感,使班组文化与企业文化共同发展。

第六章　相关法律法规案例解析

本章主要介绍《中华人民共和国劳动法》《中华人民共和国劳动合同法》《中华人民共和国安全生产法》《中华人民共和国环境保护法》《中华人民共和国交通安全法》《中华人民共和国职业病防治法》《工伤保险条例》等法律法规相关知识。通过本章学习，使广大石油工程建设企业班组长熟悉和掌握有关法律法规常识。

第一节　《中华人民共和国劳动法》相关知识

《中华人民共和国劳动法》（以下简称《劳动法》）是为了保护劳动者的合法权益，调整劳动关系，建立和维护适应社会主义市场经济的劳动制度，促进经济发展和社会进步，根据《中华人民共和国宪法》（以下简称《宪法》），制定的一部法律。作为石油建设工程企业班组长，应当熟知《劳动法》有关知识。下面结合典型案例，以 2009 年 8 月 27 日新修订的《劳动法》为依据进行解析，为今后石油建设工程企业班组长学习和宣传相关劳动法律法规有所帮助。

一、禁招未成年人

【案例 6-1】

禁止招用未成年劳务用工

张某为某中学的学生，1993 年 8 月出生，2008 年 5 月因故辍学。经某劳务派遣公司介绍，张某于 2008 年 7 月以劳务派遣用工的方式，与劳务派遣公司签订劳动合同。经过岗前培训后，被安排到当地某石油建设企业电工班工作。该班班长在基本信息登记时，发现张某年龄未满 16 周岁，要求将张某退回至劳务派遣公司。

评析:《劳动法》第十五条规定:"禁止用人单位招用未满 16 周岁的未成年人"。在本案例中,劳务派遣公司违反了以上规定,安排未满 16 周岁的张某。因为未成年人正处在成长发育的阶段,如果就业,一方面损害未成年人的身心健康;另一方面对用人单位劳动质量和安全生产带来不利的影响。班组长要认真学习《劳动法》相关内容,对新员工的实际年龄严格审查,禁止使用未满 16 周岁的未成年人。

二、企业工时制度

【案例 6-2】

施工队执行什么工时制度?

张某于 2007 年 3 月与一家石油工程建设企业签订劳动合同,被安排到该公司某施工队工作,每天工作 12 小时,薪酬待遇和休息休假按照劳动合同执行,且该施工队冬季停止施工。2009 年 10 月,张某看到《劳动法》后,要求公司按照《劳动法》的规定,将每天上班多出来的 4 小时按照加班计算工资,遭到公司的拒绝。

评析:《劳动法》第三十九条规定:企业因生产特点不能实行第三十六条、第三十八条规定的,经劳动行政部门批准,可以实行其他工作和休息办法。我国目前有三种工作时间制度,即标准工时制、不定时工时制和综合计算工时制。

根据《劳动法》第三十六条,标准工时制度为每天工作的最长工时为 8 小时,平均每周最长工时为 44 小时。实行不定时工时制的,职工工作时间不受《劳动法》第四十一条规定的日延长时间标准和月延长时间标准的限制,使得工作时间无法固定的员工工作时间安排既可以符合法律的规定,又能满足工作时间的不确定性。综合计算工时制,是以标准工时制为基础,以一定的期限为周期。按照以上规定,在本案例中的施工队执行综合计算工时制,采用集中上班、集中休息的作业模式,因此张某要求加班工资的诉求不符合相关法律规定。石油工程建设企业班组长要学习和掌握相关政策,以便给基层员工做好宣传和解释。

三、补休与加班工资

【案例 6-3】

用人单位安排补休后,员工还能要求支付加班费吗?

小王所在公司由于生产任务紧,经理要求职工公休日加班。小王本来计划公休日外出,但考虑到单位统一要求,并且单位每次加班都按工资的 200% 支付加班费。所以,小王表示同意加班。加班过后,经理通知大家下周一全公司统一休息,作为对公休日加班的补休。小王非常不满,认为自己牺牲了本来安排好的计划来公司加班,公司应按《劳动法》规定支付 200% 的加班费。所以,她不同意安排补休,而是要求支付加班费。那么,小王的要求合理吗?

评析:《劳动法》第四十四条规定："休息日安排劳动者工作又不能安排补休的,支付不低于工资的 200% 的工资报酬。"可见,休息日安排劳动者工作,企业可以首先安排补休,在无法安排补休时,才支付不低于工资 200% 的加班费。也就是说,是安排补休还是支付加班费,由企业来决定,当企业能够安排职工补休时,职工应当服从。这既保护了劳动者的休息权,也有利于职工的身体健康,同时也使职工及时恢复体力投入到工作中来,有利于安全生产。所以,小王应当服从企业的安排。

四、禁止强迫劳动

【案例 6-4】

限制人身自由强迫职工劳动

2001 年 6 月,陈某、关某、周某、王某从职业技术学院油气储运专业毕业,与一家私营石油公司签订劳动合同,被安排到比较偏远的生产一线工作。在野外上班期间,手机没有信号,不安排休假,每天高强度工作,从来没有领取过工资,干活慢的关某和周某还遭到过辱骂和殴打,王某曾试图逃跑,被管理人员抓住,结果被处罚干重负荷工作。后来,王某再次找到逃跑的机会,成功逃离了施工现场,并随后向当地派出所报警,公安人员到达现场解救了其他人员,并逮捕了相关现场管理人员。以限制人身自由的方法强迫职工劳动,其行为已构成强迫职工劳动罪,随后被送至司法机关。

评析:《劳动法》第九十六条规定:"用人单位以暴力、威胁或者非法限制人身自由的手段强迫劳动的,由公安机关对责任人员处以 15 日以下拘留、罚款或者警告;构成犯罪的,对责任人员依法追究刑事责任。"

在本案例中,生产一线管理人员强迫员工劳动的行为,侵犯了员工的自由权、取得劳动报酬和休息休假的权利。用人单位用限制人身自由的方法强迫员工劳动,属于违法行为。

五、劳动安全卫生

【案例 6-5】

试用期员工也应有劳动防护用品

2012 年 5 月，荣某与某石油工程建设公司签订了一份为期两年的劳动合同，约定荣某担任该公司焊接机组的电焊工，试用期为两个月。因荣某上班时发现其他员工均有由公司免费发放的防护眼镜和手套等防护用品，遂要求公司为自己配备。但公司却让其自理，理由是荣某还在试用期，日后是否能够成为公司的正式员工尚无定论，如果现时发放而以后不能"转正"，将导致公司不必要的损失，只有在"转正"之后才能与其他员工一视同仁。请问：该公司的做法对吗？

评析：该公司的做法是错误的。公司必须无条件地为荣某免费提供劳动防护用品。

一方面，试用期员工的合法权益同样为法律所保护。《劳动合同法》第十九条规定："试用期包含在劳动合同期限内。劳动合同仅约定试用期的，试用期不成立，该期限为劳动合同期限。"即试用期内的员工同样具有劳动者的身份，同样享有作为劳动者的权利，公司无权借口荣某只是试用期员工而剥夺或限制员工的权益。

另一方面，用人单位对试用期员工也应提供劳动防护用品。《劳动法》第五十四条规定："用人单位必须为劳动者提供符合国家规定的劳动安全卫生条件和必要的劳动防护用品。"《中华人民共和国职业病防治法》则更加明确地指出，在有灼伤、烫伤，或者容易发生机械外伤等危险场所进行操作；在有噪声、强光、辐射热和飞溅火花、碎片、刨屑的场所操作的工人，用人单位应提供工作服、工作帽、口罩、手套、护腿、鞋盖、护耳器、防护眼镜、面具等防护用品。

再一方面，荣某有权向有关部门投诉。《劳动法》第九十二条规定："用人单位的劳动安全设施和劳动卫生条件不符合国家规定或者未向劳动者提供必要的劳动防护用品和劳动保护设施的，由劳动行政部门或者有关部门责令改正，可以处以罚款；情节严重的，提请县级以上人民政府决定责令停产整顿……"即如果该公司我行我素，荣某可以通过法律武器来维权。

六、特种作业持证上岗

【案例 6-6】

锅炉工上岗前必须取证

王某是某石油建设公司的锅炉工,2001 年 8 月经过招工录用到石油建设公司工作,上岗前未经过专门的技能培训,被安排到锅炉房工作。2002 年 12 月,由于操作环节上的失误,王某所管的锅炉发生爆炸,正在炉前工作的王某当场被炸成重伤,经过抢救,70% 以上的皮肤为一级烧伤。王某家属要求石油建设公司支付王某的医疗费,并且给予经济上的赔偿。该公司在支付完王某的抢救费用后便拒绝支付其他费用,理由是王某的受伤完全是因为他个人违反了有关操作规程导致,应当由自己负责。由于治疗费用高昂,王某的家人无力支付,便向人民法院提起诉讼,要求该公司支付医疗费并且给予经济补偿。

评析:《劳动法》第五十五条规定:"从事特种作业的劳动者必须经过专门培训并取得特种作业资格"。

在本案例中,锅炉工属于高度危险作业的特种作业人员,必须按照法律规定进行专门培训并且取得资格证书(特种作业操作证)方能够上岗工作。石油建设公司在王某上岗之前没有对王某进行专门的职业技能培训,致使王某由于技能不熟练而导致锅炉爆炸的事故。事故责任应当由石油建设公司承担,公司应支付王某的全部医疗费,并且根据有关规定给予王某相应的经济补偿。

目前,石油工程建设企业涉及特种作业人员取证的作业有:电工作业、焊接与热切割作业、起重机械作业、企业内机动车辆作业、高处作业、制冷与空调作业、石油天然气井架作业、司钻操作作业、爆破作业、冲压和剪切设备作业、危险化学品作业、压力容器作业等。班组长要按照相关要求,组织从事特种作业的人员参加取证和换证的培训工作,确保持证上岗。

七、女职工特殊保护

【案例 6-7】

女职工产假享受多少天?

王某是某石油工程建设单位市场部职工,在工作期间,单位曾要求所有未婚或已婚未育女职工缴纳一定的费用当作日后的生育保险费,王某拒绝缴纳。后王某怀孕,单位仅仅给予王某产前 15 天,产后 45 天的产假,其他费用一概不理。

评析:2012 年 4 月 28 日,中华人民共和国国务院令第 619 号公布施行的《女职工劳动保护特别规定》第七条规定:"女职工生育享受 98 天产假,其中产前可以休假 15 天;难产的,增加产假 15 天;生育多胞胎的,每多生育 1 个婴儿,增加产假 15 天"。《企业女职工生育保险试行办法》(劳部发〔1994〕504 号)规定:"职工个人不缴纳生育保险费,应由企业缴纳"。

在本案例中,该企业给予王某 60 天的产假,违反上述规定,并且强制女职工缴纳生育保险费的做法是违法的。

八、先培训后上岗

【案例 6-8】

岗前培训不到位,安排到生产一线合不合适?

某石油工程建设公司,由于生产经营的需要,通过劳务派遣的方式,在当地劳动力市场招录了一批新员工,补充到生产一线技能操作岗位上。培训人员将公司的业务情况和发展现状给新员工做了简要的介绍,并通过了 HSE 取证培训。因生产现场人员紧缺,就匆匆安排他们奔赴生产一线。

评析:《劳动法》第六十八条规定:"从事技术工种的劳动者,上岗前必须经过培训"。

上述案例中的情况是石油工程建设企业普遍存在的现象,新招录来的员工,只是经过简单的岗前培训,取得 HSE 证之后就可以上岗工作,导致了新员工岗前培训不到位,技能素质普遍不高,安全风险意识不强,给基层班组管理带来了很多问题和安全隐患。石油工程建设企业要把提高员工素质作为第一要务,结合生产实际,通过系统的入厂教育和实操训练,从源头上提高新员工的技能水平,确保新员工很快投入工作状态,融入基层班组的集体中,高效优质地完成下达地生产经营任务。

九、参加社会保险

【案例 6-9】

不参加社会保险是违法行为

王某于 2005 年 6 月与某劳务派遣公司签订了为期 3 年的劳动合同,被派遣到当地某石油建设公司工作。由于背井离乡，出门打工，王某一心只想多挣点钱。了解了工资构成后，王某向公司提出申请："本人自愿不参加社会保险"，公司将此条款写到了劳动合同中。之后的两年中，王某每月的工资比其他同事要高一些。但是，在一次工作中，王某的右手被挤伤，送进了医院进行治疗。高额的费用让王某的家人要求劳务派遣公司按照工伤，承担所有的医疗费用，该公司以本人自愿不参加社会保险，未缴纳社会保险费为由，拒绝支付医疗费用。随后，王某的家人到当地劳动仲裁委员会进行仲裁，要求该公司承担王某所有的医疗费用。

评析：《劳动法》第七十二条规定："用人单位和劳动者必须依法参加社会保险，缴纳社会保险费"。

在本案例中，"本人自愿不参加社会保险"的约定不符合上述法律规定，为劳动合同的无效条款，用人单位要及时予以纠正，与社保部门协商补交保险基金，并承担工伤责任。参加社会保险和缴纳社会保险费是用人单位和劳动者应履行的法定义务，作为石油建设工程企业的班组长要做好相关政策的宣传工作。

十、带薪年假规定

【案例 6-10】

能否享受带薪年假？

2011 年 1 月，小马应聘到 A 公司就职，但工作 8 个月后就与 A 公司解除了劳动合同，于 2011 年 9 月又被 B 公司聘用。2012 年 3 月，小马在 B 公司工作了 6 个月后，因家中有事，向 B 公司提出要求休带薪年假，但 B 公司说现在公司工作很忙，人手很缺，没有批准小马的休假申请，并回答说小马到 B 公司工作还没有满一年，不能享受带薪年假。

评析：（1）小马在 B 公司虽然只工作了 6 个月，但仍可享受带薪年假待遇。《职工带薪年休假条例》（国务院令第 514 号）第二条规定："机关、团体、企业、事业单位、民办非企业单位、有雇工的个体工商户等单位的职工连续工作 1 年以上的，享受带薪年休假（以下简称年休假）。单位应当保证职工享受年休假。职工在年休假期间享受与正常工作期间相同的工资收入。"本案中的小马虽然在 B 公司工作了 6 个月，但是在 A 公司还工作了 8 个月，其连续工作已超过一年，应当享受带薪年休假。

（2）《职工带薪年休假条例》第五条规定："单位根据生产、工作的具体情况，并考虑职工本人意愿,统筹安排职工年休假。年休假在 1 个年度内可以集中安排,也可以分段安排,一般不跨年度安排。单位因生产、工作特点确有必要跨年度安排职工年休假的,可以跨 1 个年度安排。单位确因工作需要不能安排职工休年休假的,经职工本人同意,可以不安排职工休年休假。对职工应休未休的年休假天数,单位应当按照该职工日工资收入的 300% 支付年休假工资报酬。"据此,虽然享受带薪年休假是劳动者的法定权利,但如何安排年休假却是用人单位的权利。在一般情况下,公司安排员工年休假应当统筹兼顾工作需要和员工个人意愿,但如果员工未经公司同意擅自休年假,严重的可能会导致劳动合同的解除。

第二节 《中华人民共和国劳动合同法》相关知识

《中华人民共和国劳动合同法》(以下简称《劳动合同法》)是为了完善劳动合同制度,明确劳动合同双方当事人的权利和义务,保护劳动者的合法权益,构建和发展和谐稳定的劳动关系制定的一部法律。以下结合劳动合同管理中的具体案例,以 2013 年 7 月 1 日施行的《劳动合同法》为依据进行分析和解读,为今后企业班组长对劳动合同的执行提供参考。

一、就业协议与劳动合同

【案例 6-11】

已经签订了就业协议,还用再签订劳动合同吗?

黄红梅是 2014 年的大学应届毕业生,在学校的招聘会上红梅与某石油工程建设企业达成了共识,该企业愿意聘任红梅为其办公室文员,红梅也愿意到该企业工作,于是该企业与红梅当场签订了就业协议,并书面通知黄红梅于本月 25 日到厂里报到。红梅报到时厂方没有与红梅签订正式的劳动合同,于是,红梅询问了相关工作人员,该工作人员声称,有就业协议就行了,合同的内容跟就业协议差不多,所以咱们这不办这个(劳动合同)。厂方的说法正确吗?就业协议真的可以替代劳动合同吗?

评析:就业协议是毕业生在校时,由学校参与见证的,与用人单位协商签订的关于毕业生就业的相关事宜的合同,是编制毕业生就业计划方案和毕业生派遣的依据,内容主要是毕业生如实介绍自身情况,并表示愿意到用人单位就业,用人单位表示愿意接收毕业生,学校同意推荐毕业生并列入就业计划进行派遣。就业协议是毕业生和用人单位关于将来就业意向的初步约定,对于双方的基本条件以及即将签订劳动合同的部分基本内容大体认可,并经用人单位的上级主管部门和高校就业部门同意和见证,一经毕业生、用人单位、高校、用人单位主管部门签字盖章,即具有一定的法律效力,是编制毕业生就业计划和将来可能发生违约情况时的判断依据。

毕业生劳动合同则是毕业生与用人单位明确劳动关系中权利义务关系的协议,是上岗毕业生从事何种岗位、享受何种待遇等权利和义务的依据。由此可见,劳动合同的内容涉及劳动报酬、劳动保护、工作内容、劳动纪律等方方面面,劳动权利义务更为明确具体。一般来说就业协议签订在前,劳动合同订立在后,如果毕业生与用人单位就工资待遇、住房等有事先约定,也可在就业协议备注条款中予以注明,日后订立劳动合同对此内容应予确认。根据《劳动合同法》第十条的规定,已建立劳动关系,未同时订立书面劳动合同的,应当自用工之日起一个月内订立书面劳动合同。

本案中,该厂领导应该认真区分就业协议和就业合同的区别,以真实有效的劳动合同代替先前的就业协议。若不与红梅订立劳动合同,该用人单位将承担相应的法律责任。

二、及时签订劳动合同

【案例 6-12】

用人单位未及时订立劳动合同要承担责任

小李托亲戚找朋友好不容易进了一家公司,当时没有签合同,进去后干的活很杂,工作岗位不固定,每个月领的工资也不一样。一年后,他多次与公司协商签订劳动合同,想把工作岗位、内容、工资等各方面固定下来,可公司总是以"我们需要的就是一个能干杂活的人""公司效益不固定工资也不能固定"等各种理由予以推托。结果,他干了一年多,合同也没签成。后来公司换了个老板,一上任就把他辞退了。

评析:《劳动合同法》第十条规定:"建立劳动关系,应当订立书面劳动合同。已建立劳动关系,未同时订立书面劳动合同的,应当自用工之日起一个月内订立书面劳动合同。用人单位自用工之日起即与劳动者建立劳动关系"。第八十二条规定:"用人单位自用工之日起超过一个月不满一年未与劳动者订立书面劳动合同的,应当向劳动者每月支付两倍的工资"。

在本案例中,该公司违反上述规定未及时与小李某订立书面劳动合同,应按《劳动合同法》第八十二条规定承担相应的赔偿责任。

三、试用期时间有规定

【案例 6-13】

试用期长短有规定

张某与某企业签订劳动合同期限为 2 年,用人单位与张某约定试用期是 6 个月,试用期内月工资为 1000 元,试用期满后月工资为 1500 元。如果张某按照合同约定完成了 6 个月的试用期工作,而且用人单位按照合同约定支付了试用期的全部工资,那么用人单位与劳动者约定的试用期是否合法?

评析:用人单位与劳动者约定的试用期违反了《劳动合同法》的规定。按照《劳动合同法》第十九条规定,劳动合同期限三个月以上不满一年的,试用期不得超过一个月;劳动合同期限一年以上不满三年的,试用期不得超过两个月;三年以上固定期限和无固定期限的劳动合同,试用期不得超过六个月。张某按照合同约定履行了 6 个月的试用期,其中 4 个月是违法试用期,用人单位除不能索回张某已经获得的 6 个月的试用期工资 6000 元外,还必须按照试用期满后的月工资标准 1500 元,再向劳动者赔偿这 4 个月的工资 6000 元。

四、劳动合同注意事项

【案例 6-14】

公司不得扣押陈某的会计资格证

陈某于 2011 年 8 月进入某石油公司工作,与该公司签订为期 3 年的劳动合同,双方在劳动合同中约定了提前解除合同及保守商业秘密、竞业限制的违约责任。2012 年 11 月,公司以做招投标需要为由,收取陈某的会计资格证,事后却一直不予退还。2014 年 2 月,陈某因个人原因递交了辞职报告,并向劳动行政部门投诉,要求该公司退还被扣押的证件。

评析:《劳动合同法》第九条规定:"用人单位招用劳动者,不得扣押劳动者的居民身份证和其他证件,不得要求劳动者提供担保或者以其他名义向劳动者收取财物"。

在本案例中,该公司扣押陈某会计资格证违反上述规定,应当及时归还,否则将受到劳动保障监察机构的处罚。班组长应配合单位人事部门在事业留人、待遇留人和感情留人上下工夫,不得违法扣留劳动者个人的有关证件。

五、无固定期限劳动合同

【案例 6-15】

什么情况下可以签订无固定期限劳动合同?

2012 年,某国企因经营不善准备买断职工工龄,小张是该企业的员工,至今已工作 8 年。买断职工工龄的相关政策一出台,小张就傻了眼,一看别人的补偿金都有好几万,有的甚至有十几万,自己却只有两万元。他不明白这是为什么,不是买断吗?自己还这么年轻,离退休还有那么多年呢,为什么补偿金这么少呢?他带着疑问咨询了部门经理刘某。刘某解释道:"企业员工分为两种,合同工和长期工(签订无固定期限劳动合同)。只有工作年限满10年的才可以成为长期工,你工作 8 年,还有两年合同就到期了,所以企业只对你剩下这两年买断。"该部门经理的说法正确吗?无固定期限的劳动合同必须工作满 10 年以后才能与企业签订吗?

评析:刘某的说法是正确的。《劳动合同法》第十四条明确规定:"用人单位初次实行劳动合同制度或者国有企业改制重新订立劳动合同时,劳动者在该用人单位连续工作满十年且距法定退休年龄不足十年的,除劳动者提出订立固定期限劳动合同外,应当订立无固定期限劳动合同。"小张工作不满十年,也不能满足其他可以签订无固定期限劳动合同的条件,因此不能签订无固定期限的劳动合同,所以,小张的补偿期限只能到所签合同结束时止。

六、员工解除劳动合同

【案例 6-16】

试用期递交辞职报告

李某,2008 年 6 月从学校毕业,与一家石油工程建设公司签订了为期 3 年的劳动合同,约定了 3 个月的试用期。岗前培训完后,被安排到施工队实习。由于石油工程建设公司施工队生产一线环境比较恶劣、工作辛苦、生活单调,与他来之前憧憬的完全不一样。在 7 月 24 日,李某向施工队递交了辞职报告,队长要求其再上一个月的班,否则人事部门不给他办理辞职手续,不给转移人事档案关系。

评析:《劳动合同法》第三十七条规定:"劳动者提前 30 日以书面形式通知用人单位,可以解除劳动合同。劳动者在试用期内提前 3 日通知用人单位,可以解除劳动合同。"

在本案例中,该施工队队长要求在试用期的李某,再上 30 天的班,才能办理相关辞职手续,违反相关法律规定,因为在试用期内,李某只需提前 3 天通知单位,即可办理解除劳动合同手续。

基层班组长要加强对新员工试用期的管理,结合实习期间的工作表现,进一步对新员工的资格证书和身体状况进行审查,看是否存在试用期不符合录用条件的情况。对于提出解除劳动合同的新员工,要及时谈话,并进行书面记录和员工签字。

七、单位解除劳动合同

【**案例 6-17**】

单位解雇劳动者要合法

某石油工程建设企业机械厂员工张某,每天早上骑电动车到工厂上班,一向遵守交通规则,从未出过事故。不料 2014 年 8 月的一天,张某像往常一样经过一个十字路口,见红灯马上亮了,便减速停了下来,还没停稳,后面一辆小轿车突然撞了上来,将张某撞成重伤。经过半年的治疗,张某没有了生命危险,但大脑部分受损,影响了一部分智力,不能再做以前的工作。机械厂试图给张某安排其他的岗位,发现他也不能胜任。机械厂不愿再背负张某这个大负担,要解聘他。张某的家人表示非常气愤。那么,按张某的情况,机械厂可以解聘他吗?

评析:机械厂无权解聘张某。张某上班的路上出车祸,导致脑部受创,依照我国《工伤保险条例》第十四条的规定,职工在上下班途中,受到非本人主要责任的交通事故或者城市轨道交通、客运轮渡、火车事故伤害的,应当认定为工伤。本案中的车祸发生在张某的上班途中,且并非张某的责任,因此,张某所受伤害应当认定为工伤,依法享受工伤保险待遇。张某经过一段时期的治疗后,不能胜任以前的工作,也不能胜任后来安排的其他工作,机械厂要根据张某的具体情况安排他可以胜任的工作,而不是简单地将其解聘。我国《劳动合同法》第四十二条和《劳动法》第二十九条规定,在本单位患职业病或者因工负伤并被确认丧失或者部分丧失劳动能力的,用人单位不得解除其劳动合同。

八、解除合同补偿规定

【案例 6-18】

单位违法解除合同,劳动者可以同时要求补偿金和赔偿金吗?

邢某在一家建筑公司工作,劳动合同期限为 5 年。2013 年底,邢某在一次工程操作中不慎从 6 楼摔下,伤势严重。经过抢救虽然脱离了生命危险,但仍需长期治疗,且体质大不如从前,丧失了大部分劳动能力。公司见邢某不能再胜任建筑工作,便单方解除了与邢某的劳动合同。邢某觉得公司这样做太无情,要求公司支付补偿金和赔偿金。那么,邢某的要求能实现吗?

评析:邢某的要求不能实现,他只能要求公司支付赔偿金。依照《劳动合同法》第四十二条的规定,邢某在本单位因工负伤并被确认部分丧失劳动能力后,建筑公司不能以邢某不能胜任工作为由而解除劳动合同,建筑公司单方解除合同的行为属于一种违法行为。根据《劳动合同法实施条例》(国务院令第 535 号)第二十五条、《劳动合同法》第八十七条的规定,用人单位违反《劳动合同法》的规定解除或者终止劳动合同,应当依照本法第四十七条规定的经济补偿标准的两倍向劳动者支付赔偿金,用人单位依照劳动合同法的规定支付了赔偿金的,不再支付经济补偿。所以,邢某要求建筑公司同时支付给自己补偿金和赔偿金的请求是不能实现的,建筑公司支付了他赔偿金便不会再支付他补偿金了。针对邢某的情况,建议他去申请做工伤认定,鉴定出伤残等级后邢某就能依法获得相应的工伤赔偿,进而使自己的合法权益得到维护。

九、不得解除合同的情形

【案例 6-19】

不得解除刘某的劳动合同

刘某,2011 年 5 月与某石油工程建设分公司签订了 5 年的劳动合同,在施工队负责施工资料有关工作,于 2013 年 4 月刘某结婚后不久怀孕。之后她隔三岔五请假到医院进行检查,到年底时,刘某被考核为不合格,公司人事部门以不胜任工作为由,解除了其劳动合同关系。刘某不服,起诉至劳动仲裁委员会予以仲裁。

评析:《劳动合同法》第四十二条规定:"劳动者有下列情形之一的,用人单位不得解除劳动者的劳动合同:(1)从事接触职业病危害作业的劳动者未进行离岗前职业健康检查,或者疑似职业病病人在诊断或者医学观察期间的;(2)在本单位患职业病或者因工负伤并被确认丧失或者部分丧失劳动能力的;(3)患病或者非因工负伤,在规定的医疗期内的;(4)女职工在孕期、产期、哺乳期的;(5)在本单位连续工作满十五年,且距法定退休年龄不足五年的;(6)法律、行政法规规定的其他情形"。

在本案例中,由于刘某在孕期,所以该公司以刘某不胜任工作为由,解除劳动合同是违法的,应予以撤销并承担相应赔偿责任。企业提出解除劳动合同时,应对员工个人情况进行调查,考察员工是否存在不得解除劳动合同的情形。

十、签订竞业限制协议

【案例 6-20】

哪些劳动者要与用人单位签订"竞业限制"协议?

吴女士自从结婚后,就一直扮演着家庭主妇的角色,她、丈夫还有儿子一家人十分和睦,不料,其丈夫在一次车祸中去世,家里失去了唯一的经济来源。生活所迫,无奈之下,吴女士重新开始自己的职场生活。起初,她应聘到一家房地产公司任销售员,该公司要与吴女士签订竞业限制的协议。吴女士虽然很久没有工作,对于职场规则已经不太熟悉了,但她还是了解一些法律知识的,她认为自己应聘的职位不涉及保密内容,因此,不必与公司签订竞业限制协议。那么从事什么职位的劳动者需要与企业签订竞业限制协议?

评析:根据我国《劳动合同法》第二十三条规定,对负有保密义务的劳动者,用人单位可以在劳动合同或者保密协议中与劳动者约定竞业限制条款。由此可知,并非所有的劳动者都要与用人单位签订竞业限制协议,只有涉及保密义务的劳动者才需要签订,如果根本没有保密的必要,则不必签订竞业限制协议。具体来说,负有保密义务的劳动者主要是指用人单位的高级管理人员、高级技术人员和其他负有保密义务的人员。对此,我国《劳动合同法》第二十四条作了明确规定。从以上法律规定可以看出,国家对于劳动者与用人单位签订竞业限制协议并不是强制条款,也就是说可以签也可以不签,而签订协议的劳动者仅限于用人单位的高级管理人员、高级技术人员和其他负有保密义务的人员,并不是所有劳动者。

十一、劳动争议调解

【案例 6-21】

直接申请支付令的劳动争议调解协议

某石油建设单位职工小王因为单位拖欠工资而发生劳动争议,经工会与用人单位协商,达成和解协议。在协议约定期限内用人单位不履行调解协议确定的报酬给付义务,小王向法院提起诉讼。

评析:根据《劳动合同法》规定,用人单位与职工发生劳动争议,经调解达成协议的,应当制作调解协议书。调解协议书由双方当事人签名或者盖章,经调解员签名并加盖调解组织印章后生效,对双方当事人具有约束力,当事人应当履行。达成调解协议后,一方当事人在协议约定期限内不履行调解协议的,另一方当事人可以依法申请仲裁。因支付拖欠劳动报酬、工伤医疗费、经济补偿或者赔偿金事项达成调解协议,用人单位在协议约定期限内不履行的,劳动者可以持调解协议书依法向人民法院申请支付令。本案中,在协议约定期限内用人单位拒不履行调解协议确定的报酬给付义务,小王可以不经过诉讼,直接向人民法院申请支付令,要求用人单位支付报酬。

第三节　《中华人民共和国安全生产法》相关知识

2014 年 8 月 31 日,颁布了修订后的《中华人民共和国安全生产法》(以下简称《安全生产法》),是我国安全生产法制建设中的一件大事,标志着我国安全生产工作向科学化、法制化方向又迈进一大步。《安全生产法》以加强企业安全生产工作为出发点和落脚点,要求实施更加严格的企业安全管理,建设更加坚实的技术保障体系和更加高效的应急救援体系,实行更加严格的安全监管和更加有力的政策引导,对企业的安全生产实行严格的目标考核和责任追究。石油工程建设企业班组长要认真学习和宣传《安全生产法》相关知识。

一、加强安全教育培训

【案例 6-22】

施工单位必须对从业人员进行安全生产教育和培训

在某高层建筑的外墙装饰施工工地,某施工单位为赶在雨季来临前完成施工,又从其他工地调配来一批工人,但未经安全教育培训就安排到有关岗位开始作业。2 名工人被安排进入高处作业吊篮,到 6 层从事外墙装饰作业。他们在作业完成后为图省事,直接从高处作业吊篮的悬吊平台向 6 层窗口爬去,结果失足从 10 多米的高处坠落在地,造成 1 死 1 重伤。

评析:(1)《安全生产法》第二十一条规定:"生产经营单位应当对从业人员进行安全生产教育和培训,保证从业人员具备必要的安全生产知识,熟悉有关的安全生产规章制度和安全操作规程,掌握本岗位的安全操作技能。未经安全生产教育和培训合格的从业人员,不得上岗作业。"

(2)《建设工程安全生产管理条例》(国务院令第 393 号)第三十七条进一步规定:"作业人员进入新的岗位或者新的施工现场前,应当接受安全生产教育培训。未经教育培训或者教育培训考核不合格的人员,不得上岗作业。"

本案中,施工单位未对新进场的工人进行有针对性的安全培训教育,使 2 名作业人员违反了"操作人员必须从地面进出悬吊平台。在未采取安全保护措施的情况下,禁止从窗口、楼顶等其他位置进出悬吊平台"的安全操作规程,造成了伤亡事故的发生。该施工单位及其直接责任人员要依法承担有关法律责任。

二、强化安全风险意识

【案例 6-23】

检修直流焊机触电身亡

2002 年 5 月 17 日,某公司检修班职工刁某带领张某检修 380 V 直流电焊机。电焊机修理后进行通电试验良好,并将电焊机开关断开。刁某安排工作组成员张某拆除电焊机二次线,自己拆除电焊机一次线。约 17 时 15 分,刁某蹲着身子拆除电焊机电源线中间接头,在拆完一相后,拆除第二相的过程中意外触电,经抢救无效死亡。

评析:《安全生产法》第五十条规定:"生产经营单位的从业人员有权了解其作

业场所和工作岗位存在的危险因素、防范措施及事故应急措施,有权对本单位的安全生产工作提出建议"。本案中刁某参加工作 10 余年,一直从事电气作业并获得高级维修电工资格证书;在本次作业中刁某安全意识淡薄,工作前未进行安全风险分析,不执行规章制度,疏忽大意,凭经验、凭资历违章作业是此次事故的直接原因。

三、安全措施必须到位

【案例 6-24】

未配发安全带酿事故

2006 年 6 月 10 日,某油田公司作业队在作业中,聘用某劳务服务公司进行设备清洁卫生作业,该劳务公司未给从事高空作业的人员配发安全带。12 时 15 分,该劳务服务公司临时工陈某在利用吊车对高空设备进行卫生清洁作业时,不慎从吊车吊臂上坠落,经医院抢救无效死亡。

评析:《安全生产法》第四十九条明确规定:"生产经营单位与从业人员订立的劳动合同,应当明确有关保障从业人员劳动安全、防止职业危害的事项,以及依法为从业人员办理工伤保险的事项。"

无论何性质的用工,企业都必须关心、维护并采取有效措施确保从业人员的人身安全,生产经营单位不得以任何形式与从业人员订立协议,以免除或者减轻其对从业人员因生产安全事故伤亡依法应承担的责任。

四、有权拒绝违章指挥

【案例 6-25】

违章指挥导致严重伤亡事故

1983 年 12 月 20 日,江西省某市中山西路北侧挡土墙在施工中坍塌,压死民工 11 人。主要责任人基建科干部胡某以重大责任事故罪被判有期徒刑 3 年。

1983 年 7 月 27 日,某汽车运输公司与福建省某县工程队签订了某市中山西北侧挡土墙施工合同。汽车运输公司指派胡某为该工程施工进度和质量的甲方负责人。同年 12 月 20 日 11 时许,施工队民工翁某去接水泵电线抽水时,发现土坡地表有断断续续的裂缝,便叫挖沟的全部民工离开了施工地段,并叫小队长翁某观看裂缝,并将裂缝的情况报告给了胡某。胡与翁二人进行了现场观察,发现离职工医院 2 米处确有裂缝,长为 3 ~ 4 米,宽 1 毫米左右。后来又到底层出路上观察,未发现土墙断面上有裂缝。这时,胡某见挖土方的民工全部站在出路上,就指着翁某说:"这有什么,不会倒塌,你们大惊小怪,胆小鬼,怕死就不要干,结账退场,我有人干。"胡又对副队长薛某说:"老薛,你也是大惊小怪,还不赶快下去干。"在胡某的胁迫下,薛某、杨某便带头下基槽,随后,其他民工也跟着下去。接着,胡某叫两名民工去量标高,发现靠东侧有两米长离标高还差 35 厘米,其余的都已达到设计要求。翁某提出吃过中饭再干,胡某说:"吃什么,基坑挖完回去吃,下午下基础。"翁某见此情况,就跑到基建科向茅某工程师报告,随茅某立即赶到现场,茅某观察裂缝后当即对胡说:"这个裂缝很危险,随时有倒塌的可能,我去学校实习时,也碰到这样的情况,发现头发丝大的裂缝,说塌就塌,要赶快采取加固措施。"胡听后,只叫部分民工去杠木头支撑,没有及时撤离在基槽内施工的民工,致使民工一面支撑加固,一面冒险作业。当扛来的木头支撑有六七根时,土方坍塌,11 名民工来不及逃脱而被压死在基槽里。

评析:《安全生产法》第五十一条规定,从业人员有权对本单位安全生产工作中存在的问题提出批评、检举、控告;有权拒绝违章指挥和强令冒险作业。

根据《最高人民法院、最高人民检察院关于办理危害生产安全刑事案件适用法律若干问题的解释》(法释〔2015〕22 号)第五条规定,明知存在事故隐患、继续作业存在危险,仍然违反有关安全管理的规定,实施下列行为之一的,应当认定为《中华人民共和国刑法》(以下简称《刑法》)第一百三十四条规定的"强令他人违章冒险作业":

(1)利用组织、指挥、管理职权,强制他人违章作业的。

(2)采取威逼、胁迫、恐吓等手段,强制他人违章作业的。

(3)故意掩盖事故隐患,组织他人违章作业的。

(4)其他强令他人违章作业的行为。

五、加强事故隐患治理

【案例 6-26】

长期违规埋下隐患

2011 年 7 月 21 日,山东籍某集团公司所属客车从威海驶往湖南省长沙市,途中多次违规揽客、违规装载危险化学品。7 月 22 日,该客车行驶至京珠高速公路河南省信阳市境内时,发生爆燃,造成 41 人死亡、6 人受伤,直接经济损失 2342 万元。虽然事故直接原因是事故客车违规运输的危险化学品引起爆燃,但也暴露出某集团客运公司对安全生产隐患排查治理不力,该公司所在地交通运输管理部门对生产安全事故隐患的排查治理监管不到位等问题。

评析:事故调查显示,某集团公司未发现和治理解决事故车辆长期不进站报班发车、不按规定班次路线行驶、违规站外上客、人员超载、违规载货等安全隐患和问题。

《安全生产法》第三十八条规定:"生产经营单位应当建立健全生产安全事故隐患排查治理制度,采取技术、管理措施,及时发现并消除事故隐患。事故隐患排查治理情况应当如实记录,并向从业人员通报""县级以上地方各级人民政府负有安全生产监督管理职责的部门应当建立健全重大事故隐患治理督办制度,督促生产经营单位消除重大事故隐患"。

该案例告诫我们,生产经营单位应当按照《安全生产法》的要求,建立隐患排查制度并落实到位;应加强重大事故隐患治理过程中的监督检查,发现问题,及时督促整改。同时,交通运输管理部门在监督检查中发现重大事故隐患,应依法及时处理,否则将按照《安全生产法》第八十七条的规定承担责任。

六、危险品的使用管理

【案例 6-27】

危险品存放管理要严格

位于南方某市的某化工企业所处地理位置地势较低,生产过程中使用连二亚硫酸钠(俗称保险粉)作为主要原料,考虑到供应商在本地,且为降低成本,该企业要求供应商不要用铁桶包装保险粉,只用编织袋包装即可。该企业的保险粉仓库为单独设置,仓库内未设温度仪、湿度仪。2009 年雨季来临之前,企业安全部门针对仓库专门组织了安全检查,提出应采取措施加高保险粉的存放地点。由于仓库主任的疏忽,未进行处理。几天后连续数日的暴雨导致仓库进水,引起保险粉燃烧,造成保险粉仓库全部烧毁,3 人出现中毒症状。

评析:《安全生产法》规定:生产经营单位的安全生产管理人员应当根据本单位的生产经营特点,对安全生产状况进行经常性检查;对检查中发现的安全问题,应当立即处理;不能处理的,应当及时报告本单位有关负责人。该企业对仓库进行了雨季来临前的安全检查,发现了问题,但没有及时进行处理,最终导致了事故的发生。

警示：

（1）生产经营单位应采购符合规范要求的原材料。

（2）危险化学品仓库应根据要求安装温度仪、湿度仪、可燃气体报警仪等设备、设施，应定期检查库房内温度、湿度、库内存放物品情况，并做好记录。

（3）危险化学品使用单位应将危险化学品的有关安全卫生资料向职工公开，教育职工识别安全标签、了解安全技术说明书、掌握必要的应急处理方法和自救措施，并经常对职工进行工作场所安全使用化学品的教育和培训。

（4）生产经营单位应针对防风、防雷、防雨、防冻等专项要求，明确进行经常性检查，对检查中发现的安全问题，应当立即处理。

（5）生产经营单位在事故隐患治理过程中，应当采取相应的安全防范措施，防止事故发生。

（6）危险物品储存的基本要求：

① 危险化学品应储存在专门的仓库中，并应有符合规定的包装，包装上应附有危险化学品安全标签。

② 储存物品的地点、仓库、场院应严禁烟火，并配置符合规定的照明和消防器材。

③ 存放物品的货架、容器等，应具有相应的强度、刚度、耐腐蚀性能。

④ 应根据危险化学品的性质，采取隔离、隔开、分离的储存方式。

⑤ 储存化学物品，应按其特性要求存放，并设置相应的支架或箱柜，配备必要的器皿、工具和工作人员的防护用品。

⑥ 各类危险化学品不得与禁忌物料混合储存。

⑦ 储存危险、剧毒和放射性物品，应严格执行有关规定。

七、安全出口确保畅通

【案例 6-28 】

封闭员工宿舍出口的安全事故

某工厂有从业人员 100 多人，工厂为了所谓"安全原因"，将员工宿舍的窗户全部用铁条封上，并且每天晚上职工休息后，都让人用一把大锁将宿舍的门从外面反锁。一天晚上，一名女工用电热水器烧水，热水器自燃后造成电路短路起火。由于宿舍内可燃物多，火势蔓延迅速。工人惊醒后想逃生，但窗户封死，大门从外面反锁,根本无路可逃,致使 80 多名工人全部被烧死,大火还造成直接经济损失 200 多万元。

评析:生产经营场所和员工宿舍应当设有符合紧急疏散要求、标志明显、保持畅通的出口。禁止封闭、堵塞生产经营场所和员工宿舍的出口。该工厂的行为严重违反了《安全生产法》的规定,其主要负责人和其他直接责任人员必须承担相应的法律责任。除了对在事故中死亡的职工予以赔偿外,还应当依照《刑法》的有关规定追究相关责任人员的刑事责任。

八、油气管道事故重大

【案例 6-29】

某油气管道爆炸着火事故案例分析

某输气站是集过滤、分离、调压、计量、配气等为一体的综合性输气站。2006年 1 月 20 日,在对威青、威成线场站进行适应性大修、改造过程中,相继发生 3 次爆炸事故,造成 10 人死亡、3 人重伤,直接经济损失 995 万元。

评析:

(1)直接原因:由于管材螺旋焊缝存在缺陷,管道在内压作用下被撕裂,泄漏的天然气携带出的硫化亚铁粉末遇空气氧化自燃,引发天然气管外爆炸。因第一次爆炸后的猛烈燃烧,使管内天然气产生相对负压,造成部分高热空气迅速回流管内与天然气混合,相继引发第二次爆炸和第三次爆炸。

(2)间接原因:威青线大修工程投产方案没有采用氮气置换,直接用天然气置换,致使天然气与空气混合,形成爆炸气体;输气站值班宿舍与场站安全距离不够,应急逃生通道选在管线上方,致使爆炸时,人员伤亡严重。员工家属违反规定住在值班宿舍,导致事故进一步扩大。

(3)管理原因:安全隐患整改力度不够。该站集输系统设备设施老化,长期输送含硫天然气造成腐蚀,使管道本身存在安全隐患。

在管线、场站的安全距离内建房,管道占压隐患严重。管道管理部门对管道维护情况的监督检查不力,致使管道周围植物丛生,加速了管道的腐蚀破坏。关键作业没有主管业务处室到现场进行监督,投产作业过程中,没人到现场进行把关。

(4)经验教训:

① 对所有易燃易爆气体的停气碰头、置换作业都必须使用氮气进行置换。

② 对储存、集输、生产易燃易爆气体、液体的装置、管线等必须采取防化学腐蚀措施,并按要求定期进行检测。

③ 在易燃易爆气体、液体的管线、场站安全距离内禁止修建房屋、宿舍,必须合理选择应急逃生通道。

④ 对于投产、大修改造等关键施工必须要有领导干部和现场安全监督进行严格把关。

九、时刻要有安全意识

【案例 6-30】

某氮气窒息事故案例分析

2006 年 2 月 20 日上午,某公司经理马某带领 3 名员工,按照要求沿线检查火炬系统,当检查到阻火器水封罐外时,发现有一处阀门冻裂,当时不确定罐内是否也存在冻裂现象,于是在没有经任何请示,不了解罐内情况的情况下,擅自决定进入罐内进行检查。由于罐内充满氮气,于某当即窒息晕倒,其他 2 人先后盲目进罐施救,也相继晕倒,导致 3 人死亡。

评析:

(1)直接原因:卧式阻火器水封罐内充满氮气,造成进入罐内的 3 人窒息并迅速昏迷,导致死亡。

(2)间接原因:未办理进入受限空间作业许可,未对容器内气体进行检测分析,盲目进罐作业;出现险情后,在未佩戴正压式呼吸器的情况下盲目进罐施救,导致事故扩大。

(3)管理原因:

① 临时性检维修项目生产组织混乱。此次作业没有下达任务通知书,没有进行技术交底和告知有关安全注意事项,球罐公司施工前未经许可自行组织施工。

② 建设单位现场管理混乱。对进入关键重要部位的人员无人登记、阻拦,整个施工作业无人监管,罐内充满氮气,却没有明显的安全标识。

③ 施工单位违章制度执行不严格,对施工作业中存在的危害没有进行识别、评估,没有按规定办理作业许可证。

④ 基层干部带头违章。球罐公司领导违章组织生产,违规进入罐内作业,盲目进行施救。

（4）经验教训：

① 必须对储存、充装有毒有害气体的容器、场所设置警示标志。

② 必须加强对施工相关方的管理，及时与相关方签订安全协议，进一步明确双方的责任义务。

③ 必须加强对外来施工人员的管理，做好有关安全防范措施交底。

④ 在有毒有害场所发生事故进行应急抢救时，必须穿戴正压式空气呼吸器。

十、安全事故及时汇报

【案例 6-31】

河南郏县矿难 9 名隐瞒事故者被追究刑事责任

2006 年 4 月 26 日，平顶山市郏县河南原田发展（集团）有限公司原田大刘山煤业分公司（西井）发生的特大瓦斯爆炸事故，共造成 11 人遇难、18 人受伤，直接经济损失达到 285.5 万元。事故发生后，该矿有关人员刻意隐瞒事故、销毁证据、转移遗体，在社会上造成了极其恶劣的影响。

评析：河南省政府于 2006 年 7 月 4 日召开常务会议，听取了郏县"4·26"特大瓦斯爆炸事故调查组的汇报。为加大对隐瞒事故行为的打击力度，根据事故调查组的意见，省政府常务会议研究决定，对组织、参与隐瞒事故的大刘山煤业分公司（西井）矿长张某和副矿长黄某等 6 人以及调度员李某、田某移交司法机关追究刑事责任，同时给予吊销矿长资格证、矿长安全资格证等行政处罚，并建议给予相关人员开除党籍的处分。

《安全生产法》第八十条规定，生产经营单位发生生产安全事故后，事故现场有关人员应当立即报告本单位负责人。单位负责人接到事故报告后，应当迅速采取有效措施，组织抢救，防止事故扩大，减少人员伤亡和财产损失，并按照国家有关规定立即如实报告当地负有安全生产监督管理职责的部门，不得隐瞒不报、谎报或者迟报，不得故意破坏事故现场、毁灭有关证据。

根据《最高人民法院、最高人民检察院关于办理危害生产安全刑事案件适用法律若干问题的解释》（法释〔2015〕22 号）第九条规定，在安全事故发生后，与负有报告职责的人员串通，不报或者谎报事故情况，贻误事故抢救，情节严重的，依照《刑法》第一百三十九条规定，以共犯论处。第 10 条规定，在安全事故发生后，直接负责的主管人员和其他直接责任人员故意阻挠开展抢救，导致人员死亡或者重伤，或者为了逃避法律追究,对被害人进行隐藏、遗弃,致使被害人因无法得到救助而死亡或者重度残疾的,分别依照《刑法》第二百三十二条、第二百三十四条的规定,以故意杀人罪或者故意伤害罪定罪处罚。

石油工程建设企业的员工,特别是班组长,要明确隐瞒事故的违法后果,了解及时报告事故的相关规定。

第四节 《中华人民共和国环境保护法》相关知识

保护环境是我国的基本国策。修订后的《中华人民共和国环境保护法》(以下简称《环境保护法》)已于 2015 年 1 月 1 日起正式实施。环境保护坚持保护优先、预防为主、综合治理、公众参与、污染者担责的原则,新《环境保护法》的实施将为改善和治理环境提供强大的法律武器。石油工程建设企业基层班组,始终处于企业生产经营活动的第一线,肩负着保护环境的重任。因而,学习、了解《环境保护法》有关内容,明确企业所肩负的环保责任十分必要。

一、保护环境是基本国策

【案例 6-32】

2015 年中国环境状况公报(节选)

空气质量:2015 年,全国 338 个地级以上城市中,有 73 个城市环境空气质量达标,占 21.6%;265 个城市环境空气质量超标,占 78.4%。338 个地级以上城市平均达标天数比例为 76.7%(马尔康、丽江、香格里拉、塔城、阿里和林芝 6 个城市达标天数比例为 100%,);平均超标天数比例为 23.3%,其中轻度污染天数比例为 15.9%,中度污染为 4.2%,重度污染为 2.5%,严重污染为 0.7%。

空气质量综合指数分析表明,74 个城市中,空气质量相对较好的 10 个城市(从第 1 名到第 10 名)为海口、厦门、惠州、舟山、拉萨、福州、深圳、昆明、珠海和丽水,空气质量相对较差的 10 个城市(从第 74 名到第 65 名)为保定、邢台、衡水、唐山、郑州、济南、邯郸、石家庄、廊坊和沈阳。

生态环境质量:2015 年,2591 个县域中,生态环境质量为"优""良""一般""较差"和"差"的县域分别有 564 个、1034 个、708 个、262 个和 23 个。"优"和"良"的县域占国土面积的 45.1%,主要分布在秦岭淮河以南及东北的大小兴安岭和长白山地区；"一般"的县域占 24.3%，主要分布在华北平原、东北平原中西部、内蒙古中部、青藏高原等地区；"较差"和"差"的县域占 30.6%，主要分布在内蒙古西部、甘肃中西部、西藏西部和新疆大部。

全国地级以上城市集中饮用水：2015 年，全国 338 个地级以上城市的集中式饮用水水源地取水总量为 355.43 亿吨，服务人口 3.32 亿人。其中，达标取水量为 345.06 亿吨，占取水总量的 97.1%。其中，地表饮用水水源地 557 个，达标水源地占 92.6%，主要超标指标为总磷、溶解氧和五日生化需氧量；地下饮用水水源地 358 个，达标水源地占 86.6%，主要超标指标为锰、铁和氨氮。

评析：《2015 年中国环境状况公报》内容涉及大气治理、水污染治理、土壤污染情况、森林、生态环境等多个方面。《环境保护法》第四条规定："保护环境是国家的基本国策。"体现了国家对环境保护工作的高度重视。2015 年党的十八届五中全会提出创新、协调、绿色、开放、共享的发展理念，保护和改善环境，防治污染和其他公害，保障公众健康，推进生态文明建设，促进经济社会可持续发展。

石油建设工程企业要加强对员工的环保宣传教育，提高对环境保护的认识，在施工作业中要高度重视环境保护问题。

二、设"环境日"意义重大

【案例 6-33】

环境日活动

2016 年 6 月 5 日是新《环境保护法》实施的第二个"环境日"，某石油工程建设企业施工队在国家 AAAA 级风景区周边施工，该队结合施工区域地处环境敏感区的特点，组织学习宣贯《环境保护法》，强化红线意识、树立底线思维。组织开展了对施工作业辖区、生活基地、沿途车辆行驶区域等进行"三废"的排放检查清理，做到"还我清洁，绿色作业"，爱护周边的花草树木。践行了"宁可要绿水青山，不要金山银山"的环保理念。

评析：《环境保护法》第十二条规定："每年 6 月 5 日为环境日。"将每年的 6 月 5 日这一天确定为法定的环境日，表明了我国对环境问题的认识和态度，对于提高全社会的环境保护意识，促进我国环保事业的发展，推动生态文明建设具有重要的意义。

该施工队结合施工现场实际,通过环境日主题宣传教育,提高一线员工环境保护意识,自觉保护我们身边的一草一木。石油工程建设施工作业经常在环境敏感区如草原、农田、风景区等,应严格落实 HSE "两书一表"的要求,加强施工现场的环境保护工作,减少对环境的破坏和影响。

三、保护环境人人有责

【案例 6-34 】

环境保护从我做起

老李是某石油工程建设企业的一名老员工,家距单位 6 千米左右,老李每天上下班坚持骑自行车,同事见了都问他:"老李,那么多人都开车上下班,您干吗总骑自行车呢?"老李笑着答道:"骑自行车绿色环保,还锻炼身体,同时还避免每天堵车。"实际上,老李有着强烈的环境保护意识,在家每天都很注意节水,淘米水用来浇花,洗菜水用来冲马桶,生活垃圾分类处理。

评析:《环境保护法》第六条规定:"公民应当增强环境保护意识,采取低碳、节俭的生活方式,自觉履行环境保护义务。"保护环境、人人有责,每个公民都有保护环境的义务。

四、查封扣押设施设备

【案例 6-35 】

查封、扣押造成污染物排放的设施、设备

某市环保局在实施新《环境保护法》的首个工作日开展执法行动,查获一家非法饰品加工企业,发现其通过渗坑直接排放未经处理的铜腐蚀废水。目前该企业负责人已被公安部门刑事拘留,同时,该市环保局对造成污染的设施、设备进行了查封。

评析:《环境保护法》第二十五条规定:"企业事业单位和其他生产经营者违反法律法规规定排放污染物,造成或者可能造成严重污染的,县级以上人民政府环境保护主管部门和其他负有环境保护监督管理职责的部门,可以查封、扣押造成污染物排放的设施、设备。"

五、环境污染被判刑

【案例 6-36】

淮阴特大环境污染案

1999 年 11 月 19 日晨,特大环境污染事故案在江苏省淮阴区果林场营西村发生。全案共造成 204 名学生、2 名教师及若干村民中毒;农田 128 亩受损,部分庄稼和农作物绝收。这起重案的肇事者是个体废品收购者吴某等 3 人,其违法收购的带有氯气的铁罐,直接向空气中散发氯气,导致"11·19"惨案发生。环保部门监测认定,散发出毒气的大铁罐为化工业用氯气罐,所释放的刺激性气味气体为纯氯气。人畜闻后出现呕吐、咳嗽、乏力等中毒症状。淮阴区人民检察院于 2000 年 4 月 27 日以吴某等 3 人行为构成重大环境污染事故罪向同级人民法院提起公诉。法院受诉后两次公开开庭审理了本案,3 名被告分别被判处有期徒刑并处罚金。

评析:《环境保护法》第六十四条规定,因污染环境和破坏生态造成损害的,应当依照《中华人民共和国侵权责任法》的有关规定承担侵权责任。第六十九条规定,违反本法规定,构成犯罪的,依法追究刑事责任。3 名个体废品收购者,违法收购带有氯气的铁罐,造成特大环境污染,后果极其严重。本案例再次提醒全体公民和企事业单位要学习《环境保护法》,对有毒、有害物品要按规定保管和处理。

六、违规排放将严惩

【案例 6-37】

违规排放污染农田

2014 年 1 月 8 日,某地路桥环保局蓬街中队在执法巡查中,发现花门村专业队附近一家无名作坊涉嫌非法电镀生产。执法人员检查发现,该作坊有挂镀槽、清洗槽、酸槽等生产设备,主要镀锌加工网片、弹簧等。但无环保审批手续,没有任何污染防治措施,产生的废水直接排放至作坊外农田。检测人员对电镀加工场酸洗槽、场外排放口的水体进行了采样,结果显示含铬浓度均超出国家规定的最高排放标准 3 倍以上。根据相关法律规定,3 名被告人的行为均被认定为"严重污染环境"。

1 月 21 日,路桥区人民法院公审判决这起环境污染案。被告人罗某等 3 人分别被判处有期徒刑 1 年 3 个月至 9 个月不等,并处罚金人民币 10 万元至 4 万元。

评析:《环境保护法》第四十二条、第四十九条规定:"禁止将不符合农用标准和环境保护标准的固体废物、废水施入农田。"石油工程建设企业在施工过程中要严格遵守《环境保护法》,防止施工过程对环境造成的破坏。

七、水资源污染的教训

【案例 6-38】

松花江水污染事件

2005 年 11 月 13 日,某公司双苯厂硝基苯精馏塔发生爆炸,造成 8 人死亡,60 人受伤,直接经济损失 6908 万元,并引发松花江水污染事件。国务院事故及事件调查组认定,该公司双苯厂"11·13"爆炸事故和松花江水污染事件是一起特大生产安全责任事故和特别重大水污染责任事件。双苯厂爆炸事故发生后,未能及时采取有效措施,防止泄漏出来的部分物料和循环水及抢救事故现场消防水与残余物料的混合物流入松花江。

评析:(1)该公司选址与布局不符合国家法律规定。该公司在造成对松花江特别重大污染事故之前,已经多次发生爆炸与污染事故。但是,这些事故都没有引起相关职能部门及公司自身的重视,相关部门置国家法律于不顾。如果说公司的选址与布局不符合国家法律规定是历史原因造成的,那么没有采取措施进行整顿和技术改造则是该公司及其相关职能部门的不作为行为。历史与现实原因,成为导致此次污染事故诸多因素中的两个主要因素。

(2)应急预案及平时的演练在关键时刻形同虚设。该公司与吉林市政府都已经制定了应急预案。在该公司爆炸发生后 5 分钟内,吉林市消防局的官兵就赶到现场;企业启动了应急预案;吉林市政府则启动了危险化学品事故应急预案。据黑龙江省环境保护科学研究院鉴定,松花江水受到污染的直接原因是消防人员用水冲洗爆炸现场时,制造苯原料的硝基苯与其他有机物一起被冲刷出来,并被当成污水,通过排雨管线排放通道,流入松花江。由此可见,应急预案及平时的演练在关键时刻并没有发挥有效功能。这直接说明了应急预案制定的科学性及平时演练的实效性的重要性。

（3）应急物资储备保障制度不完善。

八、海洋污染亟待解决

【案例 6-39】

渤海湾蓬莱油田漏油事故的思考

2011 年 6 月,由中国海油和美国康菲石油公司的全资子公司康菲中国石油有限公司合作开发的渤海湾蓬莱 19-3 油田作业区发生漏油事故。7 月 1 日,中国海油正式承认,这个油田 6 月上中旬发生渗漏,附近海面出现油膜,而油田的作业者是美国康菲石油中国有限公司。7 月 6 日,康菲公司表示,渤海湾蓬莱 19-3 油田无任何溢油,清洁工作已接近尾声。8 月 12 日,康菲公司承认渤海湾蓬莱 19-3 油田 B 平台海底发现新的溢油点。该油田是我国国内已建成的最大海上油气田,因溢油事故的发生其污染面积已经达到 800 多平方千米,对海洋的污染极其严重。渤海湾沿岸的渔民们几乎遭遇了灭顶之灾。近几年来,世界各地的海洋污染事故频频发生,这其中又以漏油对海洋的污染最为严重。

评析:中国是一个海洋大国,管辖海域辽阔,海洋资源丰富,沿海经济发展潜力巨大。沿海地区的快速经济发展和人口的增长,给海岸带和海洋造成巨大环境压力。

（1）海洋污染物的种类如下:

① 石油及其产品。包括原油和从原油中分馏出来的溶剂油、汽油、煤油、柴油、润滑油、石蜡、沥青等,以及经过裂化、催化而成的各种产品。

② 重金属和酸碱。包括汞、铜、锌、钴、镉、铬等重金属,砷、硫、磷等非金属以及各种酸和碱。

③ 农药。包括有农业上大量使用含有汞、铜以及有机氯等成分的除草剂、灭虫剂,以及工业上应用的多氯酸苯等。

④ 有机物质和营养盐类。这类物质比较繁杂,包括工业排出的纤维素、糖醛、油脂、生活污水的粪便、洗涤剂和食物残渣,以及化肥的残液等。

⑤ 放射性核素。是由核武器试验、核工业和核动力设施释放出来的人工放射性物质,主要是锶 –90、铯 –137 等半衰期为 30 年左右的同位素。

⑥ 固体废物。主要是工业和城市垃圾、船舶废弃物、工程渣土和疏浚物等,这些固体废弃物严重损害近岸海域的水生资源并破坏沿岸景观。

⑦ 废热。工业排出的热废水造成海洋的热污染,在局部海域,如有比原正常

水温高出 4℃ 以上的热废水常年流入时,就会产生热污染,将破坏生态平衡和减少水中溶解氧。

（2）海洋污染的特点及危害如下:

污染源广;持续性强;扩散范围广;防治难;危害大。

九、清洁生产

【案例 6-40】

企业开展清洁生产见成效

某化工公司建于 2001 年,员工 1522 人。主要生产烧碱、盐酸等系列产品。其生产过程中,年 COD（化学需氧量）排放量 268 吨,盐酸单位耗水量 14.6 吨。2004 年该公司被市列为清洁生产试点单位后,对 2001—2003 年的产（排）污、环保达标等指标进行分析,提出合理化建议 42 条,筛选产生 34 个方案,设置了清洁生产目标:2004 年 COD 排放量 190 吨、盐酸单位耗水量 8 吨。通过实施 7 个中/高费方案后,清洁生产审核效果为年 COD 排放量 159 吨、盐酸单位耗水量 7.17 吨,年节约电 182 万元、节约水 138 万元。

评析:《环境保护法》第四十条规定:"国家促进清洁生产和资源循环利用。国务院有关部门和地方各级人民政府应当采取措施,推广清洁能源的生产和使用。企业应当优先使用清洁能源,采用资源利用率高、污染物排放量少的工艺、设备以及废弃物综合利用技术和污染物无害化处理技术,减少污染物的产生。"本案例中,该企业通过采取一系列清洁生产措施、循环利用,降低资源消耗,减少污染排放,降低对环境的危害。

石油工程建设企业要从源头控制污染物的排放,加大实施清洁生产的力度,优选符合管理、工艺、技术、设备设施等方面的高效管控措施和做法,实现节能、降耗、减污、增效,有利于提高企业环保水平,也为企业带来经济效益。

十、按日计罚制度

【案例 6-41】

某企业污染环境接受"按日计罚"

中华环保联合会诉山东省德州市晶华集团振华玻璃厂大气污染纠纷案,判令被告赔偿因拒不改正超标排放污染物行为造成的损失 780 万元(以 10 万元为基数,自 2015 年 1 月 1 日开始暂计算至 2015 年 3 月 19 日）。

评析:《环境保护法》第五十九条规定:"企业事业单位和其他生产经营者违法排放污染物,受到罚款处罚,被责令改正,拒不改正的,依法作出处罚决定的行政机关可以自责令改正之日的次日起,按照原处罚数额按日连续处罚。"

该案例中,凸显企业违法付出了巨大的经济代价,也彰显了国家落实《环境保护法》的决心和生动的实践。石油工程建设企业要学习、领会、贯彻、落实《环境保护法》的各项规定,防止环境违法行为的发生。

十一、环境公益诉讼制度

【案例 6-42】

环境公益诉讼案

2015 年 10 月 29 日,在福建南平市中级人民法院一审宣判福建南平违法开矿毁林案,原告民间环保组织"自然之友"胜诉。

法院认定被告谢某等 4 名被告的行为具有共同过错,构成共同侵权,判令 4 名被告 5 个月内清除矿山工棚、机械设备、石料和弃石,恢复被破坏的 28.33 亩林地功能,在该林地上补种林木并抚育管护 3 年,如不能在指定期限内恢复林地植被,则共同赔偿生态环境修复费用 110.19 万元;共同赔偿生态环境受到损害至恢复原状期间服务功能损失 127 万元,用于原地生态修复或异地公共生态修复;共同支付原告自然之友、福建绿家园支出的评估费、律师费、为诉讼支出的其他合理费用 16.5 万余元。谢某等 3 名被告不服一审判决,提出上诉。

12 月 18 日,我国新《环境保护法》生效后的第一起环境公益诉讼案件——福建南平生态破坏案在福建省高级人民法院终审宣判,维持原判。

评析:《环境保护法》第五十八条规定:"对污染环境、破坏生态、损害社会公共利益的行为,符合下列条件的社会组织可以向人民法院提起诉讼:(一)依法在设区的市级以上人民政府民政部门登记;(二)专门从事环境保护公益活动连续五年以上且无违法记录。"符合条件的社会组织,可以向人民法院提起诉讼,人民法院应当依法受理。同时规定,提起诉讼的社会组织不得通过诉讼牟取利益。

该案例中,原告民间环保组织"自然之友"作为公益组织胜诉,更大程度上唤醒公民的环境保护、维权意识,让更多的社会力量参与到环保工作中来,对公共资源和公共环境进行更为有力的保护。

石油工程建设企业在施工活动中应严格按法律法规和环境影响评价的要求合规作业,杜绝环境污染事件,避免环境诉讼事件的发生。

十二、环保事件应急处置

【案例 6-43】

铜酸水渗漏致严重污染

2010 年 7 月 3 日,福建省紫金矿业集团有限公司紫金山铜矿湿法厂发生铜酸水渗漏,9100 立方米的污水顺着排洪涵洞流入汀江,导致汀江部分河段严重污染,当地渔民的数百万千克网箱养殖鱼死亡,直接经济损失达 3187.71 万元人民币。但紫金矿业却将这起污染事故隐瞒 9 天才进行公告,并因应急处置不力,导致 7 月 16 日再次发生污水渗透。

评析:《环境保护法》第四十七条规定:"企业事业单位应当按照国家有关规定制定突发环境事件应急预案,报环境保护主管部门和有关部门备案。在发生或者可能发生突发环境事件时,企业事业单位应当立即采取措施处理,及时通报可能受到危害的单位和居民,并向环境保护主管部门和有关部门报告。"

该案例中,福建省紫金矿业集团有限公司在发生环境事件时,应急处置不力,再次发生污水渗透,造成汀江部分河段严重污染和巨大经济损失的严重后果。

石油工程建设企业在施工生产中应吸取教训,引以为戒。加强应急管理,认真履行环境风险隐患排查、治理的主体责任,切实落实企业防范处置突发环境事件的主体责任,确保人民群众生命财产和健康安全。

第五节　《中华人民共和国交通安全法》相关知识

随着经济、社会的高速发展,我国道路交通方面的需求迅猛增长,机动车、驾驶员数量及交通流量都大幅度增加,道路交通形势日益严峻,道路交通管理工作面临许多情况和问题。2011 年 4 月 22 日,第十一届全国人民代表大会常务委员会第二十次会议通过《全国人民代表大会常务委员会关于修改〈中华人民共和国道路交通安全法〉的决定》,自 2011 年 5 月 1 日起施行。《中华人民共和国道路交通安全法》(以下简称《道路交通安全法》)的出台,为加强道路交通安全管理,预防和减少交通事故,规范公安机关交通管理部门及其交通警察的执法行为,维护道路交通秩序,保证安全、畅通的交通环境提供了保障。

一、机动车登记制度

【案例 6-44】

尚未登记的机动车,如何取得上路行驶资格?

河北人张某去北京旅游期间参加了北京车展,并购买了一辆长城牌小轿车,旅游结束后回家登记注册。在开车回家的路上,因没有机动车号牌被交警拦下检查。张某向警方解释说,这是刚刚买的新车,准备回家办理手续。后来警方经过核实,发现车辆行驶路程已经有 300 多公里。最终对张某做出 200 元罚款并且一次性扣 12 分的行政处罚。事后,张某觉得心里委屈。那么像张某这样还没来得及登记办牌照的新车,要临时上道路行驶,应该怎么处理?

评析:根据我国《道路交通安全法》第八条的规定,国家对机动车实行登记制度。机动车经公安机关交通管理部门登记方可上道路行驶。尚未登记的机动车,需要临时上道路行驶的,应当取得临时通行牌证。同时我国《机动车登记规定》(公安部令第 72 号)对机动车车主办理临时通行牌证以及办理临时牌照所需要的条件和手续作出明确规定。根据我国《机动车登记规定》(公安部令第 72 号)第四十五条的规定,机动车需要临时上道路行驶的,机动车所有人应当向车辆管理所申领临时行驶车号牌。本案中张某因刚购买机动车,没来得及注册登记,像这种情况,他应该向北京车辆管理所申请临时行驶车号牌,这样才可以临时上道路行驶。

二、机动车应悬挂的标志

【案例 6-45】

驾驶机动车上路行驶,应悬挂哪些标志?

小王前几天刚刚买了一辆小汽车,在办理完相关手续后,他与几个朋友相约一起开车出去游玩。可是,一伙人高高兴兴地走到半路,被交警拦下。小王莫名其妙,因为自己的一切手续都是按规定办理的。交警要小王出示该车的环保标志,小王赶紧从车里拿出来给交警。原来,小王对刚买的新车很爱惜,怕环保标志把新贴的车膜粘坏了,所以虽办理了环保标志却未贴在相应的地方。那么,与机动车有关的标志应该如何使用呢?

评析：根据我国《道路交通安全法》第十一条的规定,驾驶机动车上道路行驶,应悬挂机动车号牌,放置检验合格标志、保险标志,并随车携带机动车行驶证。机动车号牌应当按照规定悬挂并保持清晰、完整,不得故意遮挡、污损。任何单位和个人不得收缴、扣留机动车号牌。由此可见,驾驶机动车上道路行驶,应当悬挂法定的标志,并且保持标志清晰、完整。不得故意污损、破坏、遮挡检验合格标志、保险标志、机动车号牌等。本案中,小王为了不破坏车膜将环保标志收起来的做法是错误的,他应该按照规定将相关的标志张贴在机动车的相应位置。

三、上车要系安全带

【案例 6-46】

乘车不系安全带,车辆侧翻甩车外

2008 年 7 月 2 日,某石油工程建设公司施工队的 4 名员工,乘车回基地吃饭时,车辆在公路上侧翻,3 名未系安全带的员工被甩出车外,当场死亡,系安全带的驾驶员仅受轻伤。

评析：《道路交通安全法》第五十一条规定:"机动车行驶时,驾驶人、乘坐人员应当按规定使用安全带。"

本案例中 4 名员工如果都系好安全带,后果就不会是 3 死 1 伤。作为石油工程建设企业基层班组长,要将安全带的重要性刻在员工的头脑里,落实在行动上,安全带能将驾乘人员牢牢缚在坐椅上,配合安全气囊的缓冲保护,可以将撞击引起的伤害大大降低。

四、机动车转让须办手续

【案例 6-47】

机动车转让他人必须办理变更手续?

赵某有一辆宝马小轿车,但是他想换一辆更高档的车,恰好徐某想要买他的车,于是两人商量好之后签订了一份《机动车转让协议书》。约定赵某将他的宝马车以 58 万元的价格转让给徐某,同时把机动车行驶证和保险卡等相关资料一起交付给了徐某,并且约定之后关于车辆的一切权利义务都由徐某来承担,但是并未进行过户登记。之后徐某听说个人机动车辆买卖要进行过户登记,他想知道自己已经有转让合同了,还需要办理过户登记手续吗?具体要办理的话需要哪些手续呢？

评析：当个人将所有的机动车转让给他人时，需要到相关部门办理相应的转让手续，如同办理车辆变更登记一样，机动车车辆所有人需要向交通管理部门申请。那么当个人机动车转让给他人时，需要办理哪些手续呢？根据我国《道路交通安全法实施条例》第七条的规定，已注册登记的机动车所有权发生转移的，应当及时办理转移登记，申请机动车转移登记，当事人应当向登记该机动车的公安机关交通管理部门交验机动车，并提交以下证明、凭证：（1）当事人的身份证明；（2）机动车所有权转移的证明、凭证；（3）机动车登记证书；（4）机动车行驶证。由此可见，已经注册登记的机动车进行转让时，机动车辆所有人必须到车辆管理部门办理相应的所有权转移登记，以便在发生交通事故时，保护第三人的合法权益。

五、无证驾驶是违法行为

【案例 6-48】

无证驾驶构成违法吗？

马某和唐某是邻居，两人非常要好。马某将自己的机动车借给正在驾校接受驾驶技术培训但未获得驾驶证的唐某，以便他日常练习使用。唐某在某路段独自练习开车时被交警拦截，因其没有驾驶证被罚款 500 元，并暂扣了马某的机动车。马某和唐某想知道，像唐某这样没有驾驶证就开车上路的行为是违法行为吗？

评析：没有取得驾驶证就开车上路是违法行为。机动车驾驶证也就是俗称的"驾照"，是依照法律规定机动车辆驾驶人员所需申领的证照。机动车辆驾驶人员需具备一定的条件才能开车上路。对此，我国《道路交通安全法》第十九条规定，驾驶机动车，应当依法取得机动车驾驶证。申请机动车驾驶证，应当符合国务院公安部门规定的驾驶许可条件；经考试合格后，由公安机关交通管理部门发给相应类别的机动车驾驶证。持有境外机动车驾驶证的人，符合国务院公安部门规定的驾驶许可条件，经公安机关交通管理部门考核合格的，可以发给中国的机动车驾驶证。驾驶人应当按照驾驶证载明的准驾车型驾驶机动车；驾驶机动车时，应当随身携带机动车驾驶证。由此可看出，驾驶人员在没有取得驾驶证之前是不得上路行驶的。若未取得驾照就上路行驶，则违反了我国《道路交通安全法》的有关规定，是要受到法律处罚的。

六、工程施工占用、挖掘道路

【案例 6-49】

因工程建设需要占用、挖掘道路,需要征求哪些部门的同意？

如今,随着城市化进程的加快,城市道路施工频繁,一些不规范的施工导致人身伤亡的事件也时有发生。2011 年 1 月 3 日,小李驾驶机动车外出办事,在经过一段施工路段时,连人带车冲进了施工方挖掘的深沟里,后经抢救无效死亡。经了解,该路段因为一家工厂突然发生管道破裂,正在做紧急处理。但由于情况紧急,未办理相关的手续,也未安放警示标志。那么,这家工厂应得到哪些部门的同意才能施工呢？

评析：道路的设置是我国交通管理部门为了规范和调整各城市之间的正常交流而设立的。在我国,道路分为省道和国道,未经有关法定部门批准,任何人都不得随意占用、挖掘道路,毁坏道路的用途或者进行与道路交通运行无关的行为。如果因为工程建设需要占用、挖掘道路时,应当征求哪些部门的同意呢？

根据我国《道路交通安全法》第三十二条的规定,因工程建设需要占用、挖掘道路,或者跨越、穿越道路架设、增设管线设施,应当事先征得道路主管部门的同意;影响交通安全的,还应当征得公安机关交通管理部门的同意。施工作业单位应当在经批准的路段和时间内施工作业,并在距离施工作业地点来车方向安全距离处设置明显的安全警示标志,采取防护措施;施工作业完毕,应当迅速清除道路上的障碍物,消除安全隐患,经道路主管部门和公安机关交通管理部门验收合格,符合通行要求后,方可恢复通行。对未中断交通的施工作业道路,公安机关交通管理部门应当加强交通安全监督检查,维护道路交通秩序。

七、机动车在高速上发生故障怎么办?

【案例 6-50】

机动车在高速公路上发生故障怎么办?

一天下午,穆女士开车外出办事,车辆行驶在高速路上时突然发生故障,这次故障让穆女士受惊不小。穆女士先把车移动到安全地带,以避让过路的车辆,然后找朋友来接自己,朋友与穆女士一起将故障车送到修理厂。在回来的路上,穆女士跟朋友讲述了自己在车坏之后因为忘了开危险报警闪光灯,以致差点发生交通事故的事情,很是危险。朋友说自己有时候也会粗心大意,现在两人想知道在高速路上如果机动车发生了故障,应该怎么做呢?

评析:车辆在行驶过程中出现故障是难免的,但如果故障发生在高速公路上,则要多一分安全意识。由于高速公路上行驶的车辆车速都比较快,一旦在没有任何预示的条件下停下来,很可能导致后面行驶的车辆发生追尾事故,进而引发难以想象的后果。对此,我国《道路交通安全法》第五十二条、第六十八条专门作出规定,机动车在高速公路上发生故障,需要停车排除故障时,驾驶人应当立即开启危险报警闪光灯,将机动车移至不妨碍交通的地方停放;难以移动的,应当持续开启危险报警闪光灯,并在来车方向设置警告标志等措施扩大示警距离,必要时迅速报警。但是,警告标志应当设置在故障车来车方向150米以外,车上人员应当迅速转移到右侧路肩上或者应急车道内,并且迅速报警。机动车在高速公路上发生故障或者交通事故,无法正常行驶的,应当由救援车、清障车拖曳、牵引。同时,《道路交通安全法实施条例》(国务院令第405号)第八十八条规定,机动车发生交通事故,造成道路、供电、通信等设施损毁的,驾驶人应当报警等候处理,不得驶离。机动车可以移动的,应当将机动车移至不妨碍交通的地点。公安机关交通管理部门应当将事故有关情况通知有关部门。

八、行车中严禁打电话

【案例 6-51】

行车过程中接打电话酿惨案

2013 年 3 月 15 日晚,有 8 年驾龄的李某驾驶一辆 QQ 轿车,沿合业市区大南线由西向东行驶至一食品有限公司岔口地段时,撞上站在道路北侧的余某,李某立刻拨打了 120,但余某伤势过重,经抢救无效死亡。经调查,事故发生前李某驾车沿大南线道路中间行驶,到食品有限公司岔口附近时,上衣左侧口袋里的手机响了,为了接听电话,李某用右手握方向盘,左手取手机,因手机一时拿不出来,便低头看了一下,结果驾驶方向偏离,导致了悲剧的发生。请问机动车驾驶人可以在驾驶机动车时接打电话吗?

评析:驾驶人开车接打电话的情况比较普遍,因开车接打电话导致的事故每年都在上演,但偏偏有些司机安全意识淡漠,置自己和他人的安全于不顾。对此,我国法律有明确规定。根据《道路交通安全法实施条例》（国务院令第405号）第六十二条的规定，驾驶机动车不得有拨打接听手持电话、观看电视等妨碍安全驾驶的行为。本案中，李某的手机响了，他可以靠边停车接听，不应该一边开车，一边接听电话。正是因为李某的不当接听，才酿成惨剧。驾驶机动车要求驾驶人员精力集中，不得在驾驶机动车时吸烟、饮酒，为的是保障驾驶人员自身和其他人员的安全利益。

九、违规停车引发事故有责

【案例6-52】

违规停车引发交通事故是否承担责任？

某天早上，周某把车停在非机动车道等人，骑车的白某为避开周某的车，不得不把自行车骑入机动车道，此时恰好吴某驾驶摩托车从后面快速驶来，来不及刹车撞上了白某，导致白某受伤。那么，白某除了可以向吴某索赔外，能否向违章停车的周某索赔呢？

评析：违章行为在交通事故中作用的大小是以违章行为对正常的交通秩序和交通安全的危害程度来衡量的。对交通秩序和交通安全的危害程度大的，违章行为在交通事故中的作用大，当事人的责任也就大；危害程度小的，违章行为的作用小，当事人的责任也就小。根据《道路交通安全法》第五十六条的规定，机动车应当在规定地点停放，在道路上临时停车的，不得妨碍其他车辆和行人通行。本案中周某违章停车占用了非机动车道，给骑车人带来了安全隐患。但是，并不是说违法停车就一定会导致事故，法律规定车辆、行人应当在确保安全的原则下通行。因此，对于此次事故，摩托车驾驶人吴某也负有不可推卸的责任。也就是说，本案中违章停车的周某与骑摩托车的吴某都是责任主体，二人都应负有向伤者白某赔偿的责任。

十、行人违反《道路交通安全法》会被处罚

【案例6-53】

行人违反《道路交通安全法》会被处罚吗？

2014年5月3日，王某有急事急于回家，当其走到一处十字路口时，正赶上红灯。起初，王某站在人行横道上等候。由于内心着急，王某感觉红灯时间有些长，便趁机动车少时迅速穿过了马路，因此被执勤交警拦下。交警对王某进行了一番

教育,并作出了罚款处罚,王某不服,认为自己并未妨碍交通秩序,而且红灯的时间也有些过长。那么,因红灯时间长而违反《道路交通安全法》可以吗?

评析:《道路交通安全法实施条例》第七十四条、第七十五条规定,行人必须遵守交通规定,违反者将承担一定的法律后果。同时,《道路交通安全法》第八十九条规定,行人、乘车人、非机动车驾驶人违反道路交通安全法律、法规关于道路通行规定的,处警告或者五元以上五十元以下罚款;非机动车驾驶人拒绝接受罚款处罚的,可以扣留其非机动车。因此,在本案中针对王某的违法行为,交警有权对其罚款。

十一、严禁酒后驾驶

【案例 6-54】

醉驾超速,司机送命

2014 年 11 月 6 日晚,周某醉酒后驾驶货车,以 92 千米 / 小时超速行驶(限速 60 千米 / 小时),行至某路段时,与临时停放在道路一侧的一辆重型半挂车尾部发生碰撞,周某当场死亡。经检测,周某血液中的酒精含量为 157.73mg/100mL,已达醉驾标准。

评析:《道路交通安全法》第二十二条规定:"饮酒、服用国家管制的精神药品或者麻醉药品,或者患有妨碍安全驾驶机动车的疾病,或者过度疲劳影响安全驾驶的,不得驾驶机动车。"

在本案例中,周某醉酒后驾车上路,夜间超速行驶,对车前静态观察不够,措施不当,最终酿成惨祸。作为钻探企业基层班组长,多学习、广宣传饮酒带来的危害,让员工明白饮酒后,人的视觉和触觉机能下降,表现为触觉迟钝,视力下降,视野变小;酒后驾车还会出现远视,视物的立体感发生误差,反应时间增长 2 ~ 3 倍,遇状况不能及时做出反应或操作失误,在这种状态下驾驶机动车就极易引发交通事故。

十二、运载特殊货物规定

【案例 6-55】

油罐车被撞,连带无辜死伤

2010 年 4 月 9 日,一辆重型半挂油罐车在行驶中,未悬挂易燃易爆警示标志,被一辆货车从后方追尾碰撞,引发交通事故。造成载重 40 吨的油罐车溶剂油泄漏,并顺着高速公路排水管流至桥底排水沟,遇火源引起爆燃,大火迅速引燃桥下一处露天木材加工场堆放的木板及临时搭建的工棚,致使木材加工场近千平方米的木屋顶被掀飞、坍塌,数十辆货车、小车全部被焚毁,造成 20 人死亡,30 人受伤,其中 16 人重伤。

评析:《道路交通安全法》第四十八条规定:"机动车载物应当符合规定的核载质量,严禁超载;载物的长、宽、高不得违反装载要求,不得遗洒、飘散载运物。机动车载运爆炸物品、易燃易爆化学物品以及剧毒、放射性等危险物品,应当经公安机关批准后,按指定的时间、路线、速度行驶,悬挂警示标志并采取必要的安全措施。"

本案例中,油罐车拉运 40 吨溶剂油却未悬挂易燃易爆危险警示标志,造成一连串的恶性事故,死伤惨重,教训深刻。石油工程建设企业拉运易燃易爆危险化学品、各类设备的车辆随处可见,有关人员要认真学习《道路交通安全法》有关条款,确保在日常工作生活中做到安全驾驶。

十三、肇事逃逸后果严重

【案例 6-56】

交通肇事逃逸后果重

2012 年 9 月 7 日,某公司曹某酒后驾车在某路段与一辆摩托车发生轻微碰撞,未停车;又与停在路边的小轿车发生追尾碰撞,仍未停车;行至某路段时又将正在车右侧行走的黄某撞倒,致黄某当场死亡。曹某驾车逃离现场,5 天后被抓获。曹某的驾驶证被吊销,并被终身禁止驾驶机动车。法院以交通肇事罪判处曹某有期徒刑 7 年,同时判决其赔偿死者家属 21 万余元。

评析:《道路交通安全法》第一百〇一条规定:"违反道路交通安全法律、法规的规定,发生重大交通事故,构成犯罪的,依法追究刑事责任;造成交通事故后逃逸的,由公安机关交通管理部门吊销机动车驾驶证,且终生不得重新取得机动车驾驶证。"

本案例中曹某无视法律,抱着侥幸心态一路逃逸,最终受到了法律制裁。石油工程建设企业班组长要经常向员工灌输以下知识:不逃逸的,只担应担的责任;逃逸的,承担事故的主要责任乃至全部责任;不逃逸的,可申请保险理赔;而逃逸的,保险公司将不予赔偿;不逃逸的,只承担民事赔偿,不担刑事责任;而逃逸的,除承担民事赔偿责任以外,所面临的刑事责任往往高于因酒后驾驶或无证驾驶等所需承担的刑事责任。

十四、斑马线是生命线

【案例 6-57】

"斑马线"不让行,学生撞成"植物人"

2014 年 10 月的一天,赵某驾车行至人行横道处不减速让行,将步行至此的中学生李某撞成"植物人"。法院判决在交强险和商业险限额内赔偿 60 余万元之外,由赵某赔偿李某医疗费等 57 万余元。

评析:《道路交通安全法》第四十七条规定:"机动车行经人行横道时,应当减速行驶;遇行人正在通过人行横道,应当停车让行。"

本案例中赵某驾车经人行横道,没有减速行驶,更没有停车让行。《道路交通安全法》的立法宗旨首先就是以人为本、保护弱者,赋予了行人在人行横道上的绝对优先权。因此,即便在没有斑马线的路口和路段,行人横过马路也拥有优先通行权,机动车应当采取各种措施避让。

斑马线是生命线。礼让斑马线不仅考验着驾驶人的文明素质,更是一条不可逾越的法律红线。

十五、机动车报废要办手续

【案例 6-58】

机动车报废需办理登记吗?

马某于 1988 年 11 月以 1.2 万元向河北省某货车销售中心购买解放牌 4 吨的大货车一辆。后因行驶里程过长,设备陈旧,已经达到了报废标准。可是他不知道机动车报废时需要办理登记。邻村的个体户张某要买,马某就以 3500 元的价格将车卖给了张某,张某使用其他旧车机件对车加以拼装后重新运营。马某报废的大货车需要办理登记吗?

评析:马某的大货车报废时不仅需要办理登记,而且应该在公安机关交通管理部门的监督下解体。根据我国《道路交通安全法》第十四条的规定,国家实行机动车强制报废制度,根据机动车的安全技术状况和不同用途,规定不同的报废标准。

应当报废的机动车必须及时办理注销登记。达到报废标准的机动车不得上道路行驶。报废的大型客、货车及其他营运车辆应当在公安机关交通管理部门的监督下解体。

另据《道路交通安全法实施条例》第九条的规定,已注册登记的机动车达到国家规定的强制报废标准的,公安机关交通管理部门应当在报废期满的 2 个月前通知机动车所有人办理注销登记。机动车所有人应当在报废期满前将机动车交售给机动车回收企业,由机动车回收企业将报废的机动车登记证书、号牌、行驶证交公安机关交通管理部门注销。机动车所有人逾期不办理注销登记的,公安机关交通管理部门应当公告该机动车登记证书、号牌、行驶证作废。所以,马某应该及时办理注销登记,且在公安机关交通管理部门的监督下解体才是正确的做法,而不是卖给其他人。

十六、交强险和商业险如何赔偿?

【案例 6-59】

同时投保交强险和商业险时如何进行赔偿

史某驾驶一辆大货车与王某驾驶的小轿车相撞发生交通事故,经交管部门认定,史某负事故的主要责任,王某负次要责任。本次交通事故造成如下损害:史某驾驶的大货车受损,修理费花去 2000 元,驾驶小轿车的王某死亡,抢救费花去 3 万元,车辆严重受损,经评估车损为 2 万元。两车均投保了机动车交通事故责任强制保险和机动车商业第三者责任险,史某投保了 50 万元,王某投保了 10 万元。那么请问两车的交强险和商业第三者责任保险如何进行赔偿?

评析:根据《最高人民法院关于审理道路交通事故损害赔偿案件适用法律若干问题的解释》(法释〔2012〕19 号)第十六条及《中华人民共和国侵权责任法》第二十二条规定,本案的赔偿方式如下:

(1)在交强险赔偿范围内,不按照责任比例赔偿,则 11 万元的死亡伤残赔偿金全部支付给王某家属。

(2)剩余部分按过错责任赔偿,例如死者家属应获得死亡赔偿金和被抚养人生活费 40 万元,史某在事故中承担主要责任,剩余 29 万元一般可按 70% 的比例(20.3 万元)向死者王某家属支付赔偿金。

(3)王某驾驶的小轿车车损为 2 万元,超过了交强险财产损失最高限额 2000元,2000 元可直接给付死者王某亲属,超出部分 1.8 万元按照 70% 的责任,由史某再支付 1.26 万元。

（4）王某驾驶的轿车也投保了交强险(财产损失赔偿限额为 2000 元),本案中史某车辆损失为 2000 元,则保险公司直接向史某支付即可,死者王某家属一方不用承担赔偿责任。

（5）史某又投保了商业第三者责任险,对于超出交强险部分的死亡赔偿金20.3 万元和车损 1.26 万元,保险公司应在 50 万元保险责任范围内理赔。

第六节　《中华人民共和国职业病防治法》相关知识

新修订的《中华人民共和国职业病防治法》(以下简称《职业病防治法》)2016 年 9 月 1 日起施行。《职业病防治法》是规范用人单位职业卫生工作的基本法律。它从法律规范的角度,维护了劳动者的健康权益,对督促用人单位落实职业病危害防治主体责任起到积极的促进作用,也是保护劳动者切身利益的一部重要法律。

一、如何认定职业病

【案例 6-60】

如何认定职业病?

20 多岁的小吴在南方一家知名的电子制造企业打工,他负责喷涂一种金属材料,每天在车间工作十几个小时。小吴说,有的工友干了两三个月就感到不舒服辞工了,而他也是频频咳嗽。但是小吴以为自己只是患上了感冒,仗着年轻身体好,硬是撑了一年半。去年 9 月,小吴出现了严重的咳嗽、气喘,并伴有持续性的发烧。随即在当地住院进行治疗,肺部发现稀有重金属元素。 同年 11 月,小吴被转到了某省级医院。CT 检查发现,小吴的肺部全是白色的粉尘颗粒。而医生取小吴肺部组织活检寻找病因,发现在患者的肺泡里有像牛奶一样的乳白色液体。医生将从患者肺部找到的白色粉尘颗粒送到某大学的实验室进行分析检测,检测报告显示,主要成分除了氧化硅和氧化铝外,还有一种重金属元素引起了专家们的注意,那就是铟。"铟"是一种稀有金属,是制作液晶显示器和发光二极管的原料,这种元素因为稀少,比黄金还贵,而铟的毒性比铅还强。小吴这种病情是否属于职业病?

评析：根据《职业病防治法》第二条规定,职业病,是指企业、事业单位和个体经济组织的劳动者在职业活动中,因接触粉尘、放射性物质和其他有毒、有害物质等因素而引起的疾病。也就是构成职业病必须满足四个条件:第一,患病主体是企业、事业单位或者个体经济组织的劳动者;第二,必须是从事职业活动过程中产生的;第三,必须是因接触粉尘、放射性物质和其他有有毒、有害物质等职业病危害因素引起的;第四,必须是国家公布的职业病分类和目录中所列的职业病。对于小吴的情况,他完全可以申请职业病鉴定。

《职业病防治法》第三十二条规定:"对从事接触职业病危害作业的劳动者,用人单位应当按照国务院卫生行政部门的规定组织上岗前、在岗期间和离岗时的职业健康检查,并将检查结果如实告知劳动者。对未进行离岗前职业健康检查的劳动者不得解除或者终止与其订立的劳动合同。"

二、单位承担职业病防治的主体责任

【案例 6-61 】

职业健康培训是增强员工预防危害的首要途径

某石油公司负责职业健康工作的张勇同志,从事职业健康管理工作已有 20 年之久了,给我们晒出了他收集的 5 个厚厚的职业健康培训知识业绩本。其中记录了本单位每年组织 2～4 次从事放射性作业的近 100 名员工在不同的地点、不同的作业场所、不同的培训课堂开展的放射知识培训,让每一个新老员工都清楚本岗位的职业危害及导致的结果,员工的主动预防意识普遍增强。通过多年的坚持不懈抓职业健康培训工作,普及辐射危害与防范方法、技巧,确保了从事放射作业员工的辐射安全。

评析:《职业病防治法》第三十五条规定:"要求用人单位的主要负责人和职业卫生管理人员应当接受职业卫生培训,遵守职业病防治法律、法规,依法组织本单位的职业病防治工作。"本案例中,该石油公司职业健康管理人员通过积极有效地组织培训等工作,让单位从事放射性工作的员工提高防范意识,避免放射性辐射的危害。

石油工程建设企业对本单位产生的职业病危害防治承担主体责任。要建立健全职业病防治制度,定期开展职业健康培训,提高员工主动预防职业危害的意识,减轻和降低职业危害对人体的伤害。

三、预防职业病危害

【案例 6-62】

电焊工尘肺、眼病的预防措施

石油工程建设企业在长输管道工程、油气储库/罐工程、油田地面建设、LNG 处理与接收站建设、炼化装置安装、通信电力安装等工程施工中经常涉及焊接作业，企业应注意加强员工焊接作业中的尘肺、眼病的预防。主要措施如下：

（1）作业场所防护措施：为电焊工提供通风良好的操作空间。

（2）个人防护措施：电焊工必须持证上岗，作业时佩戴有害气体防护口罩、眼睛防护罩，杜绝违章作业，采取轮流作业，杜绝施工操作人员的超时工作。

（3）检查措施：在检查项目工程安全的同时，检查落实工人作业场所的通风情况，个人防护用品的佩戴情况，实行 8 小时工作制，及时制止违章作业。

评析：《职业病防治法》第二十条规定："用人单位必须采用有效的职业病防护设施，并为劳动者提供个人使用的职业病防护用品。"

石油工程建设企业在施工作业中要认真开展职业危害识别，采取有效控制削减措施，确保员工施工作业的职业健康安全。

四、如何申请职业病鉴定

【案例 6-63】

如何申请职业病鉴定？

张先生在某化纤皮革厂工作两年，长期接触发泡性化学染料，患上了肺癌，已病危，怀疑是因厂里的环境和原材料所含的化学成分引起的职业病，需要进行职业病诊断。但是厂方认为不是因职业而造成的，不提供真实材料而无法进行鉴定。请问：（1）如果进行职业病鉴定，需要哪些材料，该通过什么手段、途径？（2）厂方车间环境粉尘浓度超标（经卫生部门测量，但是未告知其成分），厂方也未对员工进行健康监护，没有对员工提供半年一次的常规体检。在这一方面，厂方是否侵害了员工的合法权利？是否能进行索赔？

评析：《职业病防治法》第四十条规定："劳动者可以在用人单位所在地或者本人居住地依法承担职业病诊断的医疗卫生机构进行职业病诊断。"《职业病诊断与鉴定管理办法》（卫生部令第 91 号）第十一条规定："申请职业病诊断时应当提供：

（一）职业史、既往史；（二）职业健康监护档案复印件；（三）职业健康检查结果；（四）工作场所历年职业病危害因素检测、评价资料；（五）诊断机构要求提供的其他必需的有关材料。用人单位和有关机构应当按照诊断机构的要求，如实提供必要的资料。"根据以上规定，张先生需在当地承担职业病诊断的医疗卫生机构进行职业病诊断，并提供鉴定所需的前述材料。

《职业病防治法》第十三条规定："产生职业病危害的用人单位的设立除应当符合法律、行政法规规定的设立条件外，其工作场所还应当符合下列职业卫生要求：（一）职业病危害因素的强度或者浓度符合国家职业卫生标准；（二）有与职业病危害防护相适应的设施；（三）生产布局合理，符合有害与无害作业分开的原则；（四）有配套的更衣间、洗浴间、孕妇休息间等卫生设施；（五）设备、工具、用具等设施符合保护劳动者生理、心理健康的要求；（六）法律、行政法规和国务院卫生行政部门关于保护劳动者健康的其他要求。"第二十条规定："用人单位必须采用有效的职业病防护设施，并为劳动者提供个人使用的职业病防护用品。"

《职业病诊断与鉴定管理办法》（卫生部令第 91 号）第三十五条规定："用人单位违反《职业病防治法》及本办法规定，未安排职业病病人、疑似职业病病人进行诊治的，由卫生行政部门给予警告，责令限期改正，逾期不改正的，处 5 万元以上 20 万元以下的罚款。"

根据以上规定，如果厂房粉尘浓度超标，毫无疑问会侵犯职工合法权利。职工可从职业病、劳动保护或者一般侵权的角度要求用人单位予以赔偿。

五、职业健康危害告知

【案例 6-64】

单位有职业病危害告知义务

进入某石油工程建设公司所属焊接培训操作场地，发现每一个焊接工位，每一种材料都有规格统一的"职业病危害告知卡"，如图 6-1 所示，摆放在醒目位置，便于员工们能及时看到，及时阅读，防范危害。

评析：《职业病防治法》第二十五条规定："对产生严重职业病危害的作业岗位，应当在其醒目位置，设置警示标识和中文警示说明。警示说明应当载明产生职业病危害的种类、后果、预防以及应急救治措施等内容。"本案例中，石油工程建设公司焊接培训操作现场，在实际操作过程中会产生粉尘，通过告知卡让操作者清楚此处应采取的职业安全防范措施。

职 业 病 危 害 告 知 卡

粉尘对人体有害	请注意防护

	健康危害	理化特性
粉尘	粉尘能引发肺病，还可以引发鼻炎、咽炎、支气管炎、皮疹、皮炎、眼结膜损害等	无机性粉尘、有机性粉尘、混合性粉尘

应急处理
发现身体状况异常时要及时去医院检查治疗

防护措施

注意防尘

必须佩戴个人防护用品，对防尘设施定期维护和检修，确保除尘设施运转正常

图 6-1　职业病危害告知卡

六、职业健康检查及健康档案

【案例 6-65】

企业未按规定进行职业健康检查及建立健康档案被处罚

2005 年 3 月 7 日，常熟市卫生局派员对常熟市某电镀氧化有限责任公司进行职业卫生执法检查，发现该公司主要从事镀铬、镀镍等电镀加工，存在铬酸、硫酸、盐酸、硝酸、其他粉尘等职业病危害因素。但该公司 2003 年、2004 年连续两年未按规定组织从事职业病危害作业的 37 名劳动者进行职业健康检查并且未为劳动者建立职业健康监护档案。

评析：该公司的上述行为，违反了《职业病防治法》第三十二条、第三十三条的规定，依据《职业病防治法》第六十四条规定，市卫生局予以该公司责令改正、给予警告并处罚款三万元的行政处罚。

石油工程建设企业要提高职业卫生法律意识和对职业病防治工作的重视,按规定对有关员工进行职业健康检查并建立职业健康监护档案。

七、职业病维权

【案例 6-66】

患职业病能否解除合同

李某于 1996 年 1 月与某矿产企业签订劳动合同,合同到 2006 年 12 月 31 日终止。合同中约定,如果员工有"严重违反用人单位劳动规章管理制度"的行为,用人单位可解除合同。2006 年 7 月,时任煤矿监督员的李某在盯岗期间睡觉,被考核人员发现,企业以其"严重违反用人单位劳动规章管理制度"为由解除了与李某的劳动合同。2007 年 3 月李某向区劳动局投诉,认为其患有尘肺职业病,用人公司不应解除劳动合同,要求区劳动局予以纠正。

评析:根据《职业病防治法》第二条的规定,构成职业病必须满足四个条件:(1)患病主体是企业、事业单位或个体经济组织的劳动者;(2)必须是从事职业活动过程中产生的;(3)必须是因接触粉尘、放射性物质和其他有毒、有害物质等职业病危害因素引起的;(4)必须是国家公布的企业病分类和目录中所列的职业病。

职业病必须列在《职业病分类和目录》(国卫疾控发〔2013〕48 号)中,有明确的职业相关关系,是按照职业病诊断标准,由法定职业病诊断机构明确诊断的疾病。因此,在工作中得的病不一定就是职业病,得了《职业病分类和目录》中的疾病也不一定是职业病。

根据《职业病防治法》的规定,职业病的诊断需要由省级人民政府行政部门批准的医疗卫生机构承担而且其诊断标准和诊断鉴定办法由国务院卫生行政部门制定。也就是说确定为职业病需要由有权部门根据相关的法律规定做出。另外,按照《劳动合同法》《职业病防治法》的相关规定,在签订劳动合同时,用人单位应该向职工说明工作岗位可能存在职业病情况。

因此,本案中李某是否属于职业病,首先要由相关部门进行职业病诊断,如果诊断为职业病,根据《劳动合同法》的规定,用人单位要和从事接触职业病危险工作的人员解除劳动合同,须先进行离岗前职业健康检查,否则用人单位不得解除合同。因此,该企业不能与李某解除合同,如果用人单位单方解除劳动合同,需要向李某支付赔偿金。

八、员工患职业病应更换岗位

【案例 6-67】

员工确诊为尘肺病应更换工作岗位

1995 年 2 月,某单位职工刘某被职业病诊断机构确诊为尘肺病,经治疗,3 个月后出院。出院时,诊断机构提出不应再从事原岗位劳动。刘某回单位后,把诊断机构的意见交给领导,要求调离原岗位。但 3 个月后仍没有回音,当刘某再次催促领导调动工作岗位时,领导以不好安排别的工作为由,让刘某继续从事原工作。刘某无奈,向当地劳动仲裁机关提出申诉,仲裁机关受案后经查刘某确患有尘肺病,经调解,该单位决定立即为刘某调换工作岗位。

评析:这是一起企业违反劳动安全卫生法律法规,不对职工实施劳动安全卫生保护而引发的劳动争议。在这起争议中,企业的做法明显是错误的。

尘肺病是一种职工在生产劳动中因吸入粉尘而发生的肺组织纤维化的疾病,是对职工身体健康危害较大的一种职业病。早在 1987 年 12 月 3 日,国务院就颁布了《中华人民共和国尘肺病防治条例》,该条例第二十一条规定,企业、事业单位对已确诊为尘肺病的职工,必须调离尘肺作业岗位,并给予治疗或疗养。其他有关防止职业病发生的一些规定也都指出,职工被确诊患有职业病后,其所在单位应根据职业病诊断机构的意见,安排其医疗或疗养,在医疗或疗养后,被确认为不宜从事原有害作业或工作的,应在确认之日起两个月之内,将其调离原工作岗位,另行安排工作。对于确因工作需要暂时不能调离生产、工作的技术骨干,调离期限最长不得超过半年。从本案的情况看,职工刘某已被职业病诊断机构确诊患了职业病,在治疗后又明确提出不应再从事原岗位劳动,刘某不属于暂时不能调离的生产技术骨干,企业在刘某提出调离原岗位的请求后,3 个多月仍不重新安排劳动岗位,显然无视国家对职工的劳动保护法规。

我国劳动安全卫生工作,实行“安全第一,预防为主”的方针,为此,国家制定了大量劳动安全卫生方面的法律、法规和标准、规程,对职工劳动安全卫生的保护是有法可依的。问题是一些企业不能正确处理好安全卫生与生产经营的关系,重生产、轻安全,甚至不惜以危害职工的身体健康为代价,片面追求生产效益,结果造成伤亡事故不断发生,职业病得不到有效控制。这种做法是十分有害的,也是对国家、对社会、对劳动者不负责任的态度。石油工程建设企业对职业病防治工作应引起高度重视,依法保障职工的身体健康。

九、焊接作业的职业危害与防范

【案例 6-68】

从事电焊工作有何危害，如何防护？

一、电焊作业中的主要危害

（1）金属烟尘的危害：长期从事焊接作业的员工由于容易吸入电焊烟尘则会造成肺组织纤维性病变，即称为电焊工尘肺，患者主要表现为胸闷、胸痛、气短、咳嗽等呼吸系统症状，并伴有头痛、全身无力等病症，肺通过气功能也有一定程度的损伤。

（2）有毒气体的危害：在焊接电弧所产生的高温和强紫外线作用下，弧区周围会产生大量的有毒气体，如臭氧、一氧化碳、氮氧化物等。吸入臭氧会引起咳嗽、咽喉干燥、胸闷、食欲减退、疲劳无力等症状，严重时会引发支气管炎、肺气肿、肺硬化等；吸入一氧化碳会造成人体组织因缺氧而坏死；吸入氮氧化物，会对肺组织产生剧烈的刺激与腐蚀作用，引起肺水肿。

（3）电弧光辐射危害：焊接过程中产生的电弧光会损伤眼睛及裸露的皮肤，引起角膜结膜炎（电光性眼炎）和皮肤胆红斑症。

二、电焊作业职业危害的防护

综上所述，电焊作业中有害因素种类繁多，危害较大，因此，为了降低电焊工的职业危害，必须采取一系列有效的防护措施。

（1）提高焊接技术，改进焊接工艺和材料：通过提高焊接技术，使焊接操作实现机械化、自动化、人与焊接环境相隔离，从根本上消除电焊作业对人体的危害。通过改进焊接工艺，如合理设计焊接容器的结构，采用单面焊、双面成型新工艺，避免焊工在通风极差的容器内进行焊接，从而大大地改善焊工的作业条件；再如选用具有电焊烟尘离子荷电就地抑制技术的 CO 保护电焊工艺，可使 80%～90% 的电焊烟尘被抑制在工作表面，实现就地净化烟尘，减少电焊烟尘污染。由于电焊产生的危害大多与焊条药皮成分有关，所以通过改进焊条材料，选择无毒或低毒的电焊条，也是降低焊接危害的有效措施之一。

（2）改善作业场所的通风状况：通风方式可分为自然通风和机械通风，其中机械通风依靠风机产生的压力来换气，除尘、排毒效果较好，因而在自然通风较差的室内、封闭的容器内进行焊接时，必须有机械通风措施。

（3）加强个人防护措施：加强个人防护，可以防止焊接时产生的有毒气体和粉尘的危害。作业人员必须使用相应的防护眼镜、面罩、口罩、手套，穿白色防护服、绝缘鞋,决不能穿短袖衣或卷起袖子。若在通风条件差的封闭容器内工作,还要佩戴有送风性能的防护头盔。

(4)强化劳动保护宣传教育及现场跟踪监测工作:对电焊作业人员应进行必要的职业安全卫生知识教育,提高其自我防范意识,降低职业病的发病率。同时,还应加强电焊作业场所尘毒危害的监测工作以及电焊工的体检工作,及时发现和解决问题。

评析:石油工程建设施工中经常遇到大量的焊接作业,了解和熟悉焊接作业过程中存在的诸多危害因素,掌握和采取有效的防护措施极其重要。

十、职业病报告制度

【案例 6-69】

青岛未依法报告职业病违法行为案

2015 年 6 月 2 日,黄岛区安监局依法对青岛新东洋计电有限公司进行新发职业病用人单位职业卫生专项监督检查时,发现该公司劳动者王某某 2014 年 12 月 12 日被诊断为职业性重度中暑(热射病),该公司自收到王某某的职业病诊断证明书后,未按照规定向安监部门报告,同时发现该公司未根据赵某某等 4 人的职业健康检查情况采取相应措施。

评析:《职业病防治法》第三十八条规定:"要求发生或者可能发生急性职业病危害事故时,用人单位应当立即采取应急救援和控制措施,并及时报告所在地安全生产监督管理部门和有关部门。"

本案例中,该单位未依法对职业病向属地安监部门报告,青岛市黄岛区安监局依据《职业病防治法》第七十五条的规定,给予警告,并处罚款行政处罚。

石油工程建设企业要按照法律规定,接受属地政府的管理,做好职业病的防范与管理工作,发现病例及时报告。

十一、职业病除享受工伤保险外还能获得赔偿

【案例 6-70】

张海超"开胸验肺"事件震惊国内

张海超,河南省新密市工人。2004 年 6 月到郑州振东公司上班,先后从事过

杂工、破碎、开压力机等有害工作。2007 年 9 月,他被多家医院诊断为尘肺,但郑州职业病防治所却为其作出了"肺结核"的诊断。为寻求真相,这位 28 岁的年轻人只好跑到郑大一附院,不顾医生劝阻铁心"开胸验肺"。2009 年 9 月 16 日,张海超证实其已获得该公司各种赔偿共计 615000 元,2013 年 6 月 28 日张海超在无锡成功换肺,重新获得自己健康生活的权益。

评析:《职业病防治法》第五十九条规定:"职业病病人除依法享有工伤保险外,依照有关民事法律,尚有获得赔偿的权利,有权向用人单位提出赔偿要求。"

本案例中,张海超不仅享受了职业病的工伤保险,也可获得了其他经济赔偿,维护了自身的合法权益。石油工程建设企业要严格按照《职业病防治法》的要求,保护员工的合法权益。

十二、职业病待遇

【案例 6-71】

四川威远县职业病伤残案

四川省威远县越溪发展村唐某在 2012 年被内江市疾控中心诊断为职业病壹期煤肺,经威远县人民法院调解,与用人单位威远县白鹤湾煤矿达成调解协议,由单位赔偿唐某职业病待遇共计 22 万多元。

评析:《职业病防治法》第五十七条规定:"用人单位应当保障职业病病人依法享受国家规定的职业病待遇。"

本案例中,经法院调节,用人单位对劳动者唐某给予了职业病待遇。

石油工程建设企业在生产经营过程中,存在噪声、粉尘、辐射等职业危害时,各企业要按照《职业病防治法》的相关规定,认真做好职业病防范措施,并严格落实员工享有的职业病待遇,让员工感觉到用人单位的温暖及承担的社会责任。

第七节 《工伤保险条例》相关知识

工伤保险是指劳动者因为工作原因在工作过程中遭受意外伤害,或因接触粉尘、放射线、有毒有害物质等职业危害因素引起的职业病,由国家或社会给负伤、致残者以及死亡者生前供养亲属提供必要的物质帮助的一项社会保险制度。为了保障因工作遭受事故伤害或者患职业病的职工获得医疗救治和经济补偿,促进工伤预防和职业康复,分散用人单位的工伤风险,我国新《中华人民共和国工伤保险条例》(以下简称《工伤保险条例》)自 2011 年 1 月 1 日起施行。

一、建立劳动关系享受工伤待遇

【案例 6-72】

上班当天受伤就应享受工伤待遇

小杨是一名刚毕业的大学生,2009 年 7 月 10 日到某石油工程建设企业施工队实习的第一天,不慎受伤,鉴定为八级伤残,用人单位没有与小杨签订劳动合同也未购买工伤保险。但事故发生后小杨不仅得到了及时的救治和赔偿,还被留在了该单位工作。

评析:依据《工伤保险条例》第二条第 2 款规定,中华人民共和国境内的各类企业的职工和个体工商户的雇工,均有依照本条例的规定享受工伤保险待遇的权利。第四条规定,职工发生工伤时,用人单位应当采取措施使工伤职工得到及时救治。该单位不仅要使受伤的杨某得到及时救治,而且还应按正式职工的标准给小杨工伤保险待遇。

本案例中,用人单位并未给小杨购买工伤保险,小杨也仅仅在单位工作 1 天,但双方已经存在事实上的劳动关系。作为石油工程建设企业基层班组长,在日常工作中要做好新员工"三级"安全教育和岗前培训工作,告知员工加强自我安全防范意识,避免发生人身伤害事故。

二、"上下班途中"交通事故工伤认定

【案例 6-73】

合理时间合理路线,才是"上下班途中"

小张是某石油工程建设企业第二施工队员工,2013 年 12 月 16 日晚上 20 时下班后回家办事,为了赶在第二天 8 时前到单位接班,17 日凌晨 4 时,小张乘坐辛某驾驶的私家轿车从小张父母家返回单位途中发生车祸,小张死亡,辛某负主要责

任,小张的工伤申请没有被有关部门批准。

评析:根据《工伤保险条例》第十四条第 6 款规定,职工在上下班途中,受到非本人主要责任的交通事故或城市轨道交通、客运轮渡、火车事故伤害的,应认定工伤。

在本案例中,上班时间是上午 8 时,而不是凌晨 4 时,只有在合理时间内往返于工作地与配偶、父母、子女居住地的合理路线的"上下班途中",才应认定为"上下班途中"。所以,小张不是在上班途中,不能认定为工伤。作为企业基层班组长,要告诫员工,在施工队工作期间禁止私自回家,更不能驾驶私家车赶夜路。

学会识别"上下班途中"的工伤:像接孩子、去父母家吃饭、顺路买菜等都可算其为从事属于日常工作生活所需要的活动,发生非本人主要责任的交通事故,应认定为工伤。但如果是下班后朋友聚会、逛街、购物、娱乐等,则不属于工伤认定的范畴。

三、工伤保险由用人单位缴纳

【案例 6-74】

工伤保险费能由职工个人缴纳吗?

张某高中毕业后到当地一家建筑装饰公司工作,并与该公司签订了为期 3 年的劳动合同。合同约定,张某每月基本工资为 2600 元,但公司每月要扣除 100 元作为张某的工伤保险。张某之前并未上缴任何保险,也不知道工伤保险费应当由谁缴纳,于是就与该公司签订了合同。工作后张某才了解到,工伤保险应该由公司为职工办理,并不用职工自己出钱。那么,工伤保险费到底应由职工个人还是企业缴纳呢?

评析:工伤保险应由用人单位缴纳,该公司的做法是错误的,其应当返还所扣的张某用于工伤保险的工资。工伤保险是为了化解用人单位工伤风险而设计的一种制度,我国法律规定,用人单位必须为员工上工伤保险,且保费应由用人单位缴纳。这是法律的强制性规定,用人单位不得以劳动合同排除。因此,本案中公司必须退还张某用于缴纳工伤保险费的工资。

四、什么情况属于工伤

【案例 6-75】

负交通事故全责,就不能被认定为工伤吗?

田某是某公司司机,与单位签订了劳动合同。公司在国庆节假期组织员工集体外出旅游,由田某开车,途中发生交通事故,造成田某和 4 名员工受伤。交警部门出具的交通事故认定责任书认定田某负事故全部责任。事故发生后,劳动部门认为田某负交通事故全部责任,所以不能认定其构成工伤。公司也据此不支付田某的治疗费。那么,负交通事故全责,就不能被认定为工伤吗?

评析:《工伤保险条例》第十四条规定,职工有下列情形之一的,应当认定为工伤:

(1)在工作时间和工作场所内,因工作原因受到事故伤害的。

(2)工作时间前后在工作场所内,从事与工作有关的预备性或者收尾性工作受到事故伤害的。

(3)在工作时间和工作场所内,因履行工作职责受到暴力等意外伤害的。

(4)患职业病的。

(5)因工外出期间,由于工作原因受到伤害或者发生事故下落不明的。

(6)在上下班途中,受到非本人主要责任的交通事故或者城市轨道交通、客运轮渡、火车事故伤害的。

(7)法律、行政法规规定应当认定为工伤的其他情形。

《工伤保险条例》第十五条规定,职工有下列情形之一的,视同工伤:

(1)在工作时间和工作岗位,突发疾病死亡或者在 48 小时之内经抢救无效死亡的。

(2)在抢险救灾等维护国家利益、公共利益活动中受到伤害的。

(3)职工原在军队服役,因战、因公负伤致残,已取得革命伤残军人证,到用人单位后旧伤复发的。

职工有前款第(1)项、第(2)项情形的,按照本条例的有关规定享受工伤保险待遇;职工有前款第(3)项情形的,按照本条例的有关规定享受除一次性伤残补助金以外的工伤保险待遇。

田某在该交通事故中虽然负有全部责任,但他作为单位司机驾驶车辆外出旅游,是在执行职务时发生交通事故而受伤。田某受伤和他的职务工作分不开,所以依法应认定为工伤,其交通责任并不影响工伤的认定。田某如对劳动部门的认定结论不服,可以依法申请行政复议;对复议决定不服的,可以依法提起行政诉讼。田某所在的公司也应当对其报销医疗费用,以帮助其快速恢复健康。

五、试用期间发生意外属工伤

【案例 6-76】

试用期间发生意外是否属于工伤？

范某到某石油工程建设企业机械公司应聘,公司与他签订了 1 年的劳动合同,2 个月的试用期,试用期间工资每月 800 元。范某到公司工作后,觉得该公司很有发展前途,一心想在里面好好干,多学技能。试用期的第二个月,范某在安装调试机器时,机器突然倒塌,范某被压在下面,公司立即将其送到最近的医院进行抢救。虽经治疗,范某还是被确定为"下身压缩性骨折,左小腿挫裂伤"。虽然范某与公司有劳动合同,但是他还在试用期,公司没有给他缴纳社会保险,公司总经理说,范某是为公司干活受伤的,就是工伤,一切治疗费用都由公司承担。试用期间发生意外属于工伤吗？

评析:工伤,是指劳动者在从事职业活动或者与职业活动有关的活动时所遭受的事故伤害和职业病伤害。劳动部《关于贯彻执行〈中华人民共和国劳动法〉若干问题的意见》(劳部发〔1995〕309 号)规定,中国境内的企业、个体经济组织与劳动者之间,只要形成劳动关系,即劳动者事实上已成为企业、个体经济组织的成员,并为其提供有偿劳动,适用《劳动法》。说明只要成立事实上的劳动关系,就受《劳动法》的约束。我国《工伤保险条例》第四条规定,与用人单位存在劳动关系包括事实劳动关系的各种用工形式、各种用工期限的劳动者,都成为工伤的劳动主体。范某在试用期意外受伤,他是在为公司安装调试机器时,机器倒塌时受伤的,应当认定为工伤。公司在事故的第一时间将范某送到最近的医院进行抢救治疗,并决定由公司承担范某治疗期间的一切费用是符合法律规定的,也是负责任的表现,是保障职工安全的举措。

六、因工外出发生交通事故属于工伤

【案例 6-77】

"串岗"发生事故仍属工伤

2012 年 9 月 7 日,驾驶员徐某开车,江某跟车去某施工队送料。江某说:"我有驾照,路好走,让我练练车。"因江某是老员工,徐某刚到单位上班,不敢拒绝。江某开了仅数分钟,就与迎面来的依维柯客车发生相撞事故,江某当场死亡,徐某受伤。该公司按照有关规定给江某进行了经济赔偿,并认定江某工亡,徐某工伤。

评析:《工伤保险条例》第十四条第 5 款规定,因工外出期间,由于工作原因受到伤害或者发生事故下落不明的属于工伤。

本案例中,江某外出属于工作原因,符合条例规定。"串岗"属于违反安全操作规程,并不影响工伤的认定。因此,江某可以被认定为因公死亡。工程建设企业班组长在日常工作中要告诫员工不能"串岗""乱岗",因为"串岗"容易引发安全生产事故,给现场生产带来安全隐患。

七、酒后驾车出车祸不属于工伤

【案例 6-78】

酒后驾车出车祸不属于工伤

刘某是某物业公司班车司机,工作 5 年来,他一直表现很好。一天下午,刘某在将员工都送回家后,在回家途中,与一辆大卡车迎面撞上,刘某受重伤。后经交通部门鉴定,刘某系醉酒驾车,负事故的全部责任。物业公司经理去医院看望刘某,并告诉刘某,因其酒后驾车,负事故的全都责任,因此,医疗费要自己承担,无法从工伤保险中支付。刘某认为自己是在下班回家的过程中发生车祸,应按工伤处理。那么,刘某的医疗费到底该如何支付?

评析:依照我国《道路交通安全法》的规定,车辆驾驶人员饮酒后不准驾驶车辆。但是实际生活中很多人都因为种种的借口和原因,而置自己和他人的生命财产于不顾,酒后驾车甚至是醉酒驾车。我国《工伤保险条例》第十六条规定:"职工符合本条例第十四条、第十五条的规定,但是有下列情形之一的,不得认定为工伤或者视同工伤:(1)故意犯罪的;(2)醉酒或者吸毒的;(3)自残或者自杀的。"因此,职工醉酒导致的伤亡不能认定为工伤,也不能视作工伤。

八、违规操作致伤属于工伤

【案例 6-79】

员工违规操作致伤，是否属于工伤？

2012 年 6 月，王某入职某石油建设公司机械厂，双方即日签订了劳动合同。合同签订后，机械厂为王某依法缴纳了工伤医疗保险。2012 年 7 月，在工作期间，王某不慎将右手大拇指切掉，机械厂将其送往医院救治。王某出院后，经工伤等级鉴定为 7 级伤残，机械厂通知王某不要上班了，因其无法胜任原来的工作。王某认为双方的劳动合同还未履行完毕，而且自己受伤也是因为工作，属于工伤，不同意解除劳动关系。而厂方则认为王某处于学徒阶段，厂方并未安排其操作机器，王某是私自操作才引发事故的，该事故完全是由于其违反劳动管理制度才造成的，厂方不应该承担责任。那么，私自操作致伤，能否算工伤呢？

评析：《工伤保险条例》第十四条规定："职工在工作时间和工作场所内，因工作原因受到事故伤害的，应当认定为工伤。"本案中，王某是在工作场所内，在工作时间中因工作原因受到伤害，符合《工伤保险条例》的规定，其受伤行为属于工伤认定的情形。我国实行的工伤赔偿原则是无过错原则，即不论用人单位在主观上是否有过错，发生工伤时都应该承担相应的法律责任，不因劳动者违反操作规程而免除用人单位的工伤赔偿责任。所以，本案中王某虽然违反了机械厂的规章制度违规操作，但其不存在《工伤保险条例》第十六条所规定的不得认定为工伤或者视同工伤的三种情形，应被认定为工伤。

九、申请工伤的时效

【案例 6-80】

超出时效的工伤申请

2004 年 6 月 17 日下午，正在上班的某石化厂职工王某，为了帮送货人员袁某在货物上加盖篷布，王某站到了车上。此时，大风将篷布卷起，王某被一并掀下了车，后被诊断为右跟骨粉碎性骨折。事发后，王某不停与厂方交涉，向有关部门申诉、信访，并于 2005 年 6 月将石化厂和袁某诉至法院，要求赔偿，后经调解，石化厂和袁某共赔偿王某 2 万元。

但就工伤认定一事，劳动部门却给他发来《工伤认定申请不予受理通知书》，原因是"自事故发生之日或被诊断、鉴定为职业病之日起超过一年提出申请的,不予以受理"。王某不服劳动部门的决定,诉至法院。王某认为事故发生在工作的时间、工作的地点,而且是为了保护国家财产不受损失,符合工伤认定3大要素,而且事发后,他从未放弃过主张自己的权利。他认为,劳动部门以超过申请时效,不受理申请是站不住脚的,请求撤销该行政行为,判令其履行工伤认定法定职责。

评析:法院认为,王某从发生意外到法院受理本案期间,从没间断对其权利的主张。而由于石化厂没按规定向劳动保障部门提出工伤认定申请,导致王某在事发后两年之久才申请工伤认定,这一过错不在王某一方,且现有证据也不能证实王某主动故意或过失大意错过申请时效。所以,劳动部门仅以申报时间与意外发生时间之间这段简单客观的间隔为依据,剥夺王某的民事权利是不公平的。最终,法院判决撤销劳动部门《工伤认定申请不予受理通知书》行政行为;同时,责令其对王某提出的工伤认定申请作出具体行政行为。

十、不予认定工伤

【案例6-81】

不符合工伤认定条件

某石油建设企业技术人员王某,2001年9月中旬到外地安装调试设备。一天晚上6点左右,王某下班后与同事在宿舍喝酒吃饭,至晚8点准备休息时,王某突然发病,送医院治疗,经医院抢救后脱险,确诊为脑出血。王某以被单位公派出差,且由于工作原因及气候、环境等原因导致突发疾病为理由,向自己单位所在地劳动保障部门提出工伤认定的申请。

评析:经劳动保障部门调查显示,王某发病不属于工作时间、工作地点,也不是由于工作原因,更不存在加班加点的情况,且医疗诊断书表明其在当天晚饭时曾过量饮酒。据此,劳动保障部门对王某作出了工伤认定依据不足的结论。

十一、伤残等级生活护理标准的计算

【案例6-82】

七级伤残应当享受的生活护理费标准

张某在某石油工程建设公司机械厂工作,月工资为3000元。2010年5月5日,张某在工作中发生生产事故,致使小腿等部位受到严重伤害。后经医院诊断为:(1)左孟氏骨折;(2)右桡骨茎突及舟状骨骨折;(3)右手食指末节完全离断;(4)双上肢广泛皮肤碾挫伤;(5)右尺骨桡骨远端骨折,并下尺桡关节脱位。最终评定伤残等级为七级,属部分丧失劳动能力,停工留薪期确认为8个月。张某每月生活护理费如何计算?

评析:依据《工伤保险条例》第三十四条第2款规定,完全不能自理的、大部分不能自理的、部分不能自理的生活护理费标准分别按统筹地区上年度职工月平均工资的 50%、40%、30% 支付。

在本案例中张某属于生活部分不能自理的,按统筹地区上年度职工月平均工资的 30% 支付,张某每月应享受的生活护理费为 960 元。3200 元/月 ×30%=960 元/月(该地区上年度即 2009 年职工平均工资为 3200 元)。工伤职工已经评定伤残等级并经劳动能力鉴定委员会确认需要生活护理的,从工伤保险基金按月支付生活护理费。

参考文献

[1] 赵华夏. 试论企业班组的思想政治工作. 神州, 2012（8）:137-138.

[2] 刘文仓, 增强班组思想政治工作的实效性. 工人日报, 200107-07（1）.

[3] 李俊涛. 浅谈做好班组思想政治工作有效途径. 才智, 2012（1）:264.

[4] 孙雅君. 浅谈新形势下企业思想政治工作的新思路. 科技信息, 2011（1）:383-384.

[5] 许治金. 如何做好企业基层思想政治工作. 企业研究, 2012（14）:197.

[6] 王巍. 浅谈发挥班组工会组织在思想政治工作中的作用. 河北企业, 2011（6）:72.

[7] 张媛利. 思想政治工作与班组建设相结合的实践探索. 黄金, 2013, 34（2）:4-6.

[8] 邢辉. 新时期做好企业基层班组思想政治工作的实践与探索. 中国石油和化工, 2013（6） 75-76.

[9] 王功成. 试述以"三个代表"重要思想为指导增强企业思想政治工作实效性. 工会博览, 2004（1）:1-2.

[10] 朱玉平. 浅谈做好班组思想政治工作的方法. 求实, 2003（S2）:168-169.

[11] 程辉. "小头头"要发挥大作用. 中国黄金报, 2010-12-28（1）.

[12] 李明. 建设合格的班组长探讨. 现代商贸工业, 2011（22）:63.

[13] 姚琛. 加强班组建设 提高企业素质. 现代商业, 2012（8）:97-99.

[14] 吉秋梅, 王焱. 企业文化管理中人员的重要性. 黑龙江科技信息, 2010（9）:84.

[15] 代长星, 党军芬. 影响班组文化建设的五个因素. 现代班组, 2009（12）:31.

[16] 蔡昭娟. 浅谈石油企业班组建设的关键环节. 江汉石油职工大学学报, 2009, 22（3）:62-64.

[17] 王海. 当好班长 建设过硬班组. 石油政工研究, 2008（5）:13-15.

[18] 张改凤. 加强班组建设的创新工作. 经营管理者, 2014（29）:104-106.

[19] 王洪利, 丁涛. 班组安全建设探索途径. 东方企业文化, 2012（11）:104.

[20] 丁世学. 浅谈班组管理的创新. 科技信息, 2014（7）:267.

[21] 王明哲. 如何做一名合格的班组长. 北京:中国言实出版社, 2011.

[22] 中国石油天然气集团公司人事部. 油气田企业班组长培训教材. 北京:石油工业出版社, 2016.

[23] 中国石油天然气集团公司. 中国石油员工基本知识读本——法律. 北京:石油工业出版社, 2012.

[24] 岳阳. 迈向成功的沟通管理. 北京:清华大学出版社, 2012.

［25］余世维.有效沟通.北京:北京联合出版公司,2012.

［26］何喆.沟通力:如何有技巧地驾驭谈话.北京:中国财政经济出版社,2015.

［27］何飞鹏.赢在责任心,胜在执行力.北京:中国华侨出版社,2011.

［28］杨红书.如何提升个人的执行力.北京:北京工业大学出版社,2012.

［29］朱新月.落实要到位,干部是关键.北京:新世界出版社,2010.

［30］周永亮.中国企业执行问题.北京:中国机械工业出版社,2006.

［31］周永亮.本土化执行力模式.北京:中国发展出版社,2004.